# ETHICAL REGULATION OF DIGITAL TECHNOLOGY

GLOBAL TRENDS AND CHINA'S REFERENCE

# 数字科技伦理监管

## 全球趋势与中国借鉴

肖红军　阳镇◎著

经济管理出版社

# 图书在版编目（CIP）数据

数字科技伦理监管：全球趋势与中国借鉴/肖红军，阳镇著 . —北京：经济管理出版社，2023.10

ISBN 978-7-5096-9478-7

Ⅰ.①数… Ⅱ.①肖… ②阳… Ⅲ.①数字技术—技术伦理学—研究 Ⅳ.①B82-057

中国国家版本馆 CIP 数据核字（2023）第 217885 号

组稿编辑：申桂萍
责任编辑：谢　妙
助理编辑：张　艺
责任印制：黄章平
责任校对：王淑卿

出版发行：经济管理出版社
　　　　　（北京市海淀区北蜂窝 8 号中雅大厦 A 座 11 层　100038）
网　　址：www.E-mp.com.cn
电　　话：（010）51915602
印　　刷：唐山昊达印刷有限公司
经　　销：新华书店
开　　本：720mm×1000mm/16
印　　张：16.5
字　　数：235 千字
版　　次：2023 年 10 月第 1 版　2023 年 10 月第 1 次印刷
书　　号：ISBN 978-7-5096-9478-7
定　　价：88.00 元

·版权所有　翻印必究·
凡购本社图书，如有印装错误，由本社发行部负责调换。
联系地址：北京市海淀区北蜂窝 8 号中雅大厦 11 层
电话：（010）68022974　邮编：100038

# 前　言

新一轮科技革命是以数字智能技术为核心的技术革命，不同于前两次工业革命浪潮中的技术革命，新一轮科技革命产生了全新的经济形态、产业部门与微观企业组织。一方面，数字经济成为区别于传统工业经济时代下的全新经济形态，这意味着在新一轮技术革命中整个社会生产与生活方式不同程度地被数字智能技术所颠覆，深刻影响着人类社会运行过程与运行秩序；另一方面，数字经济形态下的主要产业部门为数字产业，不同于传统工业经济时代下硬科技主导的产业部门，数字经济下的产业部门表现为由数字基础设施构成的信息通信技术（Information and Communication Technology，ICT）产业，更体现为以 ICT 产业为基础推动传统产业深度数字化，进而形成数字产业与产业数字化双轮驱动的产业部门。在 21 世纪数字经济不断深化演进的过程中，数字产业与产业数字化蓬勃发展，对整个社会生产力产生了全新的创新与变革效应。特别是，新一轮技术革命下的微观企业组织由数字企业主导，数字企业形态的多样性决定了产业组织的多元性，涵盖了互联网企业、平台型企业，以及研发数字技术与提供数字基础设施的数字企业等，且传统企业在嵌入或者利用数字技术的过程中，不同程度地推动了数字技术与企业创新链和价值链的融合，进而成为面向企业数字化转型的新型数字企业。这些形形色色的数字企业不同程度地参与到市场竞争与创造市场价值的过程中，也为解决社会痛点问题提供了新的方案，催生了系列数字企业主导的全新企业社会责任范式，如平台化履责、履责平台化与算法责任等，为数字情境下企业的多元利益相关方创造了涵盖经济价值、社会价值、环境价值与数字价值的综合价值。

然而遗憾的是，新一轮技术革命在创新演化发展进程中不可避免地产生了诸多新的社会问题，典型体现是以大数据技术为基础的数据隐私、数据伦理等问题，以算法技术为基础的算法杀熟、算法垄断、算法歧视及算法责任缺失和异化等问题。人工智能深度智能化进程中的伦理道德冲突以及传统企业在推进企业数字化转型进程中的数字责任缺失、数字责任异化等系列问题"拷问"着数字技术的未来前景与创新远景，也引致了社会对数字经济时代下数字企业合法性的质疑，为数字企业创造可持续的高水平综合价值蒙上阴影。从这个意义上看，数字科技深度创新与应用进程中的数字科技伦理问题为学术界加快推进数字科技伦理监管与治理研究提供了"加速器"与"催化剂"，亟待学术界清晰回答何为数字科技伦理监管的新理论范式、新实践模式及新焦点议题，以期为揭开数字科技伦理监管的理论"黑箱"，以及构建数字科技伦理监管的普适性范式与契合数字中国建设目标的数字科技伦理监管体系提供理论指引与实践参考。

正是带着上述问题，本书尝试构筑面向数字经济形态下数字科技伦理监管的新理论体系与新实践路径，在构建一般性数字科技伦理监管理论体系的基础上，选取美国、英国、欧盟、日本、澳大利亚等发达国家与地区面向数字科技伦理监管的总体战略部署、监管模式与焦点议题开展深度分析，为寻求适宜中国构建数字科技伦理监管体系的可行性提供理论支撑与实践参考。本书的撰写与出版得到了中国社会科学院国情调研重大项目"数字科技伦理监管制度调查研究"（GQZD2023009）与中国社会科学院创新工程出版资助项目的资助；在写作过程中得到了中国社会科学院工业经济研究所刘湘丽研究员、厦门大学郑若娟教授、山东师范大学张红英副教授、北京市科学技术研究院数字经济创新研究所张丽丽副研究员、铁道党校讲师李书苑博士、澳大利亚国立大学计算机科学与工程学院郑岳老师等的大力支持，他们参与了本书相关章节的研讨与撰写；在出版过程中得到

# 前　言

了经济管理出版社的大力支持，在此表示诚挚的谢意！

本书仅是面向数字科技伦理监管的初步理论探索，受自身精力与研究资料的限制，书中难免有欠妥之处，期待未来学术界共同对数字科技伦理这一新现象下的监管理论体系进行更深入的研究，为推动中国数字经济高质量发展提供理论参考与政策启示。

肖红军　阳　镇

2023 年 8 月

# 目 录

**总 论** ............................................................................ *001*

一、数字科技伦理监管：理论框架 .................................... *001*

（一）数字科技伦理监管的主要内涵 ........................ *001*

（二）数字科技伦理监管："政府—企业—社会"的
三维分析框架 .................................................. *003*

二、发达国家和地区数字科技发展的主要趋势 .................. *005*

（一）美国：人工智能技术的全球引领者 ................ *005*

（二）欧盟：大数据技术与5G通信技术的积极推动者 ... *007*

（三）英国：构建完备的人工智能生态系统 ............ *009*

（四）日本：信息通信技术应用发展迅猛 ................ *010*

三、发达国家和地区数字科技伦理监管的总体概况 .......... *011*

（一）发达国家和地区数字科技伦理监管的关键主体 ... *011*

（二）发达国家和地区数字科技伦理监管的重点议题与
政策布局 .......................................................... *015*

四、发达国家和地区数字科技伦理监管的主导模式及其机制 ... *020*

（一）美国：国会立法主导式监管 ............................ *020*

（二）欧盟："整体政府"统筹式监管 ........................ *020*

（三）英国：政府部门与跨政府组织联动式监管 .... *022*

（四）日本：多元社会主体分散参与式监管 ............ *023*

五、发达国家和地区数字科技伦理监管对我国建立与完善数字
科技伦理监管体系的启示　　　　　　　　　　　　　　**024**

（一）监管制度设计：有为政府与有效市场，充分发挥
地方的积极性　　　　　　　　　　　　　　　　**024**

（二）监管模式设计：形成政府、企业与社会多元
主体共同参与的监管模式　　　　　　　　　　　**026**

（三）监管合作：形成面向国际社会广泛合作交流的
监管体制机制　　　　　　　　　　　　　　　　**027**

## 第一章　美国数字科技伦理监管的趋势与启示　　　　**029**

一、美国数字科技发展的基本概况　　　　　　　　　　　**029**

（一）数字技术发展概况　　　　　　　　　　　　　　**029**

（二）数字技术驱动的数字产业发展概况　　　　　　　**036**

（三）数字企业发展概况　　　　　　　　　　　　　　**039**

二、美国数字科技伦理监管的基本概况　　　　　　　　　**041**

（一）数字科技伦理监管的关键主体　　　　　　　　　**041**

（二）数字科技伦理监管的政策布局　　　　　　　　　**045**

（三）数字科技伦理的重点议题　　　　　　　　　　　**051**

三、美国数字科技伦理监管的主要模式与机制选择　　　　**054**

（一）以国会为主导的美国政府立法与标准引领的数字
科技伦理监管模式　　　　　　　　　　　　　　**054**

（二）行业协会、研究机构与标准组织等多元化参与的
监管模式　　　　　　　　　　　　　　　　　　**056**

（三）企业以数字科技伦理治理嵌入公司治理为模式参与
数字科技伦理监管　　　　　　　　　　　　　　**057**

# 目 录

　　四、美国数字科技伦理监管对我国构建数字科技伦理监管体系的启示　　**059**
　　　（一）政府制度设计对我国的启示　　**059**
　　　（二）监管模式设计对我国的启示　　**061**
　　　（三）企业参与数字科技伦理监管对我国的启示　　**063**

## 第二章　欧盟数字科技伦理监管的趋势与启示　　**065**

　　一、欧盟数字科技发展的基本概况　　**065**
　　　（一）数字技术发展概况　　**065**
　　　（二）数字技术驱动的数字产业发展概况　　**071**
　　二、欧盟数字科技伦理监管的基本概况　　**074**
　　　（一）数字科技伦理监管的总体阶段与基本发展历程　　**074**
　　　（二）数字科技伦理监管的关键主体　　**080**
　　　（三）数字科技伦理监管的政策布局　　**084**
　　　（四）数字科技伦理监管的重点议题　　**092**
　　三、欧盟数字科技伦理监管的主要模式与机制选择　　**097**
　　　（一）欧盟统一框架引领下成员国各具特色的双重监管模式及机制　　**097**
　　　（二）综合性政策统领与细分政策强化的监管模式及机制　　**098**
　　　（三）多元社会主体共同参与的监管模式及机制　　**100**
　　四、欧盟数字科技伦理监管对我国构建数字科技伦理监管体系的启示　　**101**
　　　（一）政府制度设计层面　　**101**
　　　（二）监管模式设计层面　　**104**
　　　（三）社会生态赋能层面　　**107**

## 第三章　英国数字科技伦理监管的趋势与启示　　110

一、英国数字科技发展的基本概况　　111
（一）英国人工智能发展概况　　111
（二）英国大数据发展概况　　114
（三）英国区块链发展概况　　118

二、英国数字科技伦理监管的基本概况　　120
（一）英国数字科技伦理监管的演化阶段与发展历程　　120
（二）英国数字科技伦理监管的关键主体及其监管职能　　125
（三）英国数字科技伦理监管的政策布局　　129

三、英国数字科技伦理监管的主要模式与机制　　135
（一）政府部门主导，政府部门与跨政府组织上下联动型监管　　135
（二）多中心、分散式监管　　135
（三）不依赖单一主要法规的监管　　137
（四）自主式监管　　137

四、英国数字科技伦理监管对我国构建数字科技伦理监管体系的启示　　138
（一）政府制度设计的经验启示　　138
（二）监管模式设计的经验启示　　139
（三）多利益主体参与的经验启示　　140

## 第四章　澳大利亚数字科技伦理监管的趋势与启示　　142

一、澳大利亚数字科技发展的基本概况　　143
（一）人工智能的应用与发展　　144
（二）大数据的应用与发展　　146
（三）区块链技术的应用与发展　　148

## 目 录

（四）互联网的应用与发展　　*150*

（五）5G 技术的应用与发展　　*152*

二、澳大利亚数字科技伦理监管的发展历程　　*154*

（一）数字科技伦理监管的初始阶段（1980~1999 年）　　*155*

（二）数字科技伦理监管的发展时期（2000~2013 年）　　*157*

（三）数字科技伦理监管的最新进展（2014 年至今）　　*159*

三、澳大利亚数字科技伦理监管的前沿议题　　*164*

（一）ChatGPT 的伦理争议及监管　　*164*

（二）数字科技的人权争议及监管　　*166*

（三）算法决策的伦理问题及监管　　*167*

四、澳大利亚数字科技伦理监管的框架　　*169*

（一）数字科技伦理监管的主体　　*169*

（二）数字科技伦理监管的制度安排　　*178*

五、澳大利亚数字科技伦理监管的特点　　*181*

（一）较为完善的数据和隐私保护监管体系　　*182*

（二）较为全面的伦理框架和准则　　*182*

（三）专门的监管机构和组织　　*184*

（四）多元化、多层次的监管体系　　*186*

六、澳大利亚数字科技伦理监管实践对我国构建数字科技伦理监管体系的启示　　*187*

（一）监管模式设计：强制性与自愿性相结合　　*187*

（二）监管制度设计：构建多层次的治理框架　　*189*

（三）监管重点领域：紧跟技术发展、聚焦公众关切　　*191*

（四）民众知识普及：重视数字科技伦理教育　　*192*

## 第五章　日本数字科技伦理监管的趋势与启示　　*193*

一、日本数字科技产业的发展现状　　*194*

（一）数字科技发展阶段　　　　　　　　　　　　*194*
　　（二）数字科技产业规模　　　　　　　　　　　　*196*
二、日本数字科技伦理监管的发展历程　　　　　　　　*198*
　　（一）伦理观念探讨阶段　　　　　　　　　　　　*199*
　　（二）伦理规则制定阶段　　　　　　　　　　　　*202*
　　（三）企业行动实践阶段　　　　　　　　　　　　*206*
三、日本数字科技伦理监管的架构　　　　　　　　　　*208*
　　（一）原则层　　　　　　　　　　　　　　　　　*209*
　　（二）规则层　　　　　　　　　　　　　　　　　*210*
　　（三）监督层　　　　　　　　　　　　　　　　　*216*
　　（四）执法层　　　　　　　　　　　　　　　　　*217*
四、日本数字科技伦理监管的特点　　　　　　　　　　*218*
　　（一）技术发展优先的政策导向　　　　　　　　　*218*
　　（二）基于原则的监管模式　　　　　　　　　　　*220*
　　（三）多元主体参与的决策与实施方式　　　　　　*221*
　　（四）确保隐私和公平的价值体系　　　　　　　　*223*
　　（五）注重奖优惩劣的激励机制　　　　　　　　　*225*
五、日本数字科技伦理监管对我国构建数字科技伦理监管
　　体系的启示　　　　　　　　　　　　　　　　　　*226*
　　（一）兼顾数字科技伦理监管与促进技术创新　　　*226*
　　（二）"软法"为主、"硬法"配合　　　　　　　　*227*
　　（三）构建统一的国家数字科技伦理监管体制　　　*228*
　　（四）发挥多元主体在规则制定中的作用　　　　　*229*
　　（五）建立企业主动规范行为的激励机制　　　　　*230*

**参考文献**　　　　　　　　　　　　　　　　　　　　*231*

# 总　论

## 一、数字科技伦理监管：理论框架

（一）数字科技伦理监管的主要内涵

准确理解数字科技伦理需要回归技术伦理的一般性理论内涵。技术是人类社会实践的产出，表现为科学工作者或从事工程技术研究与开发的相关主体（个体与组织等）在技术开发、应用与创新扩散过程等不同阶段中开展的科学与创新实践。技术伦理包括在技术形成、技术开发和技术应用过程中对技术涉及的人类价值规范、道德伦理和社会规范等方面的议题，其内在原因在于人具有道德性和社会性，组织也不例外，技术作为人和组织在社会实践中的产出，其必然需要契合人类的价值尺度。技术活动本身并不是孤立存在的，而是存在于社会关系范畴中。相应地，技术的形成与创新发展离不开道德伦理和社会规范的干预调节，形成技术与人、技术与社会、技术与人类文明的多重共生。技术伦理研究主要包括三个研究层次：第一，技术涉及的科学工作者、工程技术人员的专业道德伦理问题，表现为个体层面的道德伦理实践，探索个体如何能够恪守职业道德，确保个体从事科学研究与技术活动的系列行为符合道德伦理、社会规范，承担道德责任与伦理责任。第二，技术形成和技术应用过程中涉及的主要组织，包括市场组织、政府部门和社会组织等多元主体在技术开发与创新应用中的系列道德伦理问题，这意味着从关注个体的伦理道德转向关注具有集体意义上的组织道德，将科学技术运行过程置于特定的组织运行过程中，考察组织在技术形成、技术开发和技术应用过程中的系列伦理道德议题，确保组织的道德性，保障组织在主要价值创造目标的过程中不产生道德伦理冲突等负面社会问题。第三，技术整体的创新发展与人类社会价值、传统道德伦理之间的关系，以及相互调适的普遍规律。这意味着技术伦理研究范畴从个体与组织转向了更高层次范畴的技术演化进程视角，从科学技术整体的发展演化视角考察现有道德伦理标准的适用性及其相互调适与共演规律，从这个意义上来说，伦理道德不仅能够调节技术形成与应用的各个阶段，而且技术整体发展也能够促使价值规范与道德伦理的整体性变迁，二者呈现出相互调适的状态。特别是对于新兴技术而言，其发展进程中呈现出较大的不确定性，新兴技术由于自身性质模糊、未来应用场景不明确、潜在的演化路线高度不确定性等，在其创新发展过程中会逐步调整甚至改变部分传统伦理道德观念，在技术创新与应用过程中逐步探索技术与伦理道德之间的共生与契合问题。

随着技术革命的不断演进，数字科技作为一种全新的技术力量在重塑宏观经济形态与微观生产方式的同时，也悄然改变着社会运行方式，数字社会成为数字科技时代下的全新社会形态。不同于前两次能源技术主导的"硬科技"革命，数字科技主导的新一轮技术革命对社会的渗透与赋能效应更为显著，这意味着数字科技塑造数字社会的同时对传统道德伦理规范产生了全新的冲击。基于技术伦理的视角，数字科技伦理是指在数字科技形成与创新应用过程中应该遵循的一整套行为道德准则与价值观念，涵盖数字技术开发、数字技术利用、数字技术创新过程中相关主体（个体、组织与集体）的道德范畴、伦理准则与行为规范。数字科技伦理监管是从监管主体与功能的视角出发，构建契合数字科技这一全新技术经济范式的监管体系与监管模式，确保数字科技在形成、应用与创新发展过程中契合人的价值、社会价值与自然价值，确保数字科技能够与人共生、与社会共

# 总 论

生、与自然共生，最终确保数字科技主导的新一轮技术革命能够对整个经济环境和社会环境创造可持续的正外部性。

（二）数字科技伦理监管："政府—企业—社会"的三维分析框架

监管是一种具有公共意志的公共行为，这意味着开展监管活动的主体需要具备一定的公共社会属性，才能通过资源配置活动实现社会福利最优和公共利益最大化。数字科技伦理监管是公共规制主体规范从事数字科技开发、应用和创新的相关组织和主体的伦理行为的制度安排和政策体系，在监管过程中充分调动市场主体、多元社会主体的积极性和能动性，最大限度地实现监管目标合意、监管过程合法、监管手段合理和监管价值合效。对于数字科技这一高度动态性与不确定性的技术市场而言，作为公共规制主体的政府如何合理地把握数字科技伦理监管的边界，确保监管目标顺利实现，其重点是在强动态性和强竞争性的市场领域，政府如何更加科学合理地界定自身的功能定位，开展各类资源配置活动，最大限度地实现政府目标与其他各类主体之间的市场目标与社会目标的相容。对于政府与市场之间的关系，自古典经济学提出以来一直保持着广泛的讨论。亚当·斯密认为市场作为一只"看不见的手"，通过价格、供求和竞争等实现市场行为的自发调节与资源充分配置，但在公共领域（如公共产品供给方面）市场主体的"市场逻辑"之上，难以对无利可图的公共领域开展资源配置，这时需要政府这一公共规制主体扮演资源配置角色，充分调节市场失灵，进而形成"看不见的手"和"看得见的手"共同进行资源配置。这意味着市场在资源配置中起主导作用，政府仅仅在部分领域承担调节市场失灵的相关作用。而新古典经济学秉承"市场万能"论，基于"经济人"这一基本假设，认为在充分竞争的市场环境下市场能够自动出清，这意味着市场成为资源配置的唯一手段。对于数字科技伦理监管体系构建而言，在古典经济学与新古典经济学视角下，监管的重点在于充分发挥市场的作用，即市场中的微观企业能够自发地构建契合数字科技开发、应用与创新扩散过程中的道德伦理规范，通过构建以企业自我为中心的伦理监管与治理体系，实现数字科技伦理监管的有效性。因此，在市场主导的数字科技伦理监管体系下，企业成为了开展数字科技伦理监管的中心，即企业需要具备高度的道德自觉和伦理自省，在数字技术开发、应用和创新过程中充分考虑伦理道德与社会规范，进而实现数字科技伦理监管的企业自我监管。然而，在社会道德与伦理场域中往往"无利可图"，甚至当伦理道德与社会规范对从事数字科技开发、应用与创新扩散的相关主体产生潜在的冲突时，以企业为中心的数字科技伦理自我监管将立即失效。

公共监管论突破了古典经济学与新古典经济学的束缚，认为市场主体具有自发性，依靠市场主体企业实现资源配置会出现诸多市场失灵问题，政府作为公共监管主体的功能不限定于提供公共产品和公共服务，也包括在广泛的市场领域内纠正市场失灵与提高资源配置效率，此时政府与市场表现为"强政府—强市场"的交互关系。就数字科技伦理监管而言，公共监管下的政府成为开展数字科技伦理监管的核心主体，其监管手段和方式主要是借助公共力量，通过系列公共制度安排、行政指令和具体规则等对市场主体的相关行为开展直接的干预或引导调适，特别是对相关市场的准入规则、价格管制和监管反馈等形成"事前—事中—事后"的监管体系。此时，强政府监管下的数字科技伦理监管表现为数字市场的准入规则，数字技术创新的制度规范，数字企业的相关技术开发、应用和创新行为指引等成为政府监管的常规手段。更为重要的是，公共监管论下的政府能够通过信号效应合理引导市场主体的市场预期，即在数字科技伦理监管过程中表现为对数字科技创新的市场预期的合理调适，确保企业在数字科技开发、应用和创新过程中创造的个体经济价值不破坏社会福利，通过政府的协调能力和纠错机制最大限度地包容创新并降低潜在的社会风险。

"强政府—强市场"下的数字科技伦理监管体系并不意味着数字科技

伦理监管各个领域都能够充分有效，原因在于公共监管论虽然弥补了"市场万能主义"或政府公共物品论的若干缺陷，但政府作为公共规制主体，依然存在政府公共失灵现象，具体表现为政府权力寻租、利益集团规制"俘获"、资源配置腐败和注意力选择性失灵等。此时，作为超越"强政府—强市场"的第三重进路，积极有为的社会公共力量发挥了重要作用。特别是对于数字技术这一高度具有社会赋能效应和社会扩散效应的技术体系而言，其在形成、应用和创新过程中离不开社会公众特别是广大用户的积极参与。在高度不确定性与应用场景不清晰的数字技术创新过程中，发挥行业协会、技术专家和社会公众等社会力量十分关键。调动数字科技相关研发人员的责任式创新理念、责任型数字企业及社会公众监督与治理等多重合力，实现对"强政府—强市场"下若干失灵领域的有效调节，最终构建一套"有效市场—有为政府—有力社会"状态下的数字科技伦理监管体系。

## 二、发达国家和地区数字科技发展的主要趋势

（一）美国：人工智能技术的全球引领者

美国在人工智能技术方面研发能力与创新能力较为突出，世界上大部分先进的人工智能模型由美国数字科技公司研发或者科研机构供给。美国各届政府也对人工智能技术十分重视。拜登政府认为，人工智能是颠覆性技术，并积极推动人工智能研发投入。美国《2020年国家人工智能倡议法案》显示，2022财年预算请求超过17亿美元，其中包括资助多个联邦机构创建国家人工智能研究中心网络。2022年3月公开的2023财年预算请求中，美国在人工智能领域投入的预算更多。例如，美国国家标准与技术研究院申请了1.87亿美元，旨在通过技术标准推动人工智能应用。此外，

《2021年美国创新和竞争法案》中包含在NSF创建关注技术和创新的新委员会，并在2026年前投入93亿美元以加强美国在关键技术领域的领导地位，其中包括人工智能领域。美国人工智能技术的主要应用领域是军事领域和民用商业领域。在军事领域，早在2014年11月，时任美国国防部长查克·哈格尔（Chuck Hagel）在"里根国防论坛"发表主题演讲时提出"第三次抵消战略"，并进一步提出这项新的战略计划针对的是开发与实现最前沿的科学技术，主要包括人工智能、机器人、自主自动化系统、大数据、先进制造、3D打印等。此后，在美国国防部发布的《2018年国防战略摘要》中提出，国防部将广泛投资自主、人工智能和机器学习的军事应用，包括商业突破的快速应用，以获得军事竞争优势。总体上，美国人工智能技术在国防领域的发展演化可以分为三个主要阶段：第一阶段是起步阶段，此阶段主要是美国国防高级研究计划局在美国军事领域引领前沿技术的核心力量和重要平台方面发挥人工智能基础性研究工作部署。第二阶段是发展阶段，主要是针对人工智能的顶层设计展开部署，"第三次抵消战略"概念被提出后，美国国防部通过设立国防创新单元等机构，着力推动商业技术向军事领域转化。2015年4月23日，时任美国国防部长阿什·卡特（Ash Carter）宣布创建国防创新单元，并提出组建算法站跨职能团队，意味着国防部集成大数据、机器学习，将美国国防部的大量数据转化为智能化的洞察能力。第三阶段是国防系统的组织机构布局，以稳步推进人工智能在军事领域的深度利用。此阶段主要是加速人工智能技术应用，比如在2018年10月，美国陆军人工智能任务小组成立，由美国陆军未来司令部管理。2019年5月，美国陆军人工智能任务小组发布《陆军人工智能战略》，强调人工智能在陆军"多域作战"的赋能。2019~2011年，美国国防部管辖的联合人工智能中心的国防预算分别为0.89亿美元、2.425亿美元、2.782亿美元，表明逐年加快了对人工智能技术的开发与应用部署。

# 总 论

在商业化领域，美国同样培育了一大批人工智能科技领军企业，如谷歌、Facebook、微软、IBM等，都将发展人工智能作为企业的核心战略，在研发进程中进一步加强了对人工智能大模型、机器学习等领域的布局。2022年，微软公司旗下的开放人工智能研究中心发布了全新的聊天生成预训练转换器（ChatGPT），意味着在人工智能领域新的生成式人工智能（AI）的革命由此开始，也标志着人工智能在自然语言处理领域进入了全新的时代。

（二）欧盟：大数据技术与5G通信技术的积极推动者

相比美国人工智能技术在数字科技领域中的领导地位，欧洲联盟（以下简称欧盟）则更加重视大数据技术特别是开放数据体系建设，并且注重互联网移动通信技术的大规模普及与应用，在5G通信技术方面成为全球的积极推动者和部分领域的引领者。

在大数据技术方面，欧盟为大力推动大数据技术的发展，在2020年2月欧盟委员会发布的《欧洲数据战略》中明确提出，要推动欧盟成为世界上最具吸引力、最安全和最具活力的数据敏捷型经济体为愿景，并进一步提出以下措施：建立跨部门数据访问和使用治理框架；在战略性部门和公共利益领域构建欧洲共同数据空间；加强基础设施建设和技术开发；通过赋权公民、技能培训和扶持中小企业，提高竞争力；实施开放和积极的国际合作政策。为了推进大数据产业的发展与治理并重，2022年2月欧盟委员会提出的《数据法案》，规定了产业数据的提供者、使用者、第三者之间对数据访问和利用的权利义务关系，可将其定位为规定盖亚-X等体系和产业数据协作方法的前提的基本法。值得一提的是，"欧洲共同数据空间"作为欧盟推进大数据技术与产业发展的重要战略举措，提出了跨领域大规模数据空间（以盖亚-X为代表），以及欧洲委员会规定的产业、环保、交通、保健、金融、能源、农业、行政、技能9个领域分别构筑数据空间的总称。盖亚-X 的作用是推动大数据技术的相关产业与各领域的数据空间相互连接。其中，在促进交通系统（包括汽车和其他客货运输手段在内）数字化的交通数据空间中，Catena-X 把汽车供应链整体进行数字化，是盖亚-X 的构成要素之一。2021 年 1 月，以西门子、SAP、Atos 等德法企业为主的 22 家公司设立了盖亚-X 协会，目前，盖亚-X 协会的企业成员越来越广泛。2023 年 1 月，盖亚-X 官方网站显示，企业成员超过 350 家，包括日本电气、NTT 通信、机器人革命及产业 IoT 倡议协议会、EY Japan 4 家。

在 5G 通信技术领域，欧盟针对 5G 技术制订了明确的发展计划，以期引领全球移动通信新标准。在基础研究方面，欧盟是 5G 技术研究的先行者，从 2012 年起分别就 5G 物理层技术、5G 关键技术发起"5G NOW"、METIS 研究计划，这些计划由欧盟资助、企业和学术研究机构共同参与，分别针对 5G 应用场景、多天线技术、空口技术、网络架构、频谱分析等方面进行深入研究。2018 年《"地平线 2020" 2018—2020 年工作计划》计划投资 17 亿欧元，用于支持 5G、人工智能、大数据等方面的创新研究。在 5G 战略计划方面，欧盟委员会分别于 2014 年、2016 年提出"5G PPP"，即政府和社会资本合作的 5G 行动计划，从 5G 技术研发、测试、商用方面进行路线部署。5G 行动计划提出，2018 年启动 5G 规模试验，2020 年之后具备领先全球的标准化 5G 网络商用部署能力。在频谱分配方面，2017 年欧盟委员会无线频谱政策组（RSPG）发布 5G 频谱战略，同年欧盟 5G 路线图出炉，标志着欧盟成员对 5G 频段的统一达成了共识。在 5G 通信技术的覆盖率上，《2022 年欧洲移动经济报告》显示，欧盟 5G 通信技术的用户普及率约为 6%，挪威在采用 5G 方面处于欧洲领先地位，瑞士、芬兰、英国和德国的发展势头也很明显。预计到 2025 年，欧洲 5G 的平均普及率可达到 44%，其中欧盟成员国德国的 5G 普及率在欧洲最高，将达到 59%。

# 总 论

## （三）英国：构建完备的人工智能生态系统

英国政府持续重视人工智能技术生态系统与商业生态系统的发展，早在2017年，英国政府就发布了面向未来10年的工业战略白皮书《工业战略：建设适应未来的英国》，将人工智能和大数据列为四个面对全球技术革命的挑战之一，提出了将英国作为全球人工智能创新中心的愿景。2018年4月，英国政府和人工智能行业达成了一项《产业战略：人工智能行业协议》，为人工智能行业提供高达9.5亿英镑的一揽子支持，包括资金、技能、基础设施和道德规范等。2021年9月，英国政府发布了《国家人工智能战略》，提出了投资于人工智能生态系统的长期需求、确保人工智能惠及所有行业和地区、有效治理人工智能三大支柱战略，并列出了短期、中期和长期将在每个支柱战略下采取的一些关键行动。2022年7月，英国政府发布的《人工智能监管政策文件》提出，英国政府对未来"支持创新"和"具体情境"的人工智能监管制度的愿景，该文件概述了六项跨部门的人工智能治理原则，并确认英国政府目前没有计划在英国引入新的立法来监管人工智能。从英国对发展人工智能生态系统的主要研究组织支撑来看，主要包括阿兰图灵研究院的数字研究、图灵数据研究组、开放数据研究院和皇家统计学会。英国在全国各地的大学资助了16个新的博士培训中心，在培养和留住AI顶尖人才方面投入了大量资金，累计培养了数千名博士。英国还创建了著名的图灵人工智能奖学金，以吸引和留住世界一流的研究人员。此外，英国还为人工智能硕士的学习和实习争取到了行业资助。此外，人工智能网络和活动公司（CogX、Wearable Technology Show、Big Data 和 AI World 等）、智囊团（Ada Lovelace Institute、Big Brother Watch、Institute for the Future of Work、Teens in AI 和 Big Innovation Centre 等）和各党派议会人工智能小组等共同构成了英国人工智能创新人才生态系统。

从英国人工智能技术衍生的产业发展基础来看，早在20世纪80年代，英国就在格拉斯哥创立了图灵研究院，作为英国较早的人工智能实验室，1990年该研究院举办了全球首个机器人奥林匹克大赛。全球知名咨询公司埃森哲与欧洲经济咨询机构"前沿经济学"预测，到2035年，人工智能可为英国带来8140亿美元的经济新动力，经济总附加值从2.5%提升到3.9%。与美国AI领域的科技巨头企业不同，英国的人工智能技术领域的数字科技企业主要专注于细分技术赛道，在细分技术领域占据一定的领先地位，如BenevolentAI，成立于2013年，是一家集科学家与"小白鼠"于一身的医药研发人工智能企业，它利用人工智能助力新药开发。根据CB Insights发布的全球AI100名单，BenevolentAI被誉为英国最具融资能力的新兴人工智能公司。

（四）日本：信息通信技术应用发展迅猛

日本数字科技发展的重点在于构建智慧社会，以有效赋能社会发展为重点部署数字科技的场景应用与创新。在信息通信技术的产业发展方面，依据日本总务省发布的《2022年信息通信白皮书》，日本的数字科技发展起步于20世纪90年代中期，至今经历了三个阶段。第一阶段为1995~2005年，其间数字科技显著发展；第二阶段为2005~2015年，其间数字科技在社会经济领域快速应用；第三阶段为2015年至今，数字科技成为不可缺少的社会经济基础设施。日本总务省《2022年信息通信白皮书》显示，包括通信业、广播业、信息服务业、互联网服务业、视频/音频/文字信息制作业、信息通信相关制造业、信息通信相关服务业、信息通信相关建筑业和研究开发9个部门2020年的实际国内生产总值是51.7兆日元，占主要产业的10%。按2015年价格计算，日本实际国内生产总值在2000~2020年增长了52.3%，日本企业2020年的信息通信投资（电子计算机及其附属设备、电子通信设备、软件等投资）为15.2兆日元，其中，软件为 8.9 兆日元，约占总额的 60%。信息通信技术商品和服务 2020 年的出口额是 10.6 兆日元（占出口总额的 13.7%），进口额是 16.8 兆日元（占进口总额的 18.4%）。其中，信息通信技术商品的净进口额是 3.5 兆日元，信息通信技术服务净进口额是 2.7 兆日元。从电气通信产业来看，2020 年的销售额为 15.3 兆日元，比 2016 年增长了 7.4%；电气通信企业数量，2021 年比 2016 年增长了 38.2%。基础建设方面，2020 年的光纤覆盖率（家庭覆盖率）为 99.3%，5G 基站覆盖率（10 千米周边地区的母基站建设比率）为 16.5%。2021 年底固定宽带签约数达到 4383 万件，固定宽带占光纤比率在 OECD 成员中居领先地位。固定宽带服务签约数在 2000~2020 年每年增长 22%，其间手机签约数的年均增长率也达到了 6%。截至 2020 年底，人均手机签约率达到 154.2%，比 2000 年提高了 57.4 个百分点。

## 三、发达国家和地区数字科技伦理监管的总体概况

（一）发达国家和地区数字科技伦理监管的关键主体

1. 政府

政府在数字科技伦理监管中发挥主导作用，但不同的发达国家和地区开展数字科技伦理监管的角色和功能具有较大的差异性。

具体来看，美国开展数字科技伦理监管的政府主体包括联邦政府、国会和州政府，且分别在数字科技伦理监管中发挥着不同的作用和功能。美国联邦政府是美国数字科技伦理监管的主体，其主要采取前瞻性立法、战略倡议的方式对数字科技伦理开展规范与引导。立法行动定义联邦人工智能政策。目前，美国多个机构和独立组织代表整个联邦政府开发人工智能技术或制定相关政策，分别是美国白宫科技政策办公室（OSTP）、美国总

务管理局（GSA）、美国国家人工智能安全委员会（NSCAI）、美国白宫管理和预算办公室（OMB）、美国商务部（DOC）、美国国土安全部科学技术局（S&T）。与此同时，美国州政府发挥地方性立法的重要作用，且在一定程度上美国州政府对数字科技伦理监管具有自主权与政策制定空间。在数字科技伦理监管的重点领域，美国州政府在人工智能治理方面都有自己的举措，在提出和通过监管方面比美国联邦政府更积极主动。在特朗普政府时期，美国联邦政府与国会通过的《2020年国家人工智能倡议法案》（*National Artificial Intelligence Initiative Act of 2020*，NAIIA）对人工智能监管采取宽松策略，州政府层面的其他立法则建议采取更主动的人工智能监管策略。例如，加利福尼亚州的《2020年自动决策系统问责法》早于美国联邦政府的NAIIA。在自动驾驶汽车与人脸识别的数字科技伦理监管领域，美国州政府的监管制度与政策设计同样早于联邦政府。

欧盟数字科技伦理监管中的政府主体包括欧盟委员会、欧洲议会、欧洲理事会、欧洲经济和社会委员会等，以上主体在数字科技伦理监管中所发挥的作用具体如下：第一，欧盟委员会制定数字科技伦理监管政策并成立科技伦理委员会。欧盟委员会根据欧盟域内的数字科技发展情况和战略意义制定相关伦理监管政策，并将伦理监管的思想、原则和措施等内嵌到数字科技相关发展战略和资金支持计划中。此外，科技伦理委员会对数字科技伦理监管提供指导和咨询等。欧盟出台的伦理监管政策包括《可信赖人工智能伦理准则》《人工智能法案（草案）》《一般数据保护条例》《数字服务法案》等，这些政策在数字科技伦理监管制度建设中发挥着重要的作用。2019年4月，欧盟委员会发布了《可信赖人工智能伦理准则》，其确立了人工智能发展的三项基本要素，即人工智能技术须符合法律规定、人工智能技术须满足伦理道德原则及价值、人工智能在技术和社会层面应具有可靠性，并提出了七条人工智能伦理准则。2020年2月，欧盟委员会发布了《欧洲数据战略》，在实现建立欧盟单一数据市场的愿景基础上，

# 总 论

提出要建立包含公共数据的使用和共享、个人数据的使用和网络安全等领域的统一数据治理框架。第二，欧洲议会和欧洲理事会制定和审议数字科技伦理监管的相关法律法规。欧洲议会在数字科技伦理监管领域所发挥的作用主要体现在针对相关数字科技制定相应的伦理监管法律，并在欧盟域内推行。早在 2016 年，欧洲议会法律事务委员会就针对机器人的伦理监管发布了《就机器人民事法律规则向欧盟委员会提出立法建议的报告草案》和《欧盟机器人民事法律规则》，其提出了对机器人工程师伦理准则、机器人研究伦理委员会伦理准则和使人类免受机器人伤害的基本伦理原则。欧洲议会和欧洲理事会还针对欧盟委员会提出的数字科技监管政策或法案进行审议并提出相应的修正案或建议，有助于相关监管政策的进一步完善。第三，欧盟经济和社会委员会对数字科技伦理现实情况开展调查和研究，为相关监管政策的制定提供有力支撑。

英国政府同样在数字科技伦理监管中发挥着重要作用，其对人工智能伦理监管、大数据伦理监管和区块链伦理监管等方面采取差异性的监管功能定位。在人工智能伦理监管方面，主要政府部门包括英国数字、文化、媒体和体育部，英国商业、能源和工业战略部，英国内政部。在大数据伦理监管方面，主要政府部门包括内阁办公厅，英国国家统计局，英国卫生和社会保健部，英国外交、联邦和发展事务部，苏格兰政府（分权行政机构），威尔士政府（分权行政机构）。在区块链伦理监管方面，主要政府部门包括英国财政部、金融行为监管局。

日本政府在数字科技伦理监管中也发挥了重要作用，主体包括日本内阁府、日本总务省、经济产业省、数字厅、厚生劳动省等，分别在监管原则、规则制定、监管过程监督和执法等方面发挥着重要作用。2018 年，日本内阁府发布了《以人为中心人工智能社会原则》，其要求在人工智能开发、利用过程中遵守 7 项基本原则，不得利用技术手段做出非伦理行为。这 7 项基本原则决定了日本人工智能伦理监管的目标、内容和价值取向，为日本人工智能伦理监管提供了依据。

2. 行业协会与社会组织

行业协会与社会组织在数字科技伦理监管中发挥重要的协同和补充作用。不同发达国家和地区的行业协会与社会组织在参与政府主导的数字科技伦理监管中发挥着不同的作用。

美国的行业协会与社会组织在数字科技伦理监管中主要扮演参与者和协同者等角色。美国开展数字科技伦理监管的行业协会包括美国商会（U. S. Chamber of Commerce，USCC）、美国人工智能促进协会（Association for the Advancement of Artificial Intelligence，AAAI）等。行业协会与社会组织在欧盟数字科技伦理监管中主要为政府监管政策制定提供支持性意见、推出行业示范性规则、促进伦理监管政策实施等，其中具有代表性的行业协会与社会组织包括欧盟委员会人工智能高级专家组、欧洲人工智能联盟在线论坛和欧洲绿色数字联盟等。2020年7月，英国竞争和市场管理局、英国信息专员办公室和英国通信办公室组建数字监管合作论坛，旨在加强行业协会与政府之间的沟通协作，以及面向在线监管领域的监管合作。加拿大的行业协会与社会组织通过出台相关文件政策参与数字科技伦理监管。日本的行业协会与社会组织参与数字科技伦理监管的主体包括日本经济团体联合会、日本电子信息技术产业协会和日本云产业协会等，在参与制定伦理规则、本行业伦理规则，实施伦理审查和认证、本行业伦理监督调查，以及参与事故调查等方面发挥着重要作用。

3. 企业

在政府主导、行业协会与社会组织参与的数字科技伦理监管中，市场主体也充分发挥着自我监管与治理功能，表现为以企业为主体开展数字科技伦理监管。

具体来看，美国充分尊重企业作为数字科技伦理监管的重要角色，美国企业扮演着数字科技伦理监管的参与者、互补者与协同者的重要角色。

# 总　论

日本企业同样在数字科技开发、应用和创新过程中扮演重要的监管角色，表现为制定本企业伦理规则，在监督环节的自我监督、履行说明责任、内部与外部监查，在执法环节的自主改进、自主纠错、事故报告和调查配合。加拿大企业基于自身实际，通过建设项目、构建标准指南等参与数字科技伦理监管。

（二）发达国家和地区数字科技伦理监管的重点议题与政策布局

1. 面向人工智能伦理监管的重点议题与政策布局

从人工智能领域的数字科技伦理监管重点议题来看，全球主要发达国家和地区都不同程度地将监管重点集中于算法伦理、人工智能安全与可信度等方面。

具体来看，近年来，美国面向人工智能领域的数字科技伦理监管重点是人工智能透明度以及算法决策的社会影响。其通过国会加快人工智能伦理的前瞻性立法，例如，2021年1月1日，美国颁布《2020年国家人工智能倡议法案》，直接对人工智能的道德伦理原则性要求进行了系统规定；2022年7月20日，美国众议院能源和商务委员会以53∶2的票数通过了《美国数据隐私和保护法》（American Data Privacy and Protection Act，ADPPA），并提出相关实体和服务提供商必须评估算法的设计、结构和数据输入，以降低潜在歧视性影响的风险。在算法决策的社会影响方面，美国对算法伦理监管主要涵盖源头数据监管、算法训练可靠性与鲁棒性监管、算法研发技术人员责任式创新，以及算法可能导致的后果的信息披露等方面，在一定程度上属于面向算法开发、算法训练、算法决策与算法评估的全过程式监管。

欧盟将维护人工智能伦理价值观上升至欧洲整体战略层面，高度重视建立人工智能伦理道德和法律框架，以确保人工智能技术朝着有益于个人和社会的方向发展。2012年开始，欧盟不断完善人工智能伦理监管政策。

在人工智能伦理监管政策布局中，欧盟呈现的特点是以实际应用中出现的问题为引导，以机器人伦理监管为开端，逐渐覆盖人工智能的研发和应用等领域，既内嵌到人工智能发展战略中，又专门制定相关的伦理监管政策或法规。欧盟还构建统一的人工智能伦理监管体系，促进监管政策的有效落地和域内执行的一致性。欧盟发布《人工智能时代：确立以人为本的欧洲战略》《人工智能协调计划》《人工智能白皮书：通往卓越与信任的欧洲之路》等对数字科技伦理监管采取整体性部署，同时也出台了《可信赖人工智能伦理准则》《建立以人为本的可信赖人工智能》等多个专业性的人工智能监管准则。欧盟主张算法伦理监管，2019年4月，欧洲议会未来与科学和技术小组发布的《算法责任与透明治理框架》提出，对公共主体实施算法影响评估的强制要求，还将具体的算法伦理监管规则置于数据保护框架中，"数据规则+算法原则"构成了欧盟监管算法伦理的制度体系。

人工智能伦理监管成为英国政府重点监管的领域，2018年4月，英国政府发布的《英国人工智能：有准备、有信心和有能力》是基于200多位行业专家的证据，其中提出了5项核心原则，旨在为人工智能伦理监管提供方向与指南。2019年6月，艾伦·图灵研究所发布了《理解人工智能伦理和安全》指南，这是目前英国公共部门关于人工智能伦理和安全主题的最全面的指南，它识别了人工智能系统可能造成的潜在危害，并提出了具体、可操作的措施。

2016年开始，加拿大政府出台了一系列措施倡导负责任地使用人工智能技术，发布了《2017—2021年信息管理和信息技术战略计划》和《自动化决策指令》，明确使用人工智能的基本指导原则，制定了自动决策指令发展时间表和人工智能供应商"白名单"，构建了"算法影响评估"（AIA）机制等，确定了人工智能技术发展的方向，保障了人工智能技术应用的服务价值、安全性和敏捷性。

近年来，澳大利亚一直致力于推动人工智能技术的创新与应用。2019

年4月，澳大利亚工业创新和科技部发布了《人工智能：澳大利亚的伦理框架》，其提出了人工智能研发的8项基本准则，首次规范了人工智能的研发道德标准。作为一个自愿性的伦理框架，它倡议AI技术的发展和应用应该为所有澳大利亚人实现更安全、更可靠和更公平的结果，应该减少人工智能应用对受影响群体造成负面影响的风险；在设计、开发和应用人工智能时，企业和政府遵守最高的伦理标准。

2. 面向大数据伦理监管的重点议题与政策布局

从大数据伦理监管的重点议题来看，全球主要发达国家和地区都不同程度地将监管重点集中于大数据安全与数据隐私保护等方面。

具体来看，美国对大数据伦理监管的政策布局主要集中于数据隐私保护领域。ADPPA为公司收集的个人信息制定国家标准和保障措施，包括旨在解决算法潜在歧视影响的保护措施。这代表了美国在制定全面的数据隐私法方面取得的进展，并成为美国联邦政府开展AI中的大数据监管体系的重要组成部分。针对数据主体实体的差异性，ADPPA确定了几种不同类型的实体，这些实体具有额外的义务或豁免权。对于某些义务，涵盖的实体按"影响"（即年度全球收入和受实体运营影响的数据主体数量）和"与数据主体的关系"（表现为直接关系、第三方关系或服务提供商关系等）进行分类，实现对数据主体和主体之间关系的分类监管。

欧盟域内的国家从20世纪70年代开始就分散制定关于数据隐私保护相关的法规和条例等，如《个人数据自动化处理之个人保护公约》。1995年和2018年分别发布了《保护个人享有的与个人数据处理有关的权利以及个人数据自由流动的指令》《一般数据保护条例》，逐渐构建起欧盟域内相对严格的个人数据隐私保护的监管体系。2022年，欧盟相继发布了《数据法案》《数据治理法案》《数字服务法案》等，这些法案分别针对非个人数据流动和使用、数据共享和再利用、不同类型数字平台服务企业等重要细分领域或主体的数据伦理提出了具体的监管措施，这是对《一般数据保护条例》中空白的填补，也是针对新问题或新主体提出的新监管措施。

为了实现英国国家数据战略的愿景，英国数字、文化、媒体和体育部及政府数字服务局发布了《数据伦理框架》。2020年9月，英国数字、文化、媒体和体育部发布了《国家数据战略》，随后对《数据伦理框架》进行了进一步的更新。《数据伦理框架》指导政府和更广泛的公共部门以适当和负责任的方式使用数据。2022年6月，英国政府公布了《数据：一个新的方向》，这是一项关于英国数据保护法改革的咨询文件，最初是在2021年9月启动的，它提出了各种广泛的改革，囊括了对《通用数据保护条例》《2018年数据保护法》和《隐私和电子通信条例》等现行主要数据法规详细且全面的修正建议，涉及数据保护管理与问责、数据泄露报告、人工智能规制、国际数据传输、数据访问规则、ICO机构调整等重要领域。

澳大利亚针对大数据技术应用中的数据隐私保护问题，形成了以1988年《隐私法》为基础、2014年《隐私法》重大改革为核心、各州独立隐私法律分别实施（覆盖地方与州政府机构）、澳大利亚信息专员办公室监督实施的用户数据隐私保护体系。此外，2021年10月，澳大利亚总检察长办公室发布了《2021年隐私立法修正案（加强在线隐私和其他措施）法案》，该法案旨在通过引入《在线隐私保护法案》、扩大1988年《隐私法》的域外管辖范围，以及加强对违规行为的处罚，来加强对个人信息的保护，重点强化规范大型网络平台、社交媒体、数据经纪商对个人数据隐私的使用。

3. 面向区块链伦理监管的重点议题与政策布局

在区块链技术领域的数字科技伦理监管方面，全球主要发达国家和地区对区块链技术开发与应用的伦理监管重点集中于信息安全与数据隐私安全等方面，但对区块链科技伦理监管的重点议题与政策布局有所差异，其中，美国集中于区块链金融领域，欧盟与加拿大等侧重于区块链虚拟货币

# 总 论

交易过程中的信息安全与隐私保护等。

具体来看，美国主要采取立法的形式进行区块链伦理监管。2021年5月，美国众议院能源和商业委员会的立法听证会提出了《区块链创新法案》，其监管目标主要是减少欺诈、提高商业交易的安全性。美国对区块链伦理监管的政策布局主要集中于区块链透明度，特别是注重监管在商业活动中的区块链关键核心技术的跨国转移，美国通过明确的行业特定监管框架，让个人和企业在美国更成功地参与区块链相关的商业活动，包括监管实体和开发商在内的决策者都可以使用监管沙盒等工具来提高区块链监管效率。

欧盟区块链伦理监管主要集中在个人信息安全、数据隐私保护、虚拟货币等方面，其伦理监管政策主要集中在大数据伦理监管政策和反洗钱监管政策等。2019年4月，欧盟正式成立国际可信区块链应用协会（INATBA）。2020年1月，欧盟发布的《第5次反洗钱和反恐融资指令》（AMLD5）生效。2020年12月，《欧盟反洗钱第六号指令》（AMLD6）宣布对欧盟成员生效，且域内金融机构被要求在2021年6月3日之前遵守该指令。以上两项反洗钱指令的生效将从事虚拟货币兑换服务的主体和钱包托管服务商等纳入反洗钱监管，并且明确了其尽职调查的内容和措施，将欧盟的反洗钱和反恐领域的金融融资拓展到了虚拟货币领域。

2014年，加拿大议会成为世界上第一个通过数字货币国家法律的政府，确立了加拿大在全球数字资产领域的领导者地位。自加密行业成立以来，对于监管的需求就出现了两极分化的状态。投资者和企业迫切需要合规的流程，为此必须有一个监管框架。另外，一个监管过度的经济体可能会导致加拿大被孤立，无法融入更广泛的数字资产行业，从而迫使它们进行海外投资。因此，取得二者间的平衡是加拿大构建加密行业支持环境的关键。

## 四、发达国家和地区数字科技伦理监管的主导模式及其机制

（一）美国：国会立法主导式监管

与英国相比，美国的数字科技伦理监管更依赖于政府立法主导式的监管模式。实际上，美国在引入立法模式监管数字科技伦理时，也是从犹豫阶段走向了坚定落实阶段的，呈现出一个渐进式的监管模式转型。具体而言，《2020年国家人工智能倡议法案》要求建立多个机构来提供联邦级指导，其中，最著名的是国家人工智能计划办公室（NAIO），该办公室全面负责支持人工智能研发、教育计划、跨机构规划和国际合作。联邦政府机构也在推行其他举措，如美国国家标准与技术研究院（NIST）制定的《人工智能风险管理框架》。总体来说，美国对数字科技伦理监管的立法特点是强调促进创新以保持美国在数字科技特别是人工智能领域的全球领导地位。重新利用现有法律并引入目前有利于治理的"软法"，这意味着美国对数字科技伦理监管立法模式的重点依然是在规范数字科技良性生态发展的同时，以"硬法+软法"的方式推动数字科技竞争力改善。

（二）欧盟："整体政府"统筹式监管

欧盟作为一个多国家集合体，具有一定程度的特殊性，这决定了其成员国在数字经济发展和监管政策领域存在诸多差异。欧盟的总体性政府机构在面向欧盟国家的数字科技伦理监管过程中发挥着重要作用，欧盟在数字科技伦理监管中既制定了全域内的伦理监管政策，也将相应的专业性监管权力赋予了欧盟的成员国，实行欧盟整体和成员国两个层面的监管制度体系构建和机构设置，形成了欧盟"整体政府"为基础的统筹式监管。在

# 总　论

欧盟整体层面，针对数字科技伦理监管陆续颁发了一系列政策，以对全域内的数字科技伦理进行监管或指导，如《一般数据保护条例》《可信赖人工智能伦理准则》等。在以欧盟为核心的总体性监管中，欧盟侧重于制定统一性的战略部署，包括《人工智能法案》、《欧洲数据战略》、"地平线2020"、"地平线欧洲"（2021—2027）、《2023—2024年数字欧洲工作计划》和《2030数字罗盘：欧洲数字十年之路》等，为统一欧盟域内数字经济大市场提供战略指引；同时也存在一定弹性的指令和准则性约束，也有法律层面的硬性约束。在欧盟整体层面的数字科技伦理监管政策要求或指导下，成员国结合自身数字科技发展情况，纷纷制定相应的数字科技伦理监管政策。以大数据伦理监管政策制定为例，《一般数据保护条例》《数据保护执法指令》等在欧盟层面发挥统领和指导作用，并在相关条款中指出允许成员国实施更加具体的监管政策。爱尔兰、德国等成员国根据自身特点修订或制定了大数据伦理监管的相关政策。其中，爱尔兰为与欧盟的《电子隐私指令》中关于cookie等技术的使用、数据缩小和个人数据隐私的监管保持一致性，发布了适用于爱尔兰本土的《电子隐私条例》；对原有的数据保护法律进行修订后形成了《2018年数据保护法》，并设立数据保护委员会。在大数据伦理监管领域，2018年德国发布《德国联邦数据保护法》，该法在遵守《一般数据保护条例》的基础上，根据德国国情对部分条款进行了细化和补充；同样，为了执行欧盟的《电子隐私指令》，德国也相应制定了《电信和电信媒体数据保护法》，其规定了电信和电信媒体在数据保护上的原则，其中重点在于设置了隐私保护和用户同意权的相关条款。除了以上两个国家，其他成员国也有相应的监管制度建设。基于此，欧盟构建了面向欧盟整体层面和成员国层面两个层级的数字科技伦理监管体系，从而保障欧盟数字科技伦理监管政策的有效落地和域内执行的一致性和协调性。

### (三) 英国：政府部门与跨政府组织联动式监管

在面向数字科技伦理监管过程中，英国政府部门与咨询小组和委员会、网络和社区等跨政府组织上下联动，建立了协作机制，共同对数字科技伦理进行监管和规范，形成政府部门与跨政府组织联动式监管模式。在政府部门层面，英国信息专员办公室，英国数字、文化、媒体和体育部、数据伦理与创新中心，竞争和市场管理局，人工智能办公室，英国金融行为监管局等政府部门和公共机构都对相应监管领域，对人工智能伦理框架、大数据伦理框架、基于区块链的加密货币资产指南、算法伦理与决策偏见审查、数字监管机构合作、包容性数据等领域进行了前瞻性研究，并形成了数字科技伦理监管的初步框架。特别是政府部门针对数字科技伦理采取的是去中心化监管方式，2022年，英国发布的《支持创新的人工智能监管方式》中提到，针对数字科技伦理的监管是一种去中心化的监管方法，提出利用现有监管机构的经验和专业知识，通过发布指导意见来强调适用于各个部门的相关伦理监管要求，以应对技术变革，这意味着政府部门主导的数字科技伦理监管更加侧重于专业化的力量，采取非集中化的监管方式适应数字科技创新与变革，并将部分监管权力下放给特定行业的监管机构和地方议会，同时积极推动国际合作，建立全球范围内的人工智能等数字科技的治理框架，确保数字科技监管能够充分考虑不同地区的不同应用情境，且确保数字科技伦理监管不损害创新潜力。

考虑到政府主导的去中心化数字科技伦理监管可能难以产生监管协同效应，英国政府制定了一套跨部门的数字科技伦理治理原则作为去中心化的数字科技伦理监管体系的补充，表现为政府部门、行业专家和学者等多方成员共同制定数字科技伦理监管政策和建议，并协调各部门的监管行动。咨询小组和委员会、网络和社区等跨政府组织通过在政府部门设立秘书处、向政府部门提供建议、提供开放社区等共同对数字科技伦理进行监管和规范。例如，2020年10月，英格兰银行和英国金融行为监管局成立了人工智能公私论坛（AIPPF），以促进公共部门、私营部门和学术界关于人工智能的对话，探索如何支持人工智能在金融领域的安全采用。

（四）日本：多元社会主体分散参与式监管

日本的数字科技伦理监管具有多元主体参与的特点，具体表现在两个方面：第一，政府、行业团体、企业和社会力量共同参与监管。政府具有管理国家的职能，是监管架构中具有行政权力的组织，但面临数字科技伦理问题，政府没有过分依赖行政强制手段，而是采取了引导的方式，通过民主讨论、凝聚共识、形成合力等寻找解决问题的最佳方案。行业团体，如日本经济团体联合会、日本电子信息技术产业协会、日本边缘计算协会、日本云计算联盟等均参与数字科技伦理监管。第二，各主体在监管的各个环节均发挥不同作用。在规则（包括激励措施）制定阶段，政府牵头、聘请各方人士，采取会议或研究会形式，经过若干次讨论，形成文字文件，由政府发布。参加讨论者以行业团体、企业居多，此外还有哲学界、经济学界、人工智能学界、法律界、会计界人士和消费者团体等。在这个阶段，制定行业、企业的监管规则，也是行业团体、企业的重要职能。行业团体的作用体现在两个方面：一是帮助政府实施伦理审查和认证；二是对本行业企业执行伦理规则的情况进行调查和提出建议。企业作为数字科技伦理监管的重要主体，除了自我监督、履行说明责任以外，加强内外部监察也是常用的手段。社会力量中尤其是消费者、媒体通过两种途径发挥监督作用：一是参与政府实施的伦理监管调查，二是主导第三方实施的伦理监管调查评估。

## 五、发达国家和地区数字科技伦理监管对我国建立与完善数字科技伦理监管体系的启示

（一）监管制度设计：有为政府与有效市场，充分发挥地方的积极性

从全球主要发达国家和地区的监管制度设计来看，不同国家或地区都不同程度地将数字科技伦理监管嵌入到特定的发展战略中，《塑造欧洲数字未来》《2030数字罗盘：欧洲数字十年之路》《欧洲人工智能战略》《欧洲数据战略》等便是监管制度安排内嵌于特定数字科技发展战略的主要例证。在注重软性发展战略引导数字科技伦理监管制度设计的过程中，全球主要发达国家和地区也充分发挥政府前瞻性立法这一关键监管制度安排，确保监管的相关原则、手段和监管法规能够应用到微观企业组织与社会个体，进而在政府监管制度设计层面逐步形成宏观战略牵引与微观主体行为引导双重监管体系。

具体来看，美国作为数字经济与数字科技发展的领头羊，在长期的发展过程中形成了以国会为主导的美国政府立法与标准引领的数字科技伦理监管模式，不仅充分发挥国会、白宫政府的重要制度供给，而且充分发挥美国州政府的自治原则与自主性原则，形成联邦政府与州政府的双层监管体系。更为关键的是，美国对数字科技伦理监管的总体政策布局依然尊重市场的基本规律，特别是建立在不影响创新的基本前提下开展数字科技伦理监管；监管的目标考量侧重市场效应和社会福利效应的双重均衡。欧盟在发挥统一性的政策与战略指引作用的同时，在数字科技伦理监管的综合性监管政策方面还发挥统一部署的重要功能，欧盟域内的成员国需要执行相关的监管条款，并且延伸到域外的国家（地区）和企业主体，如《数据治理法案》《人工智能

# 总 论

法案》《一般数据保护条例》《网络安全法》等相关监管条款均由欧盟统一制定，相关成员国针对本国实际情况实施。在相关监管法律制度执行层面，欧盟通过建立人工智能伦理委员会，指导并加强与成员国监管机构的合作，促进成员国之间的政策协调，就人工智能伦理监管相关条例的实施发表意见或建议，并促进成员国人工智能伦理监管部门的经验交流与合作。

基于此，中国在开展数字科技伦理监管制度设计时，一方面，政府需要在全局性发展战略层面覆盖相关伦理监管领域的主要议题，特别是在涉及国民经济与社会发展的相关全局性规划、产业发展战略与规划中体现数字科技伦理监管的相关重点议题，强化国民经济与社会发展中不同主体对数字科技创新发展进程中的影响作用，加强不同市场主体和社会主体对数字科技伦理的认知，确保顶层制度设计层面能够涵盖数字科技伦理监管的重点领域。另一方面，中国需要充分借鉴美国等国家或地区基于立法的形式开展数字科技伦理监管，以法律为最高准绳与牵引，并充分发挥市场的调节功能，面向数字科技重点行业与重点领域开展相关立法工作，如针对人工智能技术尽快探索通用型人工智能与专用型人工智能监管法等，确定不同类型人工智能伦理监管的关键主体、主要对象、主要议题和主要措施等。目前，中国出台的伦理监管政策包括《关于加强科技伦理治理的意见》《科技伦理审查办法（试行）》，这些主要是泛化意义上的伦理监管立法，针对数字科技的不同领域的专门性立法尚不多见。《中华人民共和国网络安全法》《中华人民共和国数据安全法》《中华人民共和国个人信息保护法》等法律中已经涉及网络安全、数据分级分类监管、数据安全流动和个人隐私保护等相关内容，落脚点多在于安全性、有序性、应用和价值释放等，对于数字科技伦理的相关内容较少涉及。此外，政府在监管制度设计与执行过程中需要充分考虑数字科技在不同地区发展的差异性，形成"中央政府—地方政府"相互协同的监管体系，鼓励地方政府在部分重点领域开展监管条例试点探索。在监管制度设计的目标取向方面，其重要目标之一在于识别、控制和防范数字科技开发、应用与创新过程中的道德伦理风险和公共社会风险，以最大限度地降低风险源、控制风险环节为基本原则，开展各类数字科技伦理监管的制度设计。

（二）监管模式设计：形成政府、企业与社会多元主体共同参与的监管模式

在监管模式设计方面，全球主要发达国家和地区关于数字科技伦理的监管模式主要是采用政府战略引领、法律牵引和市场自治的方式开展各类数字技术伦理监管与治理，并充分引入社会利益相关方的广泛参与，调动社会组织、标准组织和研究机构在数字科技伦理监管过程中的积极性，这意味着充分发挥政府对数字科技伦理的宏观政策制定与调控作用，更好地发挥市场主体特别是从事数字科技开发、应用与创新主体的自我治理的重要作用；此外，还充分发挥社会主体的协同性力量，共同支撑有为政府与有效市场下的监管体制机制顺畅运行。

具体来看，美国数字科技伦理监管在发挥州政府积极性与自主性的基础上，进一步通过国会、联邦政府其他部门的制度建构和政策布局推动整体性的数字科技伦理监管行动。例如，在人脸识别技术的监管方面，美国在联邦政府层面仍未出台统一的规定，而主要依靠州政府充分发挥自主性来进行政策设计，由各州政府出台的立法开展自主监管。在欧盟"整体政府"框架引领下，成员国各具特色的双重监管，且在具体性的监管过程中注重社会多元主体的广泛参与，政府在监管政策设计、机构设置和政策推行中发挥着主导作用。在相关伦理监管政策制定和机构的设置中，政府部门会广泛征集利益相关方的意见或建议，其中，包括其他相关的政府部门、研究机构和咨询机构、社会组织、企业和公民等主体，这样既可以对政策制定和机构设置提供一定数量和质量的意见，防止监管疏漏；也可以让利益主体具有一定的参与感，充分调动积极性，有助于伦理监管政策的

落地。英国政府已经在数字科技伦理监管方面采取了积极行动,将部分监管权力下放至分权行政机构苏格兰政府、威尔士政府和北爱尔兰政府,因而苏格兰政府、威尔士政府和北爱尔兰政府在某些数字科技领域拥有高度的政策自主权。同时,英国政府在数字科技伦理监管方面强调多元利益主体的参与,包括公众、行业专家和学者等,这有助于建立一个更加开放和包容的监管体系,更好地保障公众的利益。

中国在数字科技伦理监管模式设计时,一方面,考虑到中国数字技术创新与应用呈现出区域发展不平衡、行业发展不平衡的现状,中国需要根据地方数字经济发展状况、数字科技重点行业发展状况和面临的风险等级开展精准分类,对不同行业、不同应用场景和不同风险等级的重点行业、重要领域和主要监管对象等开展制度分类设计,有效发挥中央顶层制度设计和地方具体政策执行自主性的优势,确保中央政府与地方政府在面向数字科技伦理监管中的制度框架一致性与政策协同性,确保监管过程合意合效。另一方面,考虑到政府组织、企业组织和社会组织等在数字科技伦理监管中的功能定位、主要角色和参与机制,中国应充分调动各类监管主体的积极性与能动性,确保监管过程中各类监管主体能够积极地参与,实现监管目标协同、监管过程有效和监管效果良好。特别是在面向人工智能伦理监管、大数据伦理监管和区块链伦理监管等重点领域,中国需要进一步提高公众关于立法等相关政策制定的参与度。以政府为核心主体在制定特定数字产业或者数字企业监管政策的过程中,在涉及个人隐私保护、企业正常经营活动和其他经济主体的正当利益的监管过程中,需要纳入社会参与机制与政策制定的信息透明度,提高社会公众参与程度,更好地平衡社会多元利益相关方的价值诉求和正当利益。

(三)监管合作:形成面向国际社会广泛合作交流的监管体制机制

从全球主要发达国家和地区的数字科技伦理监管机制来看,主要发达国家和地区不仅充分发挥国家和地区范围内的监管主体的重要作用，也十分注重监管的国际动态性和监管机制设计的国际范例。

具体来看，欧盟通过签订贸易合作协议、联合制定监管规则、举办部长级会议和多边论坛等方式来加强国际合作与交流，不断提高欧盟数字科技伦理监管规则的国际认同性。此外，欧盟数字科技伦理监管体系具有一定的"长臂管辖"特征，要求所涉及企业遵守相关的条款，以此来提高欧盟数字科技伦理监管制度的影响力。例如，在数据隐私保护、人工智能可信任度上，欧盟除了要求成员国遵守相应的监管规则外，还要求数据流入国、特定"守门人"等均要按照相关监管规则来开展经营活动。

借鉴欧盟数字科技伦理合作监管机制构建的经验，中国应该加强与不同国家或地区，以及国际组织之间的数字科技伦理监管的合作与交流。在《新一代人工智能发展规划》《"十四五"大数据产业发展规划》《网络安全产业高质量发展三年行动计划（2021—2023年）（征求意见稿）》等促进数字科技发展的相关文件中，促进国际合作与交流、参与国际规则或标准制定是其中重要的保障措施，对国际合作与交流具有了一定的认识。未来，中国可以进一步吸收和借鉴美国等发达国家或地区关于数字科技伦理监管的制度建设情况，以补足自身监管的漏洞。特别是在构建具有全球引领性的数字科技伦理监管体系过程中，中国需要着重以国际合作与交流的方式，将中国的数字科技伦理监管的相关理念或制度推广至其他国家或地区，加强与不同国家或地区之间数字科技伦理监管制度的互认互通，提高影响力与认可度。此外，中国应主动参与联合国教科文组织等国际组织对全球性数字科技伦理监管政策的制定过程，推动中国数字科技伦理监管原则、监管尺度和监管政策与全球数字科技伦理监管体系对接相容。

# 第一章 美国数字科技伦理监管的趋势与启示

## 一、美国数字科技发展的基本概况

（一）数字技术发展概况

美国在数字科技方面长期居于世界领导地位，这源于美国作为第三次工业革命与新一轮技术革命的主导国，十分重视数字科技领域的原始技术创新，在人工智能、大数据、区块链以及移动互联网技术等方面成绩卓著。

1. 人工智能技术发展概况

从人工智能技术发展来看，人工智能分为两类：狭义的人工智能和广义的人工智能。狭义的人工智能系统只能执行其经过培训要执行的特定任务；而广义的人工智能系统能够执行范围广泛的任务，包括未经专门培训的任务。从人工智能技术的基本内涵来看，人工智能最早是指"机器模仿人类使用语言、形成抽象概念、解决各种问题来提升自身能力的方法"。当前，人工智能的内涵不断扩大，通常用于描述可以模仿人类行为和推理方式的一系列技术，包含机器学习（ML）、智能自动化（IA）、预测分析（PA）、语音识别（SR）、计算机视觉（CV）、自然语言处理（NLP）等。ChatGPT就是一个自然语言处理领域的人工智能大模型。近年来，美国对人工智能领域的技术创新高度重视，并着重将人工智能技术上升到国家战略特别是军事技术的开发与应用方面。美国拜登政府认为，人工智能是颠覆性技术，要积极推动人工智能研发投入。2022财年预算请求超过17亿美元，其中包括资助多个联邦机构创建国家人工智能研究中心网络（参见《美国人工智能创新法案2020》）；在美国2022年3月公开的2023财年预算请求中，在人工智能领域投入的预算更多，例如，预算中美国国家标准与技术研究院请求1.87亿美元，旨在通过技术标准推动人工智能应用。此外，《2021年美国创新和竞争法案》中包含在美国国家卫生基金会创建关注技术和创新的新委员会，并在2026财年前投入93亿美元来加强美国在关键技术领域的领导地位，其中包括人工智能领域。

与此同时，美国国防部自2016年起不断加大对人工智能领域的军用技术投资力度，对人工智能的非保密投资从2016财年的6亿多美元增加到2022财年的约8.74亿美元，维持着600多个活跃的人工智能项目。根据2019财年《国防授权法案》，成立了联合人工智能中心（JAIC）来协调国防部超过1500万美元的项目；JAIC获得了2021财年美国国防授权法案授予的采办权限。JAIC已经通过人工智能实施了多项国家任务计划，包括预测性维修、人道主义援助和救灾、战斗机寿命，以及业务流程改造。此外，JAIC维护一个"安全的基于云的人工智能开发和实验环境"，旨在支持测试和部署全部门的人工智能。自2020年9月开始，美国国防部进一步启动"防务伙伴关系计划"，旨在与盟友共同开发人工智能战场系统；2022年，美国国防部申请8.74亿美元的资金来推进其在人工智能领域的工作进展。为了加速推动人工智能军事化的步伐，超过685个人工智能项目正在美军与地方企业的合作中蓬勃开展。目前，美国研发及应用人工智能武器装备的办法主要采用了自主研发和盟友合作两种方式，包括人工智能决策系统和各兵种所需的智能武器在内的人工智能装备均在研发的"优先序列"。无论是在战略制定方面，还是在资金支持方面，都足以看见美国对人工智能发展的重视程度。

# 第一章
## 美国数字科技伦理监管的趋势与启示

基于对人工智能技术的大规模投入，美国培育了一批领先全球的人工智能企业，2022年5月，《福布斯》杂志发布了美国人工智能50强公司，这些企业的业务领域覆盖了工业机器人、聊天机器人、自动化技术等多个领域，市场估值均在1亿美元左右。在大型互联网平台企业方面，美国跨国公司，如谷歌、Facebook、微软、IBM等，都将发展人工智能作为企业的核心战略，在研发领域进一步加强了对人工智能大模型、机器学习等的布局。总体上，美国在人工智能技术领域的布局持续完善，在人工智能领域的技术优势持续领先，特别是在以人工智能为关键核心技术的创新生态圈方面优势明显，在算法、深度学习模型以及算力基础设施等方面均占据了领先地位，如美国亚马逊及谷歌拥有超过300万台的服务器以支持相关业务领域开展深度学习。值得一提的是，2022年底，微软公司旗下的开放人工智能研究中心发布了ChatGPT，意味着在人工智能领域新的生成式人工智能的革命由此开始，也宣告了人工智能的智能强度逐步从弱人工智能转向强人工智能，ChatGPT能够实现各类任务的全自动化，涵盖写作、创建图形、总结和分析数据以及自动推理等多个领域，其智能属性甚至在部分领域超过人类。

2. 区块链技术发展概况

区块链技术自2015年以来风靡全球，其中以欧美发达经济体为主导，并快速扩散到亚洲和非洲地区。区块链早期是以比特币的形式出现的，其通过引入分布式账簿的理念，用于记录数字交易的全过程（合同履约、交易记录以及买卖证券等过程），其最大的技术特征在于交易记录不可变更，几乎无法进行删除。此后，区块链在基于分布式账簿1.0的基础上进一步走向去中心化的区块链2.0版本，以及向大幅提升区块链交易速度与安全性的区块链3.0版本演变。总体而言，区块链技术的优势包括区块链的开源性确保交易的公平可靠性、区块链的虚拟货币具有资本增值属性、区块链可提升金融监管与交易的运行效率等。

从美国区块链技术发展进程来看，美国对区块链技术的推进是从美国金融机构开始的，2016年，美国联邦储备委员会（以下简称美联储）召集全球90多家央行出席闭门会议，商讨如何共同推进区块链发展。同年，美联储发布首份区块链研究白皮书《支付、清算与结算领域的分布式账本技术》，肯定了分布式账本技术在支付、清算和结算领域的应用潜力并探讨了未来实际部署和长期应用中面临的机遇和挑战。美国对于区块链技术发展的态度也从严监管转变为开放包容的监管理念，美国区块链技术监理署发布了"责任创新框架"，提出开放地推进区块链和金融科技发展。在开放包容的监管理念下，美国成为全球区块链技术创新最为活跃的国家。在联邦政府层面，美国政府积极推动区块链技术在经济社会领域的加速应用，其中，自2017年以来，美国食品药品管理局已与IBM签署合作协议，利用区块链实现医疗数据共享。美国国土安全部正在进行利用区块链技术跟踪跨境人口和商品的测试。美国商务部计划与美国专利商标组织、国家电信和信息管理局、国际贸易管理局以及国际标准与技术研究所组建小组探讨区块链数字版权应用。2019年7月，美国国防部（Department of Defense，DOD）发布了《国防部数字现代化战略》，其中阐述了DOD正在试验基于区块链进行网络安全保护，DOD对区块链的使用可包括确保野外军事单位与其总部之间的通信安全，并允许情报人员安全地将敏感信息传递给五角大楼。作为DOD的关键研发部门，国防高级研究计划局（Defense Advanced Research Projects Agency，DARPA）将区块链看作一种颠覆性技术。2019年，美国能源部（Department of Energy，DOE）支持的区块链研发项目包括：①资助佛罗里达国际大学集成区块链和机器学习技术研发新型平台，用于化石燃料发电网络中的安全数据记录和处理；②资助欧道明大学开发基于区块链的平台，用于保护化石燃料发电网络传感器身份管理和数据流安全；③资助北达科他大学建立基于区块链的化石燃料发电网络安全保护系统；④资助小企业开展"用于基础设施保护的区块链安全结

# 第一章
## 美国数字科技伦理监管的趋势与启示

构"项目。DOE 的基础能源科学办公室、地热技术办公室、化石能源办公室和电力办公室均已经开展了区块链的研发部署,研发支持领域主要集中于利用区块链保护基础设施安全等。

在联邦政府的影响下,美国各个州对区块链技术的推进也在不断加快,其中美国特拉华州是首个启动区块链地区发展战略与发起区块链倡议的州,2016 年,美国特拉华州政府已率先尝试将政府档案转移到区块链账本并引导该州注册企业进行区块链上的股权和股东权益追踪。此后,美国其他州也跟进了区块链发展战略的相关议程,2016 年 10 月,伊利诺伊州也发起了伊州区块链倡议行动。该倡议行动由金融与专业监管部门和科技创新部门联合其他机构共同发起,旨在通过开展区块链政务应用并搭建良好的创业环境促进伊州区块链行业发展。金融与专业监管部门随后发布了去中心化虚拟区块链技术的监管倡议——数字区块链技术监管指南。2017 年 2 月,亚利桑那州通过区块链签名和智能合约合法性法案。在区块链应用的企业层面,美国早期的区块链企业主要是专注于比特币等加密货币领域,据 Outlier Ventures 统计,尽管世界上 1/4 的区块链公司来自美国,但这些公司都只专注于比特币等加密货币领域,仅有极少一部分公司涉猎区块链在非货币领域的应用。现阶段,美国纽约已经成为区块链发展的产业创新中心,特别是纽约的金融行业探索将分布式账本技术应用于金融,以及解决金融行业产生的问题,成为构建区块链驱动的企业创新生态的重要引擎。美国诸多的互联网科技企业、金融机构及新兴区块链技术创业企业均为区块链技术的研究、创新与应用的企业先驱,特别是传统的科技巨头企业亚马逊、谷歌、微软、IBM 等,它们立足先发优势,不断推出区块链技术应用解决方案,在区块链底层平台技术方面做出了相应的表率与示范工作。

3. 大数据技术发展概况

"大数据"这一概念最早出现于 1998 年,美国高性能计算公司 SGI 的首席科学家约翰·马西指出:随着数据量的快速增长,必将出现数据难理解、难获取、难处理和难组织等难题，并用"大数据"来描述这一挑战，进而引发了计算领域的思考。2012年，牛津大学教授维克托·迈尔·舍恩伯格在其著作 *Big Data: A Revolution That Will Transform How We Live, Work, and Think* 中指出，数据分析将从"随机采样""精确求解"和"强调因果"的传统模式演变为大数据时代的"全体数据""近似求解"和"只看关联不问因果"的新模式。大数据成为继实验观测、理论推导和计算仿真三种科学研究范式后的第四次触摸与理解复杂系统的范式。此后，大数据技术及大数据产品与应用标准不断发展。从大数据技术的具体分类来看，大数据可以分为数据采集、数据存取、基础架构、数据处理、统计分析、数据挖掘、模型预测、结果呈现八种技术。但是大数据不等于海量数据，大数据必须使用"在数十、数百甚至数千台服务器上同时平行运行的软件"。大数据＝海量数据+复杂类型的数据。大数据拥有数据量大、种类繁多、数据生产速度极快及数据价值较高等特征。

美国对于大数据技术的推动自奥巴马政府开始，奥巴马政府在2012年3月推出"大数据研究与开发计划"，这是继1993年宣布"信息高速公路"后美国的又一重大科技部署，其提出要在科学研究、环境保护、生物医药研究、教育及国家安全等领域利用大数据技术进行突破。该计划涉及美国国家科学基金、美国能源部、美国国防部等六个联邦政府部门，超过2亿元的科研经费被用于相关工具与技术的开发。主要内容包括：美国国家科学基金和美国国家卫生研究院主要推进大数据科学和工程的核心方法及技术研究，项目包括管理、分析、可视化，以及从大量的多样化数据集中提取有用信息的核心科学技术；美国能源部试图通过先进的计算进行科学发现，提供2500万美元基金来建立可拓展的数据管理、分析和可视化研究所；国防部高级研究局项目主要推进大数据辅助决策，集中在情报、侦查、网络间谍等方面，汇集传感器、感知能力和决策支持，建立真正的自治系统，实现操作和决策的自动化；美国地质勘探局通过为科学家提供深

# 第一章
## 美国数字科技伦理监管的趋势与启示

入分析的场所和时间、最高水平的计算能力和理解大数据集的协作工具，"催化"在地理系统科学领域的创新思维等。此后，美国白宫发布的《2014年大数据白皮书》中提到，大数据的爆发带给政府更大的权力，为社会创造出丰富的资源，如果在这一时期实施正确的发展战略，将给美国以前进的动力，使美国继续保持长期以来形成的国际竞争力。2016年5月，美国白宫进一步发布《联邦大数据研发战略计划》报告，在现有基础上提出美国下一步的大数据发展战略。通过一系列的政策措施，美国大数据战略形成了跨部门协同工作的机制。具体工作由美国国家科学技术委员会下设的网络与信息技术研发计划分委员会负责，并专门设立跨部门高级别协调工作组，参与部门多达15个，工作预算近3亿美元。此后，美国联邦政府在大数据科学研究与创新、大数据技术及大数据应用标准等方面持续发力，推动大数据技术的不断发展与大数据技术应用场景的不断深化。

从美国大数据企业来看，一方面，传统IT硬件厂商积极向大数据基础设施和大数据技术平台服务提供商转型，以获得价值。例如，IBM公司持续从包括服务器与存储硬件、数据库软件、分析应用程序，以及DB2、Informix、InfoSphere数据库平台、SPSS数据分析软件等产品方面获益。另一方面，大量新型互联网企业成为数据资源的集聚方与场景应用方，通过创新形成大量的数据产品，服务于各类应用场景与推动企业商业模式创新。例如，亚马逊、谷歌、Facebook等通过开展用户画像精准刻画、开展精准的营销服务以及支撑企业算法决策等，来实现企业商业生态圈的构建，创造了巨大价值。

**4. 移动互联网技术发展概况**

自第三次工业革命以来，计算机信息技术的出现奠定了美国在互联网技术领域的主导地位。在互联网硬件基础设施方面，美国是移动网络基础设施的全球领先者，表现为以数据中心为代表的存储设备、以云服务为代表的应用平台、以互联网交换中心为代表的交换设施，成为全球互联网技术基础设施的主导者。目前，互联网已经成为美国的第四大行业。互联网行业为美国 GDP 贡献了 2.1 万亿美元，占 GDP 的 10.1%，仅排在"房地产和租赁""政府公共管理"和"制造"行业后。美国的移动广告市场中，增长动力来源于美国领先的互联网公司，尤其是其移动营收的增长。根据 Comscore 数据显示，2022 年美国电子商务市场规模达到 1.09 万亿美元，仅第四季度便达到了 3322 亿美元。与此同时，在移动互联网技术的支撑下，社交媒体市场成为全新的消费市场，如 Facebook 通过移动互联网链接技术将零售商和品牌赞助内容的参与度提高了 153%，Instagram 上的这一数据也提高了 175%。社交媒体的新兴强者 TikTok 也获得了一定增长：消费品类相关活动提高了 33%，直接零售参与度提高了 150%。

此外，2020~2022 年，美国零售和消费品品牌的浏览量增幅达到了惊人的 407%，尽管这并不一定能直接转化为销售量。有趣的是，86%的 TikTok 用户也使用或至少访问过亚马逊，双边卖家也注意到了这一趋势，并主动加以利用。eMarketer 数据显示，2022 年美国社交电商市场规模达 531 亿；预计 2025 年，将达到 1000 亿，占全球规模的 9%；预计 2026 年，美国社交电商的增长速度将是中国的两倍。与此同时，美国社交电商买家数量也在不断增长：2022 年，美国社交电商买家群体数量达到 1.02 亿；2023 年，有超过一半（50.3%）的社交网络用户在社交平台上进行交易。从互联网平台企业来看，美国互联网平台企业是全球互联网平台的领头羊，Facebook、Instagram 仍是消费者社交电商的首选互联网平台，买家分别达到 5600 万和 3800 万，且买家年增速均保持在 10%左右。

（二）数字技术驱动的数字产业发展概况

中国信息通信研究院发布的报告显示，2020 年美国数字经济规模达到 13.6 万亿美元，约占美国 GDP 的 65%，位居世界第一。从美国 BEA 的测

# 第一章
## 美国数字科技伦理监管的趋势与启示

算来看，2021年数字经济的总产值为3.70万亿美元，高于2020年的3.30万亿美元。2020~2021年，数字经济总产值实际增长10.0%。2016~2021年，实际总产出的年增长率平均为5.6%，远高于同期整体经济1.9%的增长率。

2021年，价格昂贵的数字服务产生了1.59万亿美元的当前总产值。按实际价值计算，2020~2021年，总产值增长了9.8%，是2016~2021年4.8%平均增长率的两倍多。云服务（21.8%）、互联网和数据服务（17.5%）的增长抵消了2020~2021年电信服务（5.7%）相对较弱的增长。电信服务在这项活动的所有产出中占比略高于一半。2021年，基础设施总产值为1.17万亿美元。2020~2021年，这项活动的实际总产出增长了11.1%。这一年增长率超过了7.2%的6年平均增长率。2021年，软件（12.1%）和硬件（9.5%）都经历了强劲的增长。2021年，电子商务创造了9420亿美元的总产值。实际总产出较2020年增长了8.7%。2021年，企业对企业（B2B）和企业对消费者（B2C）电子商务的实际总产出分别增长7.6%和11.1%。2016~2021年，电子商务的实际总产出平均增长率（5.1%）略低于数字经济的增长率（5.6%）。2021年，联邦非国防数字服务总产值为4.2亿美元。过去6年，与联邦非国防数字服务相关的总产出一直在下降。2021年，该活动导致的实际总产出下降了0.9%，2016~2021年的平均增长率为-1.4%。

从增加值来看，2021年，美国数字经济增加值为2.41万亿美元，高于2020年的2.17万亿美元。2020~2021年，美国数字经济增加值实际增长9.8%。2016~2021年实际增加值的年均增长率为6.7%。总产出结果中的许多趋势适用于增值估算。2021年，基础设施为当年增加值贡献了911亿美元；基础设施的实际增长率（11.1%）超过了整体数字经济（9.8%）。从长期来看，2016~2021年，基础设施的实际附加值平均增长9.1%，高于数字经济6.7%的总体增长。2021年，电子商务增加值为5590

亿美元。电子商务的实际增加值增长（6.9%）低于数字经济的总体增长（9.8%），但仍优于美国经济（5.9%）。2016~2021年，受B2C电子商务强劲增长（11.2%）的推动，电子商务的实际附加值平均增长率为4.2%。2021年，定价数字服务的当前美元增值额为9390亿美元。除电信服务外，其他子业务的实际增加值增长超过10%，云服务增长近20%（19.3%）。电信服务是价格最高的数字服务组成部分，2021年其实际附加值增加了6.3%。2016~2021年，定价数字服务活动的增长一直不稳定，实际附加值年均增长5.9%。2021年，联邦非国防数字服务贡献了2.58亿美元的现值附加值。自2016年以来，该活动带来的实际增值一直在下降。2021年，联邦非国防数字服务的实际附加值下降了9.3%，2016~2021年的总体平均增长率为-4.3%。

在数字化转型方面，美国是全球最早布局数字化转型的国家。1998年，美国商务部在数字经济的专题报告中指出，信息技术、互联网和电子商务的发展会产生新的数字经济形态。过去15年，美国数字经济蓬勃发展，年均增速达到6%以上，是整体经济增速的3倍。2020年，美国数字经济步入了新的加速发展阶段。对许多美国商家来说，最受美国投资者青睐的是数字密集型、轻资产商业模式的企业，如二手车销售电子商务平台卡瓦纳公司、短租平台爱彼迎、电子商务巨头亚马逊，以及为这些模式提供基础设施平台的公司，如微软、软视软件公司等。受数字化转型影响最大的是以非数字方式开展运营、数字化实践程度很低的行业。例如，在医疗保健行业，许多美国医院仍使用传真和邮寄方式发送病历。麦肯锡的数据显示，2019年，只有11%的美国消费者使用远程医疗服务，而2020年这一比例已上升至46%。

近年来，美国零售商已加快电子商务布局，零售业的数字化进一步转型，以信用卡、网上银行、快捷支付软件等支付方式进行的线上交易大幅增长，网络零售商在模拟现场购物体验方面也做得越来越好。奥多比分析

# 第一章
## 美国数字科技伦理监管的趋势与启示

公司的数据显示，2020年底美国电子商务营销额达到8440亿美元，同比大幅增长42%。2021年前8个月，美国消费者网络购物达5410亿美元，同比增长9%。但受供应链中断和消费需求激增影响，一些商品严重缺货，网络购物的平均价格也明显上涨。需要指出的是，美国不同地区、不同种族之间仍存在着巨大的数字鸿沟。数字鸿沟会造成受教育机会、就业机会和公共服务的不均等，进一步加剧美国的收入和财富不平等，扩大种族贫富差距。这是美国在经济数字化转型过程中亟待破解的难题。

（三）数字企业发展概况

在数字企业方面，美国的亚马逊、谷歌、Facebook是美国互联网平台企业与数字科技企业的领头羊。2023年亚马逊全球市值超过1.6万亿美元，跻身全球市值超过万亿美元的科技企业前五名。目前，亚马逊是美国最大的互联网电子商务公司，也是较早经营电子商务的平台企业之一。亚马逊拥有130万名员工及全球范围内2亿多名高级付费会员，超过190万中小型企业在亚马逊商店销售自己的产品。旗下业务也从电商拓展到了新零售、物流、金融支付、云服务、智能家居、新能源汽车等领域。亚马逊的财报显示，2021年亚马逊总营业收入达到4698亿美元，其中亚马逊的广告收入达到311.6亿美元，占亚马逊全年收入的7%。2021年，亚马逊广告支出达161亿美元，近十年间广告费用增长了20倍，亚马逊的广告费用超过了宝洁、三星和联合利华。从收入结构来看，亚马逊的收入结构主要包括线上商店、线下实体店、第三方卖家服务、订阅服务、广告服务、AWS等。其中，线上商店与实体零售店是亚马逊的主要收入来源，二者作为亚马逊的销售业务2021年净销售额分别达到2220.75亿美元和170.75亿美元。第三方卖家服务是指，亚马逊为平台卖家提供销售平台，使卖家能够在亚马逊商店里销售它们的产品，并通过亚马逊支付工具完成交易，亚马逊赚取佣金。该类别收益在2021年达到1033.65亿美元，约占亚马逊自营电商业务的一半。线上商店、实体店零售和第三方卖家服务，这三块业务可视为亚马逊的核心电商业务，总共实现了 3425.15 亿美元，占到亚马逊市场收入的 72.9%。

谷歌于 1998 年 9 月 7 日以私有股份公司的形式创立，位于加利福尼亚山景城，谷歌业务主要涉及互联网搜索、云计算、广告技术等领域，开发并提供大量基于互联网的产品与服务，以设计并管理一个互联网搜索引擎为主。谷歌公司的总部称作"Googleplex"。谷歌母公司 Alphabet 发布的财务业绩显示，2022 年的营收为 2828 亿美元，同比 2021 年的 2576 亿美元增长了 10%。从谷歌的主营业务收入来源的主要讹误模块来看，营收主要来自谷歌服务、谷歌云、其他业务、对冲收益（亏损）。其中谷歌服务贡献营收 2535 亿美元，同比 2021 年增长 7%。谷歌云贡献营收 263 亿美元，同比 2021 年增长 37%。其他业务贡献营收 11 亿美元，同比 2021 年增长 42%。对冲收益近 20 亿美元。核心业务谷歌服务的主要营收来自谷歌广告（包括来自谷歌搜索及其他、YouTube 广告、谷歌网络的收入）。其中，谷歌搜索及其他服务贡献营收 1625 亿美元，同比增长 9%。YouTube 广告营收为 292 亿美元，同比增长 1%。谷歌网络贡献营收 328 亿美元，同比增长 3%。近年来，谷歌加快了对人工智能领域的投资力度，2023 年 2 月谷歌为对冲微软对 Open Ai 退出 ChatGPT 这一生成式人工智能的冲击，向人工智能初创公司 Anthropic 投资了约 3 亿美元，试图在蓬勃发展的生成式人工智能领域占据一席之地。谷歌母公司 Alphabet 的 CEO 桑达尔·皮查伊提出，谷歌将在未来推出类似 ChatGPT 和基于人工智能的大型语言模型。

Facebook 是全球第一大社交媒体互联网公司，从 Facebook 的发展阶段来看，其大致经历了三个发展阶段：第一阶段是 2003~2011 年，这一阶段 Facebook 的核心商业模式在于通过快速迭代提供各种社交型互联网产品，满足和抓住用户的社交需求，从而实现高速扩张，从一个大学社交平台变

# 第一章
## 美国数字科技伦理监管的趋势与启示

成全民社交平台。第二阶段是 2012~2016 年，这个阶段和之前的战略略有不同，该阶段不再以速度为第一考量因素，而是以功能作为首要考量因素，以构建移动社交平台为重点不断推出社交子产品，包括采取收购的方式对 Instagram、WhatsApp、Oculus 等产品进行收购，借助视频、即时通信、VR 等不同方式优化其自身社交属性，完整地构建了一个以移动社交产品为核心的社交平台生态体系。第三阶段是 2017 年至今，这一阶段 Facebook 专注于国际用户规模扩张，吸引全球网民入驻社交平台，成为全球最佳的精准营销平台，特别是通过广告引流等方式精准匹配用户信息与用户需求。基于真实用户信息的核心定位可以精准圈定更多潜在用户。自定义受众、类似受众功能可有效争取次新用户、挖掘潜力新客户，提高用户转化率，使 Facebook 成为社交广告的精准营销平台。

## 二、美国数字科技伦理监管的基本概况

### （一）数字科技伦理监管的关键主体

**1. 美国联邦政府**

美国联邦政府是美国数字科技伦理监管的关键主体，其主要采取国会立法的方式对数字科技伦理开展规范与引导。美国联邦政府由 6 个机构和独立组织代表整个联邦政府开发人工智能技术或政策。第一，白宫科技政策办公室（OSTP）为总统办公厅提供经济、国家安全、国土安全等方面的建议。OSTP 支持发布多个行政命令，确定联邦政府人工智能监管的总体政策目标。特别是在《2020 年国家人工智能倡议法案》通过后，OSTP 成立了美国国家 AI 倡议办公室（NAIO），该办公室全面负责以"政府整体"方法来开发、使用和管理人工智能。第二，美国总务管理局（GSA）是整个联邦政府的领导者，为各政府机构带来了众多尖端技术，GSA 的人

工智能卓越中心（COE）为联邦政府各机构提供服务，以确保联邦政府机构能够采用最佳的方式将人工智能技术运用到政府服务中。第三，美国人工智能国家安全委员会（NSCAI）获得2019年国防授权的特许和资助，并于2021年3月提交了最终报告，该报告就美国应如何在人工智能时代保持优势提出了战略性建议，以及美国在人工智能时代的战略方针和行动路线图。第四，DOC推进其下属的各局跟进人工智能伦理监管政策的实施。联邦贸易委员会（FTC）就如何最佳定位、开发和提供人工智能产品和服务，以避免与现有和潜在的未来立法的冲突，向企业发布了指导意见。第五，管理和预算办公室（OMB）发布了如何规范人工智能应用程序的指南，该指南为发展和部署人工智能相关技术提供监管和非监管方法，以减少发展人工智能技术的障碍。第六，美国国会包括参议院和众议院人工智能核心小组，通过报告和个人法案制定相关法案。另外，美国国土安全部（DHS）科学技术局（S&T）在数字科技伦理监管方面也作为重要的监管主体开展系列政策设计与执行。

#### 2. 美国各州政府

美国对数字科技伦理监管的主体还包括美国州政府，美国州政府对数字科技伦理监管具有较大程度的自主权与政策制定空间。在数字科技伦理监管的重点领域，美国州政府在人工智能治理方面都有自己的举措，在提出和通过监管方面比美国联邦政府更积极主动。在特朗普政府时期，美国联邦政府与国会通过的《2020年国家人工智能倡议法案》对人工智能监管采取宽松策略，州政府层面的其他立法建议则采取更主动的人工智能监管策略。例如，加利福尼亚州的《2020年自动决策系统问责法》就早于美国联邦政府。在自动驾驶技术的监管方面，2011年美国内华达州就通过第一个关于自动驾驶车辆检测的立法，该法规定了自动驾驶车辆的检测条件，要求对自动驾驶进行监管。目前已有40个州通过了法律或行政命令规制自动驾驶车辆。在人脸识别技术的监管方面，美国联邦政府未出台统一的规

# 第一章
## 美国数字科技伦理监管的趋势与启示

定,而美国得克萨斯州、弗吉尼亚州、加利福尼亚州等都针对"深度伪造"行为出台了相应法案。

3. 行业组织与协会

美国行业协会在数字科技伦理监管过程中主要扮演参与者与协同者角色。以数字科技中的人工智能监管为例,美国联邦政府早期主要采取不干预的原则,主要是通过各州发挥自主性与独立性开展相关人工智能伦理的监管政策制定与政策执行,且社会各界对人工智能伦理监管尚存在广泛的争议性。USCC 则呼吁对人工智能进行监管,以确保它不会损害经济增长或成为国家安全风险,其在人工智能伦理监管中发挥了重要作用,主要致力于促进人工智能的研究和应用。AAAI 旨在提高公众对人工智能的理解,提高人工智能从业者的教学和培训水平,并为研究规划者和资助者提供当前人工智能发展潜力和未来方向的指导。AAAI 提出了专业性的人工智能道德原则以监管人工智能行为,具体包括:一是承认所有人都是算法的利益相关者;二是避免伤害(负面后果);三是诚实守信;四是公平并采取行动;五是尊重新想法、发明、创意作品和计算工件所需的工作;六是尊重隐私;七是保密。

4. 数字企业

美国在发挥联邦政府和州地方政府对数字科技伦理监管的引领与规范作用的同时,也在充分发挥市场的自我调节功能,主要体现为对以充分尊重企业作为数字科技伦理治理的重要角色与功能,承担数字科技伦理监管的参与者、互补者与协同者的重要角色,以企业作为数字科技伦理治理者发挥对数字技术伦理治理的重要功能。

IBM 在复杂的 AI 系统领域有着悠久的领先历史,在 AI 生命周期软件市场份额中排名第一。因此,人们很可能在不知不觉中使用了 IBM 的人工智能技术。人工智能在日常生活中的另一个重要例子是欺诈检测。如果信用卡公司曾经联系过您,表示它们阻止了可疑交易,那么该交易很可能是通过 AI 识别出来的。金融机构和科技公司可以使用机器学习来发现可疑的交易和登录，部署特殊的人工智能团队来训练模型、检测和提醒客户潜在的欺诈活动。针对数字科技伦理的监管与治理，IBM 组建了 AI 道德委员会，它是一个多学科机构，负责制定 AI 道德框架并参与实际治理和决策过程；其目标是在整个公司支持道德、负责任和值得信赖的 AI 文化，并指导 AI 系统的道德开发和部署。IBM 遵循三个总原则：①AI 的目的是增强人类智能；②数据和见解属于其创造者；③技术必须透明且可解释。

微软提出了负责任的 AI 原则，内容包括：第一，公平，特指人工智能系统应该公平对待所有人；第二，可靠性和安全性，人工智能系统应该可靠和安全地运行；第三，隐私及安全，人工智能系统应该是安全的并尊重隐私；第四，包容性，人工智能系统应该赋予每个人权利；第五，透明度，人工智能系统应该是可以理解的；第六，问责制，开发者和应用者应该对人工智能系统负责。

谷歌确立了人工智能伦理的原则，渴望创造能够解决重要问题并帮助人们日常生活的技术，对人工智能和其他先进技术在增强人们能力、广泛造福当代和后代，以及为共同利益而努力方面的巨大潜力感到乐观。其对人工智能伦理监管的原则包括：第一，人工智能对社会有益。新技术已拓展到整个社会。人工智能的进步将在医疗、安全、能源、交通、制造和娱乐等广泛领域产生变革性影响。谷歌将努力利用人工智能提供高质量和准确的信息，同时继续尊重所在国家（地区）的文化、社会和法律规范。第二，避免制造或强化不公平的偏见。人工智能算法和数据集可以反映、加强或减少不公平的偏见。谷歌认识到，区分公平和不公平的偏见并不简单，而且在不同的文化和社会中也有所不同。谷歌将努力避免对人们造成不公正的影响，特别是与种族、性别、国籍、收入、能力及政治或宗教信仰等敏感特征有关的影响。第三，构建和测试安全性。谷歌将继续制定和应用强有力的安全和安保措施，以避免意外结果造成伤害的风险。第四，

# 第一章
## 美国数字科技伦理监管的趋势与启示

对人负责。谷歌通过所设计的人工智能系统，为反馈、相关解释和上诉提供适当的机会。人工智能技术适当地受人类指导和控制。第五，纳入隐私设计原则。谷歌将人工智能技术的开发和使用纳入隐私原则。第六，坚持科学卓越的高标准。谷歌认为技术创新植根于科学方法和开放式探究、思维严谨、诚信协作的承诺。人工智能工具有潜力在生物、化学、医学和环境科学等关键领域开启科学研究的新方向。谷歌致力于推动人工智能的发展，追求科学卓越的高标准。谷歌与一系列利益相关者合作，利用科学严谨和多学科交叉的方法，促进这些关键领域得到充分发展。谷歌通过发布教育材料、最佳实践和研究，分享人工智能知识，使更多人能够开发有用的人工智能应用程序。

(二) 数字科技伦理监管的政策布局

1. 面向人工智能伦理监管的政策布局

在人工智能监管层面，美国国会通过立法的形式加快对人工智能伦理的监管与治理。其中，2021年1月，美国正式颁布《2020年国家人工智能倡议法案》，该倡议法案的主要目的是：第一，确保美国在人工智能研发方面的领导地位；在公共和私营部门开发和使用可信赖的人工智能系统方面引领世界。第二，为当前和未来的美国劳动力做好准备，以便在经济和社会的所有部门整合人工智能系统。第三，协调所有联邦政府机构正在进行的人工智能活动，以确保每个政府机构都能为其他机构的工作提供信息。与此同时，为确保该法案的实施，美国成立了国家科学技术委员会人工智能特别委员会推进人工智能相关的标准、指南与技术研究。在拜登政府时期，同样制订了人工智能战略与监管计划。政府推出了 ai.gov 网站，该网站致力于将美国人民与有关联邦政府活动的信息联系起来，推动可信赖的人工智能的设计、开发和应用。美国还成立了国家人工智能研究资源工作组和国家人工智能咨询委员会。前者旨在使研究工具的获取民主化，以促进人工智能创新；而后者则为联邦机构提供有关人工智能研发的建议。

2019年2月，美国国防部推出了人工智能战略与伦理监管政策。该部门声称它"将阐明以合法和合乎道德的方式使用人工智能，以强化负责任的价值观的愿景和强化人工智能利用的指导原则"，并将"继续分享我们的目标、道德准则和安全程序，以鼓励其他国家负责任地开发和使用人工智能"。该部门还声称，在与多方利益相关者协商后，将制定人工智能伦理和安全的原则，并将该部门的观点推广给更多的全球受众，为全球军事人工智能提供信息伦理。2020年2月，美国国防部正式采纳了一系列使用人工智能的道德原则。这些原则适用于战斗和非战斗功能，并协助美国军方维护人工智能领域的法律、道德和政策承诺。另外，美国州政府和地方各级政府在人工智能治理方面都有自己的举措，在提出和通过监管方面比联邦政府更积极。例如，伊利诺伊州提出了《生物识别信息隐私法》和《人工智能视频采访法》。这两项法律法规都反映出美国对生物识别实践的审查越来越严格：第一部与数据隐私直接相关，而第二部则对可能在面试过程中使用HireVue等人工智能服务的公司提出了算法透明度的要求。又如，华盛顿州则签署了《SB 6280法案》，确定和建立了基本的透明度和问责机制以备政府部署反乌托邦式的实时监控，特别是全面禁止面部识别时侵犯个人隐私和可能存在的算法偏见。总体而言，目前，美国有数十个独立的人工智能伦理、政策和技术工作组（团体）分散在各个联邦部门和机构中，涵盖国防、民事和立法领域。虽然美国联邦政府推出了人工智能伦理监管政策，但依然存在不断演变的政策，进而可能产生政策内容不完整、不同政策之间的监管配套举措不一致或彼此不兼容等问题。

从人工智能伦理监管的重点领域来看，美国对人工智能伦理的监管聚焦于智能算法的社会伦理影响监管，侧重从算法研发设计者到算法应用的全过程监管。2022年7月20日，美国众议院能源和商务委员会通过了AD-

# 第一章
## 美国数字科技伦理监管的趋势与启示

PPA。该法案旨在在联邦政府层面建立面向人工智能算法决策过程中的消费者隐私数据保护法律框架，为美国消费者提供隐私权保护和有效的补救措施。该法案将"算法"定义为"使用机器学习、自然语言处理、人工智能技术或其他类似或更复杂的计算处理技术的计算过程，能够自主做出决策或辅助人类决策"，如为特定对象提供排名、排序、促销、推荐等服务或者向特定个人提供信息服务等。根据该法案，相关实体和服务提供商必须评估算法的设计、结构和数据输入，以降低潜在歧视性影响的道德伦理风险。该草案提供了算法伦理评估的详细描述，具体包括：一是详细描述算法的设计过程和方法；二是算法的目的、建议的用途及其在建议用途外的陈述；三是算法使用的数据输入的详细描述，包括将要处理的特定数据类别和用于训练基础模型的任何数据；四是对算法产生的输出描述；五是评估算法与其目的的必要性和相称性，包括算法优于非自动决策过程的原因；六是详细描述减轻潜在危害的步骤。

2. 面向大数据伦理（数据伦理）的监管政策布局

美国大数据伦理监管的政策布局主要包括顶层设计和中层衔接，形成联邦政府主导的数据伦理监管原则、战略实践和伦理监管具体行动。其中，顶层设计立足美国国家战略层面，推进对数据的管理、保护和共享等工作。中层衔接是大数据伦理监管的关键环节，主要包括政策协调机构，首席数据官、机构网络和数据管理，法律和监管框架，技术能力建设、协作和知识共享四个方面。在政策协调机构方面，美国白宫行政管理和预算办公室下设的数据委员会，既负责协调联邦数据战略的实施，也负责通知数据管理和使用的预算优先事项。在大数据伦理监管的政策部署方面，具有代表性的是GSA成立了由联邦各个政府部门领导人组成的机构，制定的《数据伦理框架草案》提出了数据伦理的七项基本原则：一是了解并遵守适用的法规、规定、行业准则和道德标准；二是诚实并正直行事；三是负责并追究他人责任；四是保持透明；五是了解数据科学领域的进展，包括数据系统、技能和技术等方面；六是尊重隐私和机密性；七是尊重公众、个人和社区。

美国在大数据伦理监管领域的国家战略与政策部署始于奥巴马政府时期，自 2012 年以来，美国作为全球数据伦理监管与治理的领跑者，相继出台了系列法律法规以推动数据伦理监管。2012 年 3 月，奥巴马政府发布了《大数据研发倡议》，这是美国历史上首个以大数据研发为核心的国家级战略。在此倡议促进下，联邦机构、科研院所及社会企业在大数据研发、管理及应用等方面进行了积极探索，取得了明显进展。在特朗普政府时期，延续了奥巴马政府时期的大数据伦理监管与治理的政策思路，进一步挖掘大数据价值的正向经济与社会价值。2019 年 12 月，OMB 发布了《联邦数据战略 2020 行动计划》。该行动计划以政府数据治理为主要视角，描绘了联邦政府未来十年的数据愿景以及 2020 年需要采取的关键行动，目的是在保护安全、隐私和机密的同时，充分挖掘美国联邦数据资产的潜力，加速使用数据执行任务、服务公众和管理资源。拜登政府时期持续加快对大数据伦理监管的政策部署，2021 年 10 月，拜登政府发布了《联邦数据战略 2021 行动计划》，在指导各机构应对共同的数据挑战过程中，使用现有的协作渠道帮助实现人工智能研究的民主化，并提高劳动者的数据技能。2022 年 1 月，美国白宫行政管理和预算办公室发布了一项联邦战略，旨在推动美国政府对网络安全采取"零信任"方法。在落实拜登政府关于改善国家网络安全的问题上，该战略意味着向前迈出了关键一步。此外，该命令侧重于进一步推进数据安全措施，以显著降低针对联邦政府数字基础设施的网络攻击风险。2023 年 3 月，OSTP 发布了《促进数据共享与分析中的隐私保护国家战略》，正式确立了政府的数据伦理监管目标，以支持保护隐私数据共享和分析（Privacy-Preserving Data Sharing and Analytics，PPDSA）的方法与技术。该战略关注 PPDSA 技术对经济和社会的外部影响，尤其关注对弱势群体

# 第一章
## 美国数字科技伦理监管的趋势与启示

隐私的影响，提出了 PPDSA 技术需要保持透明度与包容度，尊重隐私、保护公民自由和权利。

从大数据伦理监管的重点领域来看，美国对大数据伦理监管政策部署主要集中于数据隐私领域。《美国数据隐私和保护法案》为企业或其他机构收集个人信息制定了国家标准和保障措施，包括旨在解决算法潜在歧视影响的保护措施。作为联邦政府对人工智能监管需求增长趋势的重要回应的组成部分，《美国数据隐私和保护法案》代表了美国在制定全面的数据隐私法方面取得了一定的进展。尽管近年来推出了其他几项涉及算法决策的联邦法案，但《美国数据隐私和保护法案》是第一个得到美国各党派一致支持和推动的法案，也是第一个将针对算法问责制和偏见的条款与解决数据隐私和安全问题的条款捆绑在一起的法案。该法案确定了几种不同类型的实体，这些实体具有特定的义务或豁免权。对于某些义务，涵盖的实体按"影响"（影响力依据年度全球收入和受实体运营影响的数据主体数量而定）和"与数据主体的具体关系"（表现为直接关系、第三方关系或服务提供商关系等）分类。实体收集的"数据"被定义为"识别或链接或合理链接到一个或多个人的信息，包括派生数据和唯一标识符"；重要的是，员工数据和公开数据都被排除在这个定义外。某些类型的数据被定义为敏感数据，其中包括政府标识符（如驾驶执照或社会安全码），以及与健康、地理位置、财务、登录凭据、种族、性别或阶级身份相关的数据；除此之外，敏感数据还可能包括其他类别的数据，比如电视观看数据、私密图像和"识别个人随时间或跨第三方网站或在线服务的在线活动的信息"等。

3. 面向区块链伦理的监管政策布局

区块链结合了多种技术，为没有中央机构（如银行）的多方交易提供了可信、防篡改的记录。区块链可用于各种金融和非金融应用，包括加密货币、供应链管理和法律记录。2022 年 3 月 23 日，美国国会政府问责局

（GAO）网站发布《区块链：新兴技术为某些应用带来好处但面临挑战》，提出区块链对某些应用程序有用，但对其他应用程序有限甚至有问题。例如，由于其防篡改性，它可能对涉及许多不一定相互信任的参与者的应用程序有用。即使对于少数受信任的用户来说，区块链的某些应用程序可能过于复杂，但其依然比传统的电子表格和数据库更有用。更为关键的是，区块链还可能带来安全和隐私方面的伦理挑战。从监管制度形式上，美国主要采取立法的形式对区块链技术伦理进行监管，基于此，商务部部长与联邦贸易委员会协商向国会提交一份关于区块链技术现状及其在消费者保护中的应用的报告。2021年5月，美国众议院能源和商业委员会的立法听证会提出了《区块链创新法案》，该法案的伦理监管目标主要是减少欺诈及提高商业交易的安全性。

从区块链监管的重点领域来看，美国对区块链伦理的监管政策布局主要集中于区块链透明度。美国对区块链伦理监管的透明度有助于阻止美国区块链公司转移到其他国家。明确的行业特定监管框架可以让个人和公司在美国更成功地参与与区块链相关的商业活动。包括监管实体和开发商在内的决策者都可以使用监管沙盒等工具来提高区块链监管。例如，2018年10月至2021年4月，有11家公司加入了亚利桑那州金融技术监管沙盒。在联邦层面，消费者金融保护局创建了一个合规援助沙盒，让各企业在与该局共享数据的同时，可在有限的时间内获得测试创新产品和服务的安全港。这样可以为决策者提供机制，使其在面临监管不确定性时能够更好地履行法定义务。与此同时，决策者能够提供可协调的改进措施或者明确的预期方案，以促进安全和稳健、保护消费者等，并打击区块链相关商业中的非法活动。例如，美国财政部的金融犯罪执法网络近年来提出了一项规则，要求银行提交报告、保存记录并验证某些加密货币交易中客户的身份，以确保加密货币行业适当应对反洗钱和国家安全风险方面的挑战。

# 第一章
## 美国数字科技伦理监管的趋势与启示

### （三）数字科技伦理的重点议题

#### 1. 道德式人工智能与透明、公平和可解释的算法

美国对人工智能伦理监管的重点在于着重塑造道德式人工智能与透明、公平和可解释的算法。既有研究普遍认为，从人工智能技术中获益取决于创建和部署人工智能系统的能力，这些系统被认为是合乎道德和值得信赖的。但是，目前最大的挑战在于对什么是合乎道德和值得信赖的人工智能、如何识别人工智能，以及如何在实践中证明人工智能的可持续性尚未达成共识。解决人工智能与人类社会可能存在的道德伦理冲突与可能的负外部性的可行方法是：基于透明、公平与可解释等概念框定人工智能算法开发、系统部署和技术使用的基本规范，通过人工智能的算法设计与算法验证能够证明该算法是公平、可信、可解释和透明的。另外，人工智能的可解释性问题被称为人工智能的"黑匣子"问题，许多机器学习算法系统的响应无法用人们容易理解的术语解释。开发机器学习算法的标准方法会产生一组高度复杂的数据矩阵，其中包含数百、数千甚至数百万个连接节点，每个节点都包含一个权重。当机器学习模型被"训练"时，这些权重被调整以提高模型的性能。这个动态的、复杂的系统不是为了去解释决策过程，通常也不能提供一个容易理解的原因，即无法说明它是如何达到任何给定的结果。目前，美国正对人工智能的解释性问题开展系统性研究，比如，DARPA的"可解释人工智能"计划，其主要目的是开发人工智能系统，让算法开发与研究人员能够开发和生成更多可解释的算法模型，同时保持高水平的智能学习表现（预测准确性），兼顾算法决策的过程性以及算法决策结果的准确性。

在算法透明度与算法公平监管方面，美国联邦政府对算法的监管重点在于算法的透明度、算法决策的公平性。2022年7月20日，美国国会众议院能源和商业委员会通过的ADPPA提出了算法决策的公平性和算法歧

视监管的相关条款，在第207条中明确了公民权利和算法，根据该条款，涵盖的实体或服务提供商"不得以歧视或以其他方式收集、处理或传输存在具有歧视性的数据，如基于种族、肤色、国籍、性别或残疾状况的数据"。与美国大多数现有的州政府数据隐私法不同，ADPPA要求不同类型的公司评估不同的算法程序、算法模型与工具的具体影响，并将这些评估提交给FTC。在算法透明度方面，美国立法的重点在于监管算法设计开发层面的算法透明度，根据ADPPA的有关内容，相关实体和服务提供商必须评估算法在设计、模型结构和数据输入层面可能存在的伦理问题，以降低潜在歧视性影响的风险。更为关键的是，ADPPA对算法可能存在的危害列出了负面清单，以负面清单的形式监管规避可能的算法负外部性。可能存在的危害主要表现为三种：第一，与17岁以下个人相关的潜在危害（针对未成年人）；第二，与宣传、获取或限制使用住房、教育、就业、医疗保健、保险或信贷机会相关的潜在危害；第三，与确定进入或限制使用任何公共场所有关的潜在危害，特别是与受保护特征有关的危害，包括种族、肤色、宗教、国籍、性别或残疾状况。

2. 数据隐私与数据伦理

美国在大数据领域的数据泄露引发的公共安全与个体隐私破坏等风险一直存在。根据德国研究型数据统计公司Statista的统计，美国的数据泄露事件数量从2010年的662起大幅飙升至2020年的1000多起。其中，影响最大的是2013年的雅虎事件，此次泄露事件直到2017年10月才被完全曝光，即实际上有近30亿个账户遭到入侵。自2020年以来，每起数据泄露事件对公司造成的平均损失为50万美元。在大数据技术领域，美国数字科技伦理监管的重点在于数据隐私与数据伦理，即充分尊重与保障数据权属下的个人隐私与公共安全。实际上，在面向大数据技术的科技伦理监管政策方面，美国自奥巴马政府以来一直重视数据伦理，2012年3月，美国白宫发布的《大数据研究与发展计划》是美国在国家战略意义上正式出台的

## 第一章
### 美国数字科技伦理监管的趋势与启示

大数据战略；随后又发布了《大数据研究和发展倡议》，提出需要增强大数据收集过程、使用分享过程中的隐私保护、安全与道德性，确保使用主体的使用过程能够合乎社会道德以及避免破坏个人隐私与公共安全。为进一步保障大数据应用过程中的数据隐私，美国自2013年以来持续制定关于数据隐私保护的相关行动计划。例如，2013年5月，美国联邦政府签署行政命令13642号《开放数据政策备忘录》，规定所有新生成的联邦数据应对公众开放；2014年5月公布的《美国开放数据行动计划》中，承诺用可发现的、机器可读的、有用的方式发布公开数据。另外，美国联邦政府发布的《大数据：关于算法系统、机遇和公民权利报告》提出，政府的重要任务在于对大数据与算法系统的潜在隐私风险问题进行监管。

在拜登政府时期，美国加快了对大数据伦理监管的政策部署，把数据隐私与数据伦理监管摆在了更为重要的战略位置，表现在立法层面则是加快了面向数据隐私风险防范与追责体系的立法进程。例如，在《联邦数据战略》中所提及的第一项原则就是"伦理性治理"，并表示要把数据的伦理治理作为一种组织原则和文化融入数据战略中。2020年9月，GSA联同14个联邦政府机构共同发布了《数据伦理框架草案》，该草案指导联邦政府的工作人员在收集和使用数据时如何做出符合数据伦理的选择。2022年7月，美国众议院能源和商业委员会通过了ADPPA的修正版，与其他数据隐私法相比，该法案以不同的术语在不同的范围开展全方位大数据伦理监管，主要体现为：第一，法案面向的实体范围发生重大变化，"涵盖实体"被定义为收集、处理或传输数据并受《联邦贸易委员会法》约束的任何实体或个人，包括《通信法》规定的公共承运人或非营利组织，实体范围涵盖了绝大多数企业。第二，法案面向的数据范围发生重大变化。"涵盖数据"包括任何识别、链接或合理链接到个人或设备的信息，还包括从此类信息中派生的任何数据或唯一标识符，如IP地址、目标广告标识符等。第三，特别注重保护未成年人的数据隐私。法案将"儿童"定义为17岁以下的任何人。第四，对敏感数据进行了特别关注。"敏感数据"包括超出其他州隐私法认为敏感的数据类别。大多数法律认为种族、民族、基因数据、儿童数据等信息属于敏感信息，但ADPPA的修正版包括所有这些以及任何设备的登录凭据信息；且敏感数据的使用需要在收集、处理或传输之前就必须获得个人的肯定性明示同意。更为关键的是，ADPPA对数据持有者的责任义务范围进行了明确规定，要求大数据持有者承担数据来源与处理过程的信息披露、数据隐私产生的影响评估、算法对数据自动收集与运算的影响评估，以及年度第三方评估认证四项义务。

## 三、美国数字科技伦理监管的主要模式与机制选择

### （一）以国会为主导的美国政府立法与标准引领的数字科技伦理监管模式

与英国或欧盟等发达经济体相比，美国对数字科技伦理的监管更依赖于政府立法主导式的监管模式。实际上，美国在引入立法模式监管数字科技伦理也从犹豫阶段走向了坚定落实阶段，呈现出一个渐进式的监管模式转型。具体而言，在特朗普执政期间，政府机构被劝阻不要引入新的监管措施，因为担心这些措施会阻碍创新。从2021年初开始，可以看到有限治理的稳步出台。《2020年国家人工智能倡议法案》要求建立多个机构来提供联邦政府层面的跨部门联合指导，其中最著名的是国家人工智能计划办公室，其负责支持人工智能研发、教育计划、跨机构规划和国际合作，负责监督和实施美国国家人工智能战略，协调联邦各政府机构私营部门、研究部门和其他利益相关方在人工智能研究和监管政策制定方面的协调合作，最终为推进人工智能领域监管政策制定与实施提供整体性部署和战略性指引。联邦机构也在推行其他规模较小的举措，如美国国家标准与技术

# 第一章
## 美国数字科技伦理监管的趋势与启示

研究院制定的《人工智能风险管理框架》，该管理框架被设计、开发、部署或者使用人工智能系统的组织所使用。总体来说，美国对数字科技伦理监管的立法特点是强调促进创新以保持美国在数字科技特别是人工智能领域的全球领导地位，重新利用现有法律并引入目前有利于治理的"软法"，这意味着美国对数字科技伦理监管立法模式的重点依然是在规范数字科技良性生态发展的同时，以"硬法"和"软法"相结合的方式提高数字科技竞争力。

具体来看，在人工智能伦理监管方面，美国形成了以强政府为主导的数字科技伦理监管模式，美国政府持续重视对新一代数字技术监管的立法工作，高度重视人工智能领域的相关法律法规等制度建设。例如，2021年美国国会共提出了130项人工智能相关的法案。在制定技术标准方面，美国政府主动参与人工智能国际标准制定，以促进自愿的、行业引领的标准制定方法，促进人工智能创新。2019年2月，特朗普在签署的人工智能行政命令中要求国家标准与技术研究院发挥在人工智能标准制定方面更大的作用。美国在负责人工智能标准制定的国际标准委员会中处于领导地位，但美国政策制定者应更加积极地应对其他国家主导的、限制性的、带有歧视性的标准方法。与此同时，美国联邦政府对人工智能领域的监管是分部门开展的，基于人工智能应用领域专业化原则分部门多头对人工智能技术开展伦理监管。例如，美国交通部监管自动驾驶汽车的使用，美国食品和药品管理局监管基于人工智能的医疗设备。在算法伦理监管方面，2019年《算法问责法2019（草案）》进入参众两院的立法程序，该草案是面向人工智能算法伦理监管的全面性的总体部署，特别是对人工智能算法应用广泛与频繁的大型互联网平台企业的算法伦理提出了明确的规范与要求，涵盖算法偏见、算法歧视、算法公共安全等多个方面。在数据伦理监管方面，美国同样针对数据伦理的具体专业细分领域出台了相应的监管法案与政策部署，如2020年6月美国参议院发布了《数据问责和透明度法2020》，着重将算法对数据自动收集与自动运算决策纳入伦理监管框架，提出消费者应当有权质疑收集数据的理由并要求人工对算法自动化决策进行审查和解释。除了细分领域的监管法律制度与政策部署之外，美国采取"专业化+总体性"的双元路径，例如，在人工智能伦理监管的总体性法律框架与战略部署的关键例证便是2020年美国国会颁布的《2020年国家人工智能倡议法案》，为了支持该倡议法案的有效实施，要求NAII办公室、机构间委员会（人工智能特别委员会）和机构负责人，持续支持人工智能研发，支持人工智能教育和劳动力培训计划，支持跨学科人工智能研究和教育计划，计划和协调联邦机构间人工智能活动，与不同的利益相关者进行合作，利用现有的联邦投资来推进倡议目标，支持跨学科人工智能研究机构网络，支持与战略盟友在可信赖的人工智能系统的研发、评估和资源方面开展国际合作。

（二）行业协会、研究机构与标准组织等多元化参与的监管模式

区别于政府立法主导的数字科技伦理监管模式，各类行业协会、研究机构与标准组织等社会组织在美国数字科技伦理监管特别是在人工智能伦理监管中发挥了重要的作用，这种监管作用区别于"硬法"监管，主要是通过发挥社会组织的技术治理功能参与数字科技伦理监管，总体上形成了涵盖行业协会、研究机构与标准组织等多元化参与监管模式，且在数字科技伦理监管方面更侧重于对人工智能技术的风险识别、风险评估，以及对监管原则、监管对象、监管内容等方面开展系列治理活动。从行业协会与研究机构来看，面向数字科技伦理监管主要是提出前瞻性的监管原则与监管框架，充分提出可预见、可操作的监管方案与相应的监管模式。2023年1月，美国国家标准与技术研究院正式发布了《人工智能风险管理框架》及其配套使用手册。该框架旨在帮助人工智能系统的开发者、用户和评估人员更好地管理可能影响个人、组织、社会或环境的人工智能风险，提高人工智能系统的可信度；并提出了人工智能风险监管的跨周期与多元化参

# 第一章
## 美国数字科技伦理监管的趋势与启示

与模式，将相关活动分为应用程序背景、数据和输入、人工智能模型、任务和输出四个维度以及"人与地球"一个特殊维度（用以代表作为人工智能背景的人权、社会和地球等更广泛的概念），并强调了测试、评估、检验和确认在整个生命周期中的重要地位，监管目标是确保人工智能更加可信，确保人工智能监管贯彻全生命周期。

从行业协会来看，美国行业协会在美国联邦政府主导的数字科技伦理监管模式下，逐步形成科技伦理监管的参与模式，这种模式表现为以美国商会主导的人工智能监管标准制定与倡议等形式推动美国联邦政府重视人工智能领域的监管。2023年3月，美国商会发布了《人工智能委员会报告》，呼吁尽快制定人工智能法律监管框架，规避因技术进步导致的国家安全风险。该报告提出了人工智能监管治理框架的五大原则，既要注重个人权利、自由、隐私保护，又要确保美国人工智能领导地位的创新驱动。具体来看，五大原则包括：一是效率原则，评估现有法律法规的可适用性；二是中立原则，填补法律空白的同时避免过度立法和过度监管；三是比例性原则，采取以风险为本的监管方法和执法手段；四是共治性原则，注重分散化监管和协同治理；五是灵活性原则，鼓励私营部门进行风险评估和创新。在生成式人工智能领域，针对以ChatGPT为标志的自然语言处理的人工智能监管领域，美国新闻/媒体联盟在2023年发布了有关ChatGPT生成式人工智能的拟议监管原则，提出生成式人工智能开发者与部署者必须尊重创作者对其内容的权利，主要内容为：尊重知识产权（知识产权原则）、生成式人工智能系统的部署者应该对系统输出负责（责任原则）、生成式人工智能系统不应该创造或冒不公平的市场或竞争结果的风险（公平性原则）、生成式人工智能系统应该是安全的（安全性）。

（三）企业以数字科技伦理治理嵌入公司治理为模式参与数字科技伦理监管

企业不仅是市场主体，更是技术创新与技术应用的主体。数字企业的主导技术是数字科技，以企业为中心构建企业自我驱动的数字科技伦理监管治理体系尤为重要。美国以企业为主导的数字科技伦理监管模式主要表现为企业以数字技术治理的方式推动数字科技向善与社会价值创造，涵盖企业对技术、用户、社会的各类伦理价值，其主要实现模式是将企业数字科技伦理融入企业价值主张、企业战略、企业技术创新管理过程，实现企业对数字科技伦理的有效治理，更好地融入社会。在面向人工智能算法伦理监管领域，亚马逊、IBM、微软近年来都强化了对人工智能算法的技术伦理监管，主要是通过企业主导制定相关人工智能伦理准则、人工智能伦理治理倡议等。例如，微软开发了六个人工智能的首要伦理原则：公平、可靠和安全、隐私和安全、包容性、透明度、问责制。亚马逊在战略层面提出了"负责任地使用机器学习算法"，通过用可持续的数字技术开发价值观影响亚马逊平台用户的方式确保平台用户、其他互补者更负责任地开发与使用机器学习算法等各类算法工具。具体来看，亚马逊提倡机器学习算法的生命周期的三个主要阶段包括设计和开发、系统部署、持续使用。亚马逊认为所有使用机器学习算法的行为都必须尊重法治、人权、公平、隐私的价值观。特别是负责任的机器学习算法领域是一个新兴技术快速发展的领域，因而亚马逊认为机器学习的可持续开发与利用是算法技术伦理与算法技术向善的一个新的起点，需要鼓励用户考虑这些建议背后的价值观和意图，并鼓励平台用户与第三方一起负责任地开发和使用机器学习算法系统，确保机器学习算法在开发与使用过程中不破坏伦理道德与基本人权等。

企业开展数字科技伦理监管的另一种模式是基于企业主导的数字科技伦理委员会的方式开展数字科技伦理治理，这意味着企业主动将数字科技伦理治理所面对的各类社会议题、重点和难点问题置于公司治理层面，特别是引入各类利益相关方参与机制以推动数字科技伦理议题的落实，强化企业董事会、战略委员会、高管团队等战略决策者对数字科技伦理的认知

# 第一章
## 美国数字科技伦理监管的趋势与启示

与意识，确保企业在数字技术开发与利用过程中更好地保护利益相关方的利益，确保各类战略决策符合道德规范与伦理要求。例如，IBM是一家有着一百多年历史的数字科技企业，其在2021年成立了人工智能道德委员会，以强化企业数字科技伦理治理。具体来看，在信任和透明原则的指导下，IBM将监管重点放在特定的数字科技伦理监管领域，而非整体性和全面性的监管。具体来看，IBM人工智能道德委员会会定期处理的数字科技伦理议题包括：人工智能的精确调节、种族司法改革、数据责任、人脸识别、算法偏见、可信任的人工智能系统等。Facebook是面向社交领域的数字平台，为应对用户舆论可能产生的道德伦理冲突及对人权的破坏等潜在风险，Facebook主张以平台规则应用的全球统一性为逻辑起点开发一套网络社区舆论标准，其中包括数百条关于"仇恨言论"、欺凌、暴力、裸体、假新闻、垃圾邮件、版权等的规则，对可能违反Facebook规则的内容进行评估并做出处罚决定。但是，Facebook在以统一规则治理的方式开展数字科技伦理治理的过程中也面临诸多来自利益相关方的压力，针对这些压力，Facebook采取的措施是，Facebook的联合创始人与首席执行官决定建立数字科技伦理治理委员会，并授予其对最严重、最紧迫的内容问题行使自主判断的权力。

## 四、美国数字科技伦理监管对我国构建数字科技伦理监管体系的启示

（一）政府制度设计对我国的启示

在数字科技伦理监管的政府制度设计层面，美国的主要模式是通过立法的方式强化对各类数字技术可能涉及的道德伦理风险与潜在道德冲突进行监管，以实施各类法律法规的方式强化各类数字技术在深入嵌入企业与

嵌入社会过程中的监管治理，确保数字科技开发者、使用者与创新者能够在统一的规制与规则下行动。在人工智能算法领域，监管的重点是鼓励数字技术创新与技术应用，确保技术开发与创新过程中的安全性与道德伦理性。更为关键的是，美国对数字科技伦理监管的政策呈现出连续性，即以联邦政府为主导的国会立法持续推进面向数字科技伦理监管的法律法规，形成"国会—各政府部门—地方州政府"的规制与政策执行体系。以人工智能算法伦理监管为例，早在2016年奥巴马政府时期就发布了《国家人工智能研究与发展战略规划》，标志着美国对人工智能开始了系统性研究，促进了人工智能可持续发展，要求人工智能研究与开发契合社会需求与道德伦理规范；2019年特朗普政府时期继续强化对人工智能发展战略规划过程中的道德伦理、法律与社会影响评估，新增了确保人工智能系统安全性的内容，将人工智能算法应用的安全建设作为人工智能重大战略方向之一。2020年1月，美国白宫发布了《人工智能应用监管指南》，该指南从监管和非监管两个层面提出了人工智能应用的相关原则和建议，并针对通用或特定行业人工智能应用程序的设计、开发、部署和操作提出了10条监管原则，包括公众对人工智能的信任、公众参与、科学完整性与信息质量、风险评估与管理、成本效益分析、灵活性、公平性与非歧视性、信息与透明度、安全性与可靠性、跨部门协调。可以看出，美国数字科技伦理监管制度的走向总体上遵循渐进式原则，且在制度安排上偏向于从战略性指引、总体性意见、抽象式原则逐步走向具象化的法律监管，且在立法过程中以灵活有效、科学前沿的措施对人工智能算法、大数据主体进行科学分类，并非采取"一刀切"的方式进行监管，而是立足分类治理原则推进以人工智能、大数据、区块链等为核心的数字科技伦理监管。

因此，我国在数字科技伦理监管的制度构建与政策设计过程中，一方面，需要积极借鉴美国国会立法这一最高顶层制度设计的模式开展数字科技伦理监管，鼓励地方政府在重要行业与创新领域"先行先试"，充分发

# 第一章
**美国数字科技伦理监管的趋势与启示**

挥地方自主性原则,积极借鉴美国采取"州政府监管早于联邦政府统一立法",在地方重要行业与重要领域"先行先试"的基础上,积极探索监管成功模式与经验,并充分发挥市场的调节功能,面向数字科技重点行业与重点领域开展相关立法工作。面向人工智能的技术类型与伦理影响程度的差异性,尽快探索通用性人工智能和专用性人工智能的差异性伦理监管法律,进而确定不同类型人工智能伦理监管的关键主体、主要对象、主要议题及其主要措施与监管边界范围。另一方面,在面向数字科技伦理监管的制度与政策涉及的目标取向上,政府的重要目标之一在于识别、控制、防范数字科技创新与应用过程中的道德伦理风险与公共社会风险,以最大限度地降低风险源与控制风险环节为基本原则,针对各类数字科技、数字技术开发与设计的相关组织与主体的伦理监管进行制度设计。

## (二)监管模式设计对我国的启示

在监管模式设计方面,美国对数字科技伦理监管的模式主要是以政府战略引领、法律牵引、市场自治的方式开展各类数字技术伦理监管与治理,充分地发挥了政府对数字科技伦理的宏观政策制定与调控作用,以及市场主体特别是从事数字技术创新、开发与应用的主体自我治理的重要作用,以分层分类的模式开展数字科技伦理监管与治理。具体来看,从分层的视角来看,美国在发挥地方州政府积极性与自主性的基础上,进一步通过国会和联邦政府其他部门的制度建构与政策部署推动整体性的数字科技伦理监管行动。例如,在人工智能伦理监管方面,美国在人脸识别技术的伦理监管政策方面便是由州政府自主探索,走在联邦立法的前面。以《美国数据隐私和保护法》为例,在充分考虑美国各州隐私法的基础上,进一步提出区别于美国各州隐私法的关键监管内容与监管议题。从分类的视角来看,美国对数字科技伦理监管以监管对象、监管领域、监管议题等多重分类思路制定数字科技伦理监管制度与政策。针对数据持有者的差异性,大型数据持有者的数据伦理与公共安全风险更大,其监管内容重点与小型数据持有者的数据伦理监管内容具有明显的责任差异性,因此,在《美国数据隐私和保护法》中明确提出了小型数据持有者与大型数据持有者的分类监管思路:小型数据持有者将被免除大多数数据安全监管方面的要求,特别是在个人数据的简短形式通知方面采取豁免原则。而对于大型数据持有者而言,大型数据持有者涵盖更多的伦理监管要求,具体包括:第一,简短形式的说明。提供一份关于其被涵盖数据做法的简短说明。第二,隐私影响评估。每两年进行一次隐私影响评估,权衡被涵盖数据的收集、处理和传输做法的好处与这些做法的潜在外部效应。第三,算法影响评估。对用于收集、处理或传输被涵盖数据的任何算法进行年度影响评估,并向联邦贸易委员会提交评估报告。第四,年度认证。大型数据持有者的执行官必须每年向联邦贸易委员会证明,该实体保持遵守该法案的合理内部控制,以及确保认证的官员参与,并由认证官员负责。在人工智能监管制度与政策设计过程中,美国联邦政府同样遵循分类监管思路,例如,2020年美国白宫发布了《人工智能应用监管指南》,从监管(强制性)与非监管(诱导性)两个层面出发,在设计、开发、部署和操作方面提出了10条监管原则,为合理确定不同类型人工智能伦理监管提供了整体性的部署。

因此,我国面向数字科技伦理监管制度设计的过程中,在借鉴美国基于分层分类思路开展数字科技伦理制度设计与政策执行的基础上,需要进一步发挥地方政策制定与执行的自主性原则。考虑到我国数字科技创新与应用呈现出区域发展不平衡、行业不平衡的现状较为突出,需要根据地方数字经济发展状况、数字科技重点行业发展状况、面临的风险等级开展精准分类,对不同行业、不同应用场景、不同风险等级的重点行业、重要领域与主要监管对象开展制度分类设计,有效发挥中央顶层制度设计与地方具体政策执行自主性的优势,更好地推动中央政府与地方政府在数字科技

# 第一章
## 美国数字科技伦理监管的趋势与启示

伦理监管过程中的制度框架一致性与政策协同性,确保监管过程合意合效。

(三)企业参与数字科技伦理监管对我国的启示

在企业参与的数字科技伦理监管与治理方面,美国遵循和充分发挥市场主导的企业自主性原则及企业自我治理的重要作用,形成政府立法主导,企业治理参与的数字科技伦理监管格局。更为关键的是,从以企业为中心的数字科技伦理监管模式来看,主要表现为三个特征:第一,发挥数字科技领军企业的标准制定功能,特别是发挥从事人工智能技术开发与技术应用的数字科技龙头企业的作用,通过企业主导制定的数字科技创新与应用的各类倡议、指南、企业手册等树立行业示范效应,带动产业链上下游企业乃至整个数字商业生态圈的其他企业开展系统学习,基于学习效应引领数字科技伦理监管的辐射扩散效应。第二,数字科技领域的相关龙头企业主要采用数字科技伦理委员会、董事会与战略委员会等方式实现伦理嵌入治理监管模式,形成"董事会—高管战略决策团队—员工"的传导体系,确保数字科技伦理治理充分融入组织创新战略、管理过程、业务流程,最大限度地实现数字科技伦理融入企业治理全过程。第三,企业自我主导的数字科技伦理治理充分引入利益相关方的参与机制,即数字科技伦理监管涉及的多元利益相关方主体具备广泛性特征,需要充分引入不同领域与不同价值诉求的利益相关方,涵盖政策设计者、科学家、研发人员、技术应用者、社会公众等不同类型的利益相关方主体,建立定期沟通协商机制,进而制定相关数字科技伦理监管重点领域与重点议题。

因此,对于我国企业参与的数字科技伦理监管而言,一方面,发挥数字科技领域相关重点行业中的科技领军企业的重要作用,发挥这类企业在数字科技伦理自我治理方面的重要作用,表现在面向数字科技伦理的标准制定、行业规范、企业倡议、治理指南、操作手册等方面的引领与示范作用，且以这类科技领军企业为载体推动企业主动对标国际数字科技领域的世界一流企业的相关治理标准、行业规范、治理指南，实现我国企业主导的数字科技伦理治理标准充分融合国际主流标准，并进一步结合我国数字科技创新与应用过程中的主要社会问题与道德伦理风险，制定重点治理领域与细分环节，并积极构建以科技领军企业为牵引的数字科技伦理监管与治理共同体或治理生态圈；另一方面，进一步增强企业社会责任战略导向，立足企业社会责任战略融入算法技术治理、数据治理、区块链安全治理等多重数字科技伦理治理领域，实现企业数字科技创新与应用过程中的可持续创新、可持续开发利用、可持续创造综合价值，通过企业社会责任战略构建动态性的利益相关方沟通参与机制，确保数字科技伦理治理内容与议题的动态性与时效性。

# 第二章 欧盟数字科技伦理监管的趋势与启示

## 一、欧盟数字科技发展的基本概况

（一）数字技术发展概况

欧盟的数字技术在世界上处于较为领先的地位，其拥有人工智能广泛应用的制造业、掌握5G网络技术和设备的企业，以及在关键技术标准领域掌握话语权的欧洲电信标准协会和思爱普等信息技术行业的巨头。然而，欧盟同全球数字科技的领跑者（美国）之间仍存在一定差距。此外，欧盟成员国之间存在明显的"数字鸿沟"，拥有前沿数字技术的企业多集中于荷兰、瑞典和芬兰等少数成员国。欧盟委员会发布的《2022年数字经济与社会指数》报告显示，欧盟27个成员国中，芬兰、丹麦、荷兰、瑞典的数字化水平名列前茅，但整体而言，欧盟在数字技能、中小企业数字化转型乃至5G网络等领域并不占优势，企业对于人工智能、大数据等数字技术的采用率也有待提高。

1. 人工智能发展概况（包括智能算法）

欧盟在人工智能领域的发展开始于20世纪50年代左右，经过几十年的发展，目前欧盟人工智能的发展仍缺乏完整的人工智能工业体系，在很多细分领域落后于美国和中国。为了追赶中美等经济体的脚步，欧盟不断加大人工智能领域的投资，强调发展以人为中心的人工智能，且不断加强伦理监管。欧盟人工智能的发展情况具体表现为：第一，在欧盟各国，人工智能初创公司数量少于中国和美国。第二，欧盟在人工智能相关研究的数量（论文和专利申请数量）和质量（高价值专利）及对人工智能的投资数额均落后于中国和美国。第三，欧盟不断加大人工智能基础研究和应用投资。通过欧盟"地平线 2020"和欧洲战略投资基金等，欧盟建立了基础研究及创新框架，打造了世界级人工智能研究中心；采取公私合作模式，积极吸纳私人投资，推动了欧洲人工智能技术及产业的发展，2018~2020年，欧盟及其成员国在人工智能方面的投资至少达到 200 亿欧元；欧盟在 2021~2027 年的欧盟财政预算提案中提出继续投资人工智能领域。第四，《欧洲人工智能战略》《人工智能白皮书》均指出要发展"以人为中心"人工智能的竞争定位，试图在伦理监管规则制定中抢占主导地位，以弥补在技术领域的相对落后。欧盟人工智能的一系列发展政策在强调其人工智能的积极意义与欧洲优势的同时，也在不断巩固欧盟在技术规则和伦理监管上的主导地位。

美国信息技术和创新基金会对欧盟在人工智能方面的人才、研究、企业发展、应用、数据和硬件等各领域取得的进展进行了持续跟踪研究（见表 2-1）。从人工智能发展的具体指标表现来看，欧盟在企业发展等领域取得了进步，但是整体上，欧盟（23.3 分）仍然落后于美国（44.6 分）和中国（32.0 分）。目前欧盟还没有培育出具有主导力的人工智能巨头企业，欧盟内部的诸多中小企业是欧盟人工智能应用的主力。

表 2-1 欧盟人工智能发展指标绝对值和人均值

| 指标 | 权重 | 2019 年 绝对值 | 2019 年 人均值 | 2021 年 绝对值 | 2021 年 人均值 |
| --- | --- | --- | --- | --- | --- |
| 人才 | 15 | 6.2 | 5.8 | 6.2 | 5.8 |
| 研究 | 15 | 3.8 | 3.9 | 3.7 | 3.8 |
| 企业发展 | 25 | 5.3 | 4.5 | 5.4 | 4.6 |

# 第二章
## 欧盟数字科技伦理监管的趋势与启示

续表

| 指标 | 权重 | 2019年 绝对值 | 2019年 人均值 | 2021年 绝对值 | 2021年 人均值 |
|---|---|---|---|---|---|
| 应用 | 10 | 1.3 | 2.4 | 1.3 | 2.4 |
| 数据 | 25 | 5.4 | 6.2 | 5.3 | 6.1 |
| 硬件 | 10 | 1.5 | 1.5 | 1.4 | 1.5 |
| 加权总分 | 100 | 23.5 | 24.3 | 23.3 | 24.2 |
| 中美欧三者排名 | — | 3 | 2 | 3 | 2 |

资料来源：Daniel Castro, Michaughlin, Eline Chivot. Who is winning the AI race：China, the EU or the United States? ［EB/OL］.［2019-08-19］. https：//itif. org/publications/2019/08/19/who-winning-ai-race-china-eu-or-united-states/；Daniel Castro, Michaughlin. Who is winning the AI race：China, the EU or the United States? -2021Update ［EB/OL］.［2021-01-25］. https：//itif. org/publications/2021/01/25/who-winning-ai-race-china-eu-or-united-states-2021-update/.

算法是人工智能发展的三大要素之一，欧盟算法的发展情况如表2-2所示。

表2-2 2018年欧盟算法发展情况

| 指标 | 固定宽带用户数量（百万） | 每100人平均固定宽带用户数量 | 使用移动支付人数（百万） | 移动支付普及率 | 生产力数据（TB，百万） | 每百名公认平均生产力数据（TB） |
|---|---|---|---|---|---|---|
| 分数 | 175.7 | 34.5 | 44.7 | 10.2% | 583 | 233.9 |

资料来源：Daniel Castro, Michaughlin, Eline Chivot. Who is winning the AI race：China, the EU or the United States? ［EB/OL］.［2019-08-19］. https：//itif. org/publications/2019/08/19/who-winning-ai-race-china-eu-or-united-states/.

### 2. 大数据发展概况

大数据是创新工具和创新资源，欧盟及其成员国很早就制定了相关的发展战略，如欧盟委员会发布的《数据价值链战略计划》《欧洲数据战略》等、德国政府发布的《数字德国2015》《联邦数据战略》以及法国政府发布的《数字化路线图》等，以此来支持大数据发展所需要的基础设施建设、人才培养、资金扶持、项目规划和生态系统等领域的建设，将大数据技术作为驱动经济发展、改造传统治理模式及促进就业增长的重要手段。

欧盟高度重视大数据技术所产生数据资源的应用和价值的释放，通过战略规划、资金支持、平台建设及全民技能提高等方式，促进数据的流动、共享与价值释放。2011年3月，欧盟数字议程采纳欧盟通信委员会的报告《开放数据：创新、增长和透明治理的引擎》，开始推进"数据开放战略"，试图建立一个汇集不同成员国及欧洲机构数据的"泛欧门户"，为数据开放与共享建立平台。此外，欧盟还通过建立欧洲开放数据门户网站和"泛欧洲"的数据门户网站，为欧盟全域内的数据共享提供便利。在大数据发展的资金支持方面，仅2012~2013年欧盟就投入了4500万欧元用于建设用于共享数据的基础设施。2021年7月，欧盟启动的"连接欧洲设施"计划，明确在2021~2027年投资300亿欧元用于数字化技术设施建设等领域。根据《欧洲数据战略》中设定的大数据发展目标，到2025年，欧盟的数据规模将由2018年的33泽字节提升到175泽字节；数据的经济价值将从2018年的3010亿欧元提升到8290亿欧元；数据专业人才的数量将从2018年的570万人增长到1090万人，其中掌握数据基本使用技能的欧洲公民比例提升到65%。

3. 区块链发展概况

欧盟及其各成员国将区块链发展放至区域战略、国家战略的高度，从战略布局和投资上加大重视和支持力度。2013年以来，欧盟委员会陆续通过欧盟第七框架计划和"地平线2020"向区块链项目持续提供资金。2020年，欧盟"区块链和人工智能基金"将一亿欧元风险投资基金用于对人工智能和区块链领域的初创企业的投资。截至2020年，用以资助利用区块链技术项目的金额约达3.4亿欧元。在"数字欧洲计划"的支持下，欧盟委员会于2023年2月14日正式启动监管沙箱，用于探索涉及分布式账本技

# 第二章
## 欧盟数字科技伦理监管的趋势与启示

术创新用例，该监管沙盒将在 2023~2026 年支持 20 个项目，包括欧洲区块链服务基础设施的公共部门用例。除了资金支持外，欧盟专门设立相应的合作平台或机制等，以促进欧盟区块链发展。2016 年 11 月，欧洲共同体与欧洲委员会共同成立了一个金融科技横向工作组，并专门设立了有关分布式账本技术的小组。2018 年 2 月，欧盟委员会宣布启动"欧盟区块链观测站及论坛"机制，同年 4 月，22 个欧盟国家签署了《建立欧洲区块链合作伙伴关系宣言》，旨在为区块链的开发创造国际空间，建立欧洲区块链服务基础设施，促进区块链技术在欧洲各国发展，并使各国从该技术应用中获益。2019 年，欧盟启动了国际可信区块链应用协会，用以支持和促进分布式记账技术的应用。

欧盟的成员国也对区块链技术进行了战略规划。德国是全球首个承认比特币合法地位的国家，并成立了区块链德国联邦协会。2019 年 9 月，德国政府审议通过并发布《德国区块链战略》，其中明确了五大领域的行动措施以支持区块链的广泛应用，包括：在金融领域确保稳定并刺激创新；支持技术创新项目与应用实验；制定清晰可靠的投资框架；加强数字行政服务领域的技术应用；传播普及区块链相关信息与知识，加强有关教育培训及合作等。为了支持区块链项目的融资，法国于 2019 年 5 月正式颁布了《企业增长与转型法案》（PACTE）。

经过十几年的发展，欧盟在区块链技术的研究和运用上走在了世界前列，欧洲区块链服务基础设施已部分投入使用，欧盟统计局的区块链数据系统也初具雏形。欧盟还欲借助区块链成为全球相关技术标准的制定者。

**4. 互联网发展概况**

欧盟各成员国普遍拥有较长的互联网历史。在互联网发展初期，欧洲就在网络技术研发和推广上紧跟美国脚步，并与其开展合作，成为网络技术研发和应用的领跑者，推动了欧洲互联网的发展。时至今日，互联网已经普及整个欧洲，融入欧洲各国政治、经济、社会、文化中，极大地改变了社会生产和人民生活方式。

欧盟处于互联网发达经济体的第一梯队，但是各成员国互联网的发展速度和水平存在一定差异。欧盟统计局发布的一份统计报告显示，2021年，70.2%的欧盟家庭拥有高速互联网覆盖率。按国家和地区划分，马耳他、卢森堡和丹麦的网络覆盖率最高，分别达到100%、96%和95%，随后是西班牙（94%）、拉脱维亚（90.7%）和荷兰（90.6%）。高速互联网覆盖率最少的欧盟成员国是希腊、塞浦路斯和意大利，这三个国家的网络覆盖率分别仅为20%、41%和44%。希腊的高速互联网覆盖率较低，其原因在于：一是在希腊人口较为稀少的地区，高速互联网的覆盖率为零；二是希腊互联网用户所支付的网络费用要高于绝大多数欧盟成员国，比欧洲平均水平高出约63%。

欧盟的物联网技术起步较早，应用率更是遥遥领先。欧盟在世界上率先系统地提出物联网发展和管理计划，2009年制定了详细的物联网研究路线图，现已形成较为完善的政策体系。欧盟物联网发展坚持以服务人的智能化为主要目标，应用普及程度提升迅速。德国积极发展以物联网为核心的工业4.0，联合世界其他工业化大国发起创建全球物联网标准。芬兰虽然国土面积狭小、人口不多，但已是全球物联网发展指数排名第三的国家。

5. 5G通信技术发展概况

在5G通信技术的市场发展上，根据《2022年欧洲移动经济报告》中的相关内容，截至2022年6月底，欧洲有34个市场上线5G服务，108家运营商提供商用服务，落后于北美和亚洲等领先市场，究其原因在于除爱沙尼亚和波兰外，欧盟成员国仅有56%的5G频谱资源得到分配，导致5G商用潜能无法充分释放。当前，欧盟各成员国的5G部署开始提速，德国、法国、奥地利、比利时、捷克、希腊、匈牙利等国陆续开展5G网络建设并加大相关投资，通过提升安全管理要求、强化安全评估监测、实施多供应商策略等手段，维护技术主权，着力扭转在互联网产业与服务上对外严

# 第二章
## 欧盟数字科技伦理监管的趋势与启示

重依赖的不利局面。德国移动运营商正在拓展其 5G 网络，同时也在测试新技术，以改善用户使用 5G 时的体验。

在新一轮的信息产业革命中，欧盟是 5G 通信技术的研发和战略支持的积极推动者。欧盟针对 5G 技术制定了明确的发展计划，以期引领全球移动通信新标准。基础研究方面，欧盟于 2012 年分别就 5G 物理层技术、5G 关键技术发起"5G NOW"研究课题和"METIS"研究计划，并将"METIS"研究计划的主要研究成果作为启动 2014 年的"5G 公私合营"项目的研究基础，开展 5G 关键技术和系统设计的深入研究，从而确保欧盟在移动通信行业的领军地位。2018~2020 年，欧盟"地平线 2020"计划投资 17 亿欧元，用于支持 5G、人工智能、大数据等方面的创新研究。5G 战略计划方面，欧盟委员会分别于 2014 年和 2016 年提出"5G PPP"，即"5G 公私合营"（5G Public-private Partnership）、"5G 行动计划"（5G for Europe：An Action Plan），从 5G 技术研发、测试、商用方面进行路线部署。

在 5G 通信技术的覆盖率上，《2022 年欧洲移动经济报告》显示，欧盟 5G 通信技术的用户普及率约为 6%，挪威在采用 5G 方面处于欧洲领先地位，目前有 16% 的人使用 5G，瑞士（14%）、芬兰（13%）、英国（11%）和德国（10%）的发展势头也很明显。预计到 2025 年，欧洲 5G 的平均普及率可达到 44%，其中德国的 5G 普及率在欧洲最高，将达到 59%。然而，这一增长速度依然落后于领先的 5G 市场。随着欧洲 5G 部署进度的提速，全球移动通信系统协会（GSMA）预计，到 2025 年，全球 5G 连接数将达到 18 亿，其中欧洲将占 13.1%，约 2.3 亿元，5G 将占欧洲所有连接数的 34%。

（二）数字技术驱动的数字产业发展概况

1. 数字产业发展概况

21 世纪初，欧盟先后制定了《电子欧洲行动计划》《欧洲 2020 战略》

等，旨在发展互联网和信息通信技术并促进经济社会发展，实现数字化战略目标，这也是欧盟"数字化单一市场战略"的雏形。2015年，欧盟委员会提出"单一数字市场战略"，奠定了建立统一的、可持续的欧洲数字社会的根基，并以此来消除欧盟成员国之间开展数字经济合作的壁垒，为个人和企业从数字经济、数字贸易发展获益创造更好的市场环境。2020年，欧盟委员会发布了《塑造数字时代欧洲》，提出推动欧盟数字产业的发展，提升欧盟数字竞争力。

欧盟数字产业的发展程度，可以在一定程度上用数字贸易来反映。欧盟的数字贸易在全球市场所占份额处于领先地位，与美国市场的依存度较高，并且欧盟成员国之间也存在活跃的数字贸易往来。世界银行数据显示，2020年欧盟的信息和通信技术（ICT）货物贸易出口金额为3247亿美元，约为中国的40%、美国的2倍；ICT服务贸易出口金额为3827亿美元，占全球贸易总额的56%；可数字交付的ICT服务贸易出口金额为1.65万亿美元，占全球贸易总额约52%，约占其服务贸易出口总额的66%。除了欧盟与其他国家的数字贸易外，欧盟成员国之间也有活跃的数字贸易往来。根据欧盟统计局的数据，2020年超过四成的数字贸易发生在欧盟成员国之间；在对非欧盟国家的数字服务出口中，美国占22%；在从非欧盟国家的进口中，美国占34%，欧盟与美国的数字贸易依存度非常高。

欧盟在数字企业的数量和规模方面落后于美国，且与自身的经济总量不匹配。根据世界银行提供的数据，2019年，欧盟经济总量约占世界经济总量的15.77%。然而，欧洲数字企业占全球数字企业总市值不到4%。据欧洲布鲁盖尔研究所统计，截至2019年9月，美国拥有194家"独角兽"企业，而欧盟仅有47家；2018年，在全球人工智能初创企业前100名中，只有4家企业来自欧洲。另外，欧盟缺乏全球领先的数字平台企业。根据联合国发布的《2021年数字经济报告》，在全球体量前100的数字平台企业的市值总和中，中美两国约占90%，欧盟仅占3%；在全球前100强平

## 第二章
### 欧盟数字科技伦理监管的趋势与启示

台企业中,欧盟只有 12 家;欧盟最成功的初创企业体量也远远不及中国和美国的初创企业;全球 7 家超级数字平台(苹果、亚马逊、谷歌、Facebook、微软、腾讯和阿里巴巴)均来自美国和中国,数字经济创造的财富高度集中于中美两国。虽然欧盟采取了增加投资以及自主建设数字基础设施等措施,但是由于错过了世界范围内数字平台企业发展扩张的最佳时机,且现有的数字巨头每年也在技术发展方面投入大量资金,在短期内,欧盟很难发展出一家本土的大型数字平台企业来与中美两国的数字平台企业竞争。

2. 产业数字化发展概况

在强化人工智能等数字技术研发领域战略部署的同时,欧盟着力促进数字技术在产业领域的应用,加速产业数字化转型。欧盟产业数字化发展以工业数字化为关键领域,例如,2016 年出台"欧洲工业数字化战略",核心是以信息技术在制造业等产业领域的大规模应用来提高欧盟产业的智能化水平,确保欧盟产业在全球保持领先地位,并以此来推动欧盟经济的增长。此外,欧盟还试图以自身具有优势的制造业为抓手,在产业战略中重点支持传统制造业的数字化转型。2020 年 3 月,欧盟发布的《欧洲新工业战略》提出,通过物联网、大数据和人工智能三大技术来增强欧洲工业的智能化程度,大型企业、中小企业、创新型初创企业等均在受支持范围内。欧盟成员国也有相应的支持产业数字化的战略规划,如德国"工业4.0"、法国"新工业法国"等均在推动工业向数字化、网络化转型。

欧盟大力推动数字技术的广泛应用,提升产业数字化水平。在产业领域推进人工智能的应用,突出体现在机器人、物联网等方面的快速发展。欧洲是全球机器人研发水平最高的地区,同时也是机器人应用率最高的地区之一。欧盟从 2014 年起开始部署迄今为止全球最大的民用机器人研发项目,投入 28 亿欧元进行机器人研发。2014 年欧洲生产的工业机器人占有全球 32% 的市场份额,服务机器人更占到全球市场份额的 63%。

企业进行数字化转型是巩固市场份额、激发企业活力的最佳机遇。数字欧洲协会发布的调查结果显示，90%的受访企业支持将大规模数字化转型作为促进经济复苏的主要刺激措施。虽然企业正在逐渐实行数字化转型，但先进数字技术使用率仍很低。《欧盟2022年数字经济和社会指数报告》中相关数据显示，截至2021年，只有55%的欧盟中小企业在采用数字技术方面达到了基本水平。瑞典和芬兰的中小企业数字化率最高，分别为86%和82%，而罗马尼亚和保加利亚的中小企业数字化率最低。欧盟"数字十年之路"的目标是，到2030年欧盟至少90%的中小企业达到基本的数字化技术水平。

欧盟企业数字化转型的进程缓慢，主要体现在数字技术采用率低和企业之间存在较大差异上。截至2021年，欧盟只有34%的企业采用云计算、8%的企业使用人工智能、14%的企业使用大数据。此外，大型企业和中小企业在数字技术使用方面也有很大差距。大型企业更有可能采用新技术，例如，在企业资源规划软件、社交媒体及电子商务的使用率上，大型企业是中小型企业的两倍多。中小企业是欧盟经济的中流砥柱，但由于单一数字市场的缺失，缺乏集中的研发力量以及欧盟各成员国劳动力在数字技能方面存在巨大差距等，致使中小企业在应用新技术方面受到巨大制约。

## 二、欧盟数字科技伦理监管的基本概况

（一）数字科技伦理监管的总体阶段与基本发展历程

相较于其他国家或地区，欧盟对数字科技伦理的关注较早，监管制度体系和机构设置也较完备，且具有相对严格和"长臂管辖"等特征。欧盟针对数字科技伦理所发布的监管政策最早可以追溯到1995年发布的《保护个人享有的与个人数据处理有关的权利以及个人数据自由流动的指令》，随后人工智能、大数据、互联网等领域的伦理监管政策陆续出台。按照欧

## 第二章
### 欧盟数字科技伦理监管的趋势与启示

盟对数字科技伦理的监管领域、监管政策、监管机构设置及监管范围变化等维度,可以将欧盟数字科技伦理监管的发展历程大致划分为三个阶段:1993~2015年,欧盟虽然未出台具体的伦理监管政策,但将伦理监管从生物技术扩张至数字科技领域,且重视程度不断提高;2016~2020年,以人工智能伦理监管为起点,欧盟陆续推出各项数字技术的伦理监管政策,逐渐搭建起相对完善的数字科技伦理监管制度体系;2021年至今,从单项数字技术的整体监管转向细分领域或特殊主体的伦理监管,数字科技伦理监管不断细化、其针对性加强。

1. 伦理监管从生物技术领域扩张至数字科技领域(1993~2015年)

基因编辑、辅助生育、克隆等生物技术所带来关于生命本质、家庭关系及人性等方面的强烈冲击引发了对科技是否中立的思考。"科技中立"的理念逐步被摒弃,欧美等国家和地区陆续推动生物科技伦理监管的制度建设和机构设置,专门进行伦理评估与科技伦理政策咨询等活动,其中,专业性科技伦理委员会成为科技伦理监管中伦理评估与伦理审查的重要制度载体。

回顾欧盟数字科技伦理监管的历程,欧洲科学和新技术伦理专家组的组建具有重要意义,标志着数字科技被纳入伦理监管的范围。随着新技术的不断兴起,伦理监管的范围和内容亟须作出调整,1997年欧盟在欧洲生物技术伦理影响顾问组的基础上,组建了欧洲科学和新技术伦理专家组,将互联网等数字科技纳入伦理监管领域。为了制定一套可作为建立全球标准和立法行动基础的道德准则,欧洲科学和新技术伦理专家组提出了一套基于《欧盟条约》和《欧盟基本权利宪章》的伦理基本原则和民主先决条件,成为欧盟伦理标准和立法行动的准则。自此,欧盟开启了数字科技领域的伦理监管制度建设之路。在该专家组组建之前,欧盟对数字科技进行伦理监管方面的相关制度也存在,但未上升至伦理层面,如1995年欧洲议会和欧盟理事会出台的《保护个人享有的与个人数据处理有关的权利以及个人数据自由流动的指令》，提出数据所有者具有对个人数据的知情权、拒绝权和删除权等伦理监管内容。2000年，欧洲理事会发布的《针对欧共体机构和组织所处理的个人数据的保护及此类数据的自由流动条例》中明确提出，禁止公共机构自动化处理有关种族或民族血统、政治观点、宗教或哲学信仰、工会成员身份的个人数据以及有关健康或性生活的数据，并将公共机构引入算法决策行为，与公民基本权利相关联。

这一时期，欧盟虽未出台数字科技伦理监管政策，但是对数字技术相关伦理问题的重视程度在不断提高。2002年，欧盟启动《科学与社会行动计划》，将科学卓越性与社会责任联系起来，并衍生出"社会中的科学""为了社会的科学"及"与社会协同的科学"（高晓巍等，2017）等理念，其中，新技术对人类尊严以及道德冲击等伦理问题也包含在内。2012年，欧盟在"第七框架计划"下启动了"机器人法"项目，以应对机器人应用中所产生的伦理和法律问题。2014年，欧盟实施的"地平线2020"计划将负责任地研究与创新作为全局性的指导原则，在这一原则下，欧盟对新兴数字技术的监管从聚焦于技术先进性与可行性、经济效益的提高上延伸至道德伦理可接受与社会期望满足层面。

2. 以AI伦理监管为起点陆续推出各项数字技术伦理监管制度（2016~2020年）

随着数字技术应用和产品研发的深入，个人隐私、机器人伦理、算法黑箱、数据鸿沟，以及国家和社会安全等方面的潜在风险引发了人们对数字技术治理的高度关注。其中，以人工智能所引发的道德或伦理冲击最为突出。针对人工智能所引发的伦理问题，2016年5月，欧盟法律事务委员会发布《就机器人民事法律规则向欧盟委员会提出立法建议的报告草案》，提出了包括机器人工程师伦理准则、机器人研究伦理委员会伦理准则、设计执照和使用执照等内容的"机器人宪章"。2017年初，欧洲议会通过了《欧洲机器人技术民事法律规则》，这是欧盟第一份关于人工智能的政策文

## 第二章
### 欧盟数字科技伦理监管的趋势与启示

件,也是全球第一份人工智能政策文件,它从民事责任的角度辨析了机器人能否被视为具有法律地位的"电子人",并提出了使用人工智能机器人的责任规则、伦理原则及伤害赔偿等监管原则。该规则拉开了数字科技伦理监管的序幕,欧盟陆续开启了大数据、互联网以及区块链等数字技术的伦理监管制度体系建设之路。2018年5月,欧盟《一般数据保护条例》正式生效,史称最严数据保护新规,该条例对加强保护欧盟网络用户的数据隐私权具有重要意义。2019~2020年,欧盟相继发布了《可信赖人工智能伦理准则》《算法责任与透明治理框架》《关于欧洲网络与信息安全局信息和通信技术的网络安全》《欧盟反洗钱第六号指令》等重要伦理监管政策。专注于不同数字技术伦理监管的相关条例、指令或指南等陆续形成并实施,逐渐构建起欧盟相对完善的数字科技伦理监管制度体系。

3. 数字科技领域伦理监管的进一步细化(2021年至今)

2016~2020年,欧盟集中且快速地出台了人工智能、大数据、互联网及区块链等数字技术的伦理监管法规等,逐渐构建起了相对完善和严格的伦理监管制度体系。2021年后,欧盟发布或生效的数字科技伦理监管主要体现在受监管主体、应用或产品、机构设置等领域的进一步细化或拓展上,即针对不同数字技术的细分领域制定不同的伦理监管规则,从而更好地让数字科技为人类服务。

人工智能领域伦理监管政策的进一步细化。2022年9月,《人工智能责任指令》作为修订后的《产品责任指令》的附加指令被发布。该指令强调人工智能要保护公民的生命安全、不受歧视和平等待遇等伦理要求,将人工智能系统划分为高风险和非高风险,提供者或承担提供者义务的人需要分别披露相关证据,以使索赔人可以基于非合同过失的民法损害提出赔偿要求。该指令是对人工智能伦理监管的细化,按照风险高低采取不同的监管措施。与之相类似,2023年3月底提交给欧洲议会审议的《关于制定确立人工智能统一规则(人工智能法)以及修改部分联盟法律的欧洲议会和欧盟理事会的条例的提案》也是针对不同风险等级（禁止、高风险和非高风险）的人工智能技术及其应用采取不同的监管措施。近期，人工智能解决方案 ChatGPT 引发广泛关注，法国、西班牙等欧盟成员国均对其开展了调查，如何对此类生成式人工智能进行伦理监管成为新课题。在生成式人工智能面临伦理监管制度建设缺失的情况下，2023 年 4 月，为了帮助各成员国应对 ChatGPT 所带来的风险、加强成员国之间的执法行动的合作与信息交流，欧洲数据保护委员会成立了 ChatGPT 特别工作组。

互联网、大数据领域伦理监管政策的进一步细化。2021 年，欧盟发布了《电子隐私条例（草案）》，对电子通信服务领域的个人数据和隐私保护做出更加具体的要求，将对电子通信内容和电子通信元数据的保护放在了重要位置。该条例的核心是实现电子通信数据的保密，并在促进数字技术发展与个人数据安全保护之间实现平衡。2022 年，欧盟发布的《网络弹性法案》是专门针对具有数字元素产品的网络安全进行监管，以保护消费者和企业免受安全功能不足产品的影响。2022 年，欧盟相继发布的《数据法案》《数据治理法案》《数字服务法案》等分别针对非个人数据流动和使用、数据共享和再利用、不同类型数字平台服务企业等重要细分领域或主体进行伦理监管。此外，2023 年 4 月 4 日，欧洲数据保护委员会正式发布《关于 GDPR 下的个人数据泄露通知》（第 9/2022 号指南），该指南明确了当数据泄露事件发生后，数据控制者具有及时告知监管主体的义务。该通知是对《一般数据保护条例》的补充，也是针对个人数据泄露这一重要伦理问题做出的具体要求。1995~2023 年欧盟数字科技伦理监管相关的主要法规如表 2-3 所示。

表 2-3　1995~2023 年欧盟数字科技伦理监管相关的主要法规

| 年份 | 法规/规则名称 | 伦理监管相关内容 |
| --- | --- | --- |
| 1995 | 《保护个人享有的与个人数据处理有关的权利以及个人数据自由流动的指令》 | 构建以数据主体同意为核心的数据处理合法化标准，同时也赋予个人对数据的知情权、拒绝权和删除权等基本权利，并通过行政及司法救济来确保个人的数据权利不受侵犯 |

# 第二章
## 欧盟数字科技伦理监管的趋势与启示

续表

| 年份 | 法规/规则名称 | 伦理监管相关内容 |
| --- | --- | --- |
| 2017 | 《欧盟机器人技术民事法律规则》 | 机器人和人工智能应该尊重人类的自由、隐私、正直和尊严、自我决定和非歧视等；在机器人的设计、生产和使用过程中应该有明确、严格和有效的伦理指导框架 |
| 2018 | 《一般数据保护条例》 | 数据所有者被赋予携带权、删除权及申请司法救济、侵权补偿等权利 |
| 2018 | 《第（EU）2018/1725号条例》 | 建立个人数据泄露事件的评估和报告机制，并需要告知数据主体；记录个人数据泄露事件 |
| 2019 | 《可信赖人工智能伦理准则》 | 强调自主性、可靠性和安全性、隐私和数据治理、透明度、多样性、非歧视性和公平性、社会和环境福祉、可追责性 |
| 2019 | 《算法责任与透明治理框架》 | 对公共主体实施算法影响评估的强制要求，评估流程包括自我评估，如披露算法的目的、范围、预期用途等，公布评估结果，引入公众参与 |
| 2019 | 《关于欧洲网络与信息安全局信息和通信技术的网络安全》（NIS指令） | 将欧盟网络和信息安全署设置为永久性机构；对跨境的网络安全事故进行联合处理；提高公民的网络安全意识等全域性的网络安全监管要求 |
| 2020 | 《欧盟反洗钱第六号指令》 | 对加密货币使用的规范性和数据的共享与安全等进行相应的监管；拟设立反洗钱机构，并于2024年开始运作 |
| 2021 | 《电子隐私条例（草案）》 | 实现电子通信数据的保密，并在促进数字技术发展与个人数据安全保护之间实现平衡 |
| 2022 | 《人工智能责任指令》（提案） | 将责任范围限定在人工智能系统的输出或因某人的过失，未能产生输出而导致的损害赔偿，旨在保护使用者、索赔人或潜在索赔人获得损害赔偿的权利 |
| 2022 | 《网络弹性法案》 | 具有数字元素的产品在整个生命周期内引入了强制网络安全要求，从而保护消费者和企业免受安全功能不足产品的影响，监管对象包括制造商、进口商、经销商等数字产品产业链中的多个主体 |
| 2022 | 《数字服务法案》 | 禁止平台与搜索引擎针对儿童或基于宗教、性别、种族和政治观点等敏感数据的定向广告和内容推送，对平台的推荐算法透明度提出更高的要求 |
| 2022 | 《数据治理法案》 | 数据再利用的公共部门机构需要配备适当的设备，以确保隐私和机密性得到充分保护 |
| 2022 | 《数据法案（草案）》 | 数据提供必须在公平、合理和非歧视的条件下进行，并且尽可能做到透明。在中小微企业的数据访问和使用的合同中，非公平性的条款被认为是无效的。保护数据所有者的权利，防止出现未经授权的数据使用和共享 |

续表

| 年份 | 法规/规则名称 | 伦理监管相关内容 |
| --- | --- | --- |
| 2022 | 《数字市场法案》 | 被认定为"守门人"的大型互联网平台企业需要在获得用户明确同意的情况下,才可以将个人数据用于有针对性的广告,用户拥有选择浏览器、搜索引擎等的自由。此外,针对违规的企业将采取相应的处罚措施,试图在欧盟层面营造一种具有公平性和竞争力的数字环境 |
| 2023 | 《关于在欧盟全境实现高度统一网络安全措施的指令》 | 在监管实体上进行了拓展,将数据服务、关键产品制造、邮政快递等主体纳入监管范围,加强了网络安全风险管理的相关要求,细化了国际合作机制等 |
| 2023 | 《人工智能法案(草案)》 | 将人工智能应用场景分为"最低风险、有限风险、高风险、不可接受的风险"四个风险等级,等级越高的应用场景受到的限制越严格 |
| 2023 | 《关于GDPR下的个人数据泄露通知》(第9/2022号指南) | 明确了当数据泄露事件发生后,数据控制者有及时告知监管主体(包括数据当事人、受影响数据主体所在国的监管机构)的义务 |

资料来源:笔者整理得到。

## (二)数字科技伦理监管的关键主体

欧盟对于数字科技的伦理监管一直走在前列,鉴于域内的大型数字企业较少,其关键监管主体是政府机构、社会组织及行业协会等;其监管政策的形成是由政府牵头,其余主体以提供研究报告、修改建议及对相关政策进行测试等形式提供相应的支撑。按照不同监管主体在数字科技伦理监管中所发挥的作用和监管方式,可将其划分为立法层、执行层及行业组织和协会三个层面,各类数字科技伦理监管主体及其监管方式具有较大的差异性。

### 1. 立法层:欧盟委员会、欧洲议会与欧洲理事会

欧盟数字科技伦理监管相关法律法规的核心立法机构主要有欧盟委员会、欧洲议会及欧洲理事会。按照欧盟现行的立法程序,三者在其中发挥着不同的作用。一般而言,一项数字科技伦理监管立法最早由欧盟委员会

# 第二章
## 欧盟数字科技伦理监管的趋势与启示

提出，草案形成之后交由欧盟理事会审议，最终由欧洲议会决定是否通过；如果通过，相关草案将在欧盟公报公布 20 天后生效，经过 2 年的过渡期后正式实施。

欧盟委员会主要的职责为制定数字科技伦理监管政策和设立伦理委员会等。欧盟委员会根据欧盟域内的数字科技发展情况及战略规划来制定相关伦理监管政策，并设立科技伦理委员会以对数字科技伦理监管提供指导和咨询等。具体而言，在数字科技伦理政策的制定方面，欧盟委员会以欧盟核心价值观为指导，针对人工智能、算法及大数据等数字技术所面临的伦理问题制定相应的监管政策，并在欧盟全域内推行。欧盟委员会出台的伦理监管政策以《可信赖人工智能伦理准则》《一般数据保护条例》《数字服务法案》及《人工智能法案（草案）》等较有代表性，在数字科技伦理监管中发挥着重要的作用。在将伦理监管的相关思想、原则及措施等内嵌到战略规划和资金支持计划中方面，1984 年的"第七框架计划"中提出了负责任的研究与创新理念，将科技伦理理念从科技产品应用拓展到科技的创新与研究中。《欧洲人工智能战略》提出要在欧盟核心价值观与《欧盟基本权利宪章》的基础上，确立合适的人工智能伦理与法律框架。《人工智能协调计划》中明确了欧盟人工智能的两大关键原则是设计伦理和设计安全。《欧洲数据战略》提出要建立包含公共数据的使用与共享、个人数据的使用及网络安全等领域的统一数据治理框架。

欧盟委员会推动设立欧盟层面和成员国层面的伦理监管部门和咨询专家组等，以制定监管准则或提出数字科技伦理监管的建议等。欧盟委员会早在 1997 年就组建了欧洲科学和新技术伦理专家组，在科技伦理的政策制定和立法等方面提供建议。为了更好地制定伦理监管规则，2018 年 6 月，欧盟委员会在《欧洲人工智能战略》框架下成立了人工智能高级专家组，就人工智能的发展机遇、中长期风险等问题提供建议，并负责起草人工智能规范性文件。欧盟数据保护委员会是欧盟数据保护的中心，也是成员国内部数据保护机构合作机制的关键。在成员国层面，数字科技伦理监管机构有相应的设置，例如，德国于2018年组建了数据伦理委员会，对数据保护等伦理问题制定相关原则和提供监管建议。

欧洲议会和欧洲理事会制定和审议数字科技伦理监管的相关法律法规。首先，欧洲议会在数字科技伦理监管领域所发挥的作用主要体现在制定数字科技相关伦理监管法律，并在欧盟领域推行。早在2016年，欧洲议会法律事务委员会就针对机器人的伦理监管发布了《就机器人民事法律规则向欧盟委员会提出立法建议的报告草案》和《欧盟机器人民事法律规则》，提出了机器人工程师伦理准则、机器人研究伦理委员会伦理准则及使人类免受机器人伤害的基本伦理原则等。2019年1月，欧洲议会的产业、研究与能源委员会发布报告，呼吁欧盟针对人工智能和机器人制定全方位的欧盟产业政策，涉及网络安全、人工智能和机器人的法律框架、伦理治理等。其次，欧洲议会和欧洲理事会对欧盟委员会提出的数字科技监管政策和法案进行审议并提出相应的修正案或建议，有助于相关监管政策的进一步完善。例如，欧洲理事会于2017年10月指出，欧盟应具有应对人工智能新趋势的紧迫感，确保高水平的数据保护、数字权利和相关伦理标准的制定。2021年4月20日，欧洲议会发布了拟议的《人工智能法案（草案）》的修正案。2023年6月14日，欧洲议会通过了《人工智能法案（草案）》，若通过立法，或成为全球首个关于人工智能的法案，有望在2025年生效。

2. 执行层：相关伦理监管机构

欧盟为了保障数字科技伦理相关监管政策的有效推行和域内执行的一致性，设置了欧盟整体层面和成员国层面相应的监管机构。在人工智能伦理监管机构的设置上，《人工智能法案（草案）》中明确要建立人工智能委员会来推动法案的实施和加强成员国之间的交流，保证欧盟全域内法案执行的统一性和协调性；在成员国层面设置通告机构来承担对人工智能产

# 第二章
## 欧盟数字科技伦理监管的趋势与启示

品的风险等级的评估、监管及信息传递等职能。在数据伦理监管机构设置方面，从《保护个人享有的与个人数据处理有关的权利以及个人数据自由流动的指令》到《一般数据保护条例》均提出要在欧盟构建两个层级的数据保护监管机构，并指出其相应的权力和责任，从而确保欧盟区域内相关监管制度的有效执行。在区块链伦理监管机构设置方面，区块链伦理问题主要与金融领域的虚拟货币、数据安全和隐私保护等相关。除了数据伦理监管机构的设置之外，欧盟拟设立反洗钱机构，并于2024年开始运作，成员均来自各成员国的相关监管机构，从而实现一系列反洗钱指令执行的协调性和一致性，降低跨境虚拟货币流动中的风险。在互联网伦理监管机构的设置方面，2019年欧盟正式实施的《关于欧洲网络与信息安全局信息和通信技术的网络安全》的目标之一就是将欧盟网络和信息安全署设置为永久性机构，并对其职能进行重新界定；同时，提出了网络安全认证制度，并提出了对跨境的网络安全事故进行联合处理、提高公民的网络安全意识等全域性的网络安全监管要求。

3. 行业组织和协会

行业组织和协会在欧盟数字科技伦理监管中主要发挥为开展数字科技伦理监管政策制定提供支持性意见、推出行业示范性规则，以及促进伦理监管政策实施等作用，其中具有代表性的行业组织有人工智能高级专家组、欧洲人工智能联盟在线论坛以及欧洲绿色数字化联盟等。

2018年6月，人工智能高级专家组成立。该专家组由学术界、企业界和民间的52位专家代表组成，就人工智能发展机遇、中长期风险等问题提供政策建议，并负责起草人工智能规范性文件。《可信赖人工智能伦理准则》就是由人工智能高级专家组撰写并提交欧盟委员会发布的，具有重要的参考价值。欧洲人工智能联盟在线论坛是由欧盟委员会牵头组建的在线论坛，其既可以广泛动员社会各界参与到人工智能相关主题的讨论中，又可以协助高级专家组制定政策和提供政策反馈。随着时间的推移，欧洲人工智能联盟成为欧洲人工智能领域的交流沟通平台。欧盟《人工智能法案（草案）》经过了广泛的意见征询及专家论证阶段后出台。在这个过程中，欧洲人工智能联盟先后组织约4000名利益相关者就人工智能的技术和社会影响进行辩论，并最终决议每年召开一次人工智能大会。除了加强传统的数字科技伦理监管之外，行业组织还将数字科技伦理延伸至环境目标的实现上，欧洲绿色数字化联盟的成立宗旨就是将环境保护和数字科技结合起来，旨在推动欧盟实现数字化转型的同时，也实现应对气候变化倡议的目标。欧洲绿色数字化联盟是由德国电信、Orange和西班牙电信等26家ICT领域企业的高管们组成的一个联盟，沃达丰集团、诺基亚和爱立信的领导人也参与其中，目标是围绕"更绿色"的数字技术以及更节能的服务的投资与开发，帮助欧洲科技行业"变得更加可持续、循环和零污染"。

此外，欧洲政策研究中心、非营利组织、欧洲数据创新委员会等也开展了一定的伦理监管政策制定和相关报告的研究等工作，对推动欧盟数字科技伦理监管的合理性、重复性、一致性、互动性等产生一定的影响。例如，欧洲政策研究中心于2022年9月14日发布了《〈人工智能法案〉和新兴的欧盟数字法案》报告，针对《人工智能法案（草案）》与欧盟其他数字法律法规之间是否存在重叠、不一致性及差异等进行了分析。欧洲数据创新委员会是在《数据治理法案》的推动下设立的，其主要向欧盟委员会提供数据保护领域的相关建议和咨询，推动跨部门数据的流动、使用与共享的治理和规范制定。

（三）数字科技伦理监管的政策布局

欧盟数字科技伦理监管政策布局主要分布在人工智能、大数据、互联网等领域，其中人工智能的伦理监管政策制定的时间最早，也是目前最为全面的领域；其中以《欧盟机器人民事法律规则》《人工智能伦理准则》及《人工智能法案》为代表。此外，大数据领域的伦理监管政策也布局较

# 第二章
## 欧盟数字科技伦理监管的趋势与启示

早,虽然早期没有提出伦理监管这一概念,但是数据安全和隐私保护及"数据鸿沟"等都包含在相关的指令或条例中;其中以《一般数据保护条例》为代表。互联网和区块链领域的伦理监管更多地侧重于技术应用过程中的安全性、自由性和平等性,两者所体现出的技术中立性特征更多。

1. 面向人工智能伦理的监管政策布局

欧盟将维护人工智能伦理价值观上升至欧洲整体战略层面。欧盟高度重视建立人工智能伦理道德和法律框架,以确保人工智能技术朝着有益于个人和社会的方向发展。从2012年开始,欧盟不断完善人工智能伦理监管政策体系。在人工智能伦理监管政策布局中,欧盟呈现的特点由以实际应用中出现的问题为引导、以机器人的伦理监管为开端,逐渐延伸到人工智能的研发和应用等领域,既内嵌到人工智能发展战略中,又专门制定伦理监管的政策或法规。

欧盟将伦理监管的相关内容内嵌在人工智能发展战略中,以实现对人工智能伦理的"软"监管和原则性指导,并对后续伦理监管政策的出台起到了推动和引导作用。《欧洲人工智能战略》《人工智能协调计划》及《人工智能白皮书》等战略性文件最具代表性,它们试图构建欧盟共同的人工智能监管框架,为人类提供可信任的人工智能系统。在欧盟委员会发布的《欧洲人工智能战略》中首次系统地提出了人工智能发展战略规划,将对人工智能的伦理监管作为人工智能发展的目标之一,即在欧盟现有价值观和《欧盟基本权利宪章》下,确定人工智能伦理和法律框架。《人工智能协调计划》中指出了人工智能技术的发展要符合伦理规范,并进一步提出在2019~2020年建立欧盟人工智能伦理监管框架。《人工智能白皮书》指出,要构建欧洲共同人工智能监管框架,对人工智能按照风险等级实现分类监管,以减少人工智能对社会的潜在风险为目标。通过监管框架的建立,欧盟要创建一个卓越的、可信任的人工智能生态系统,为研发者提供可遵守的法律框架,并为消费者提供可信任的人工智能系统。

在人工智能伦理监管政策的布局方面，欧盟的主要监管政策分布领域为人机共存、如何应对机器人对人类的伤害及机器人技术工程师伦理等。2012年，欧盟在科技发展"第七框架计划"下启动了"机器人法"项目，以应对人机共生社会所将面临的法律及伦理挑战。2016年5月，欧洲议会法律事务委员会发布了《就机器人民事法律规则向欧盟委员会提出立法建议的报告草案》，随后2017年2月，决议通过了《欧盟机器人民事法律规则》，该规则中包含人工智能总体原则性规定和伦理道德规范，也包含适用于人工智能各细分领域的法律规定，规定了在机器人设计和研发过程中必须遵守的基本伦理原则，包括免受机器人伤害、不侵犯人类隐私、避免受机器人操纵以及可被人类拒绝服务等。同该项规则一起发布的政策指导性准则还包括《机器人技术工程师伦理行为准则》《研究伦理委员会准则》等，以供未来立法作具体参照。

在《欧洲人工智能战略》《人工智能协调计划》及《人工智能白皮书》等重要政策文件的指导下，专门针对人工智能技术的伦理监管准则相继出台。2019年4月，欧盟委员会出台《可信赖人工智能伦理准则》和《建立以人为本的可信人工智能》，形成了包含可信人工智能的基础原则、可信人工智能的要求和实现手段及评估机制3个部分的欧盟人工智能伦理准则框架。2022年9月，欧盟委员会通过了《人工智能责任指令》，明确指出人工智能的非合同性民事责任规则，从而对现有的欧盟民事责任领域的法律规则起到补充作用。此外，欧盟还通过了《产品责任指令》修订版提案，将配有人工智能的产品明确纳入其适用范围，以期完善数字时代和循环经济背景下的产品究责机制，与《人工智能责任指令》相互呼应，这两项指令明确了人工智能及相关产品中责任的归属问题。2021年4月，欧盟委员会发布的《人工智能法案（草案）》是全球第一份综合性人工智能监管法案。该法案采取风险分级方法将人工智能应用场景分为"最低风险、有限风险、高风险、不可接受的风险"4个风险等级，等级越高的应

# 第二章
## 欧盟数字科技伦理监管的趋势与启示

用场景受到的限制越严格。欧盟在人工智能伦理监管标准和有效应对不同风险等级的人工智能等方面具有全球标杆意义。2023年6月，欧洲议会通过了《人工智能法案（草案）》，这标志着欧盟向立法严格监管人工智能技术应用迈出了关键一步。

欧盟对算法的伦理监管，最早可以追溯到2001年。2001年，欧洲理事会颁布的《针对欧共体机构和组织所处理的个人数据的保护及此类数据的自由流动条例》（EC 45/2001）（现已被《条例（EU）2018/1725》替代）第10条第1款明确禁止公共机构自动化处理有关种族或民族血统、政治观点、宗教或哲学信仰、工会成员身份的个人数据等，并将公共机构的算法决策行为与公民的基本权利关联。其中对算法伦理监管的相关制度建设还包含在数据伦理监管的相关规则中，如《有关个人数据自动化处理之个人保护公约》《保护个人享有的与个人数据处理有关的权利以及个人数据自由流动的指令》及《一般数据保护条例》等。2019年4月，欧洲议会未来与科学和技术小组发布《算法责任与透明治理框架》，其中提出了对公共主体实施算法影响评估的强制要求，评估流程包括：自我评估，如披露算法的目的、范围、预期用途等；公布评估结果，引入公众参与；根据社会监督情况调整应用规则。这一机制主要针对公共部门，要求公共部门制定公众参与和公众教育的指南，确保所有相关方参与算法评估，同时制定和实施采购算法系统的问责制和透明度要求。对于私营部门，主要根据算法的影响范围建立分级监管机制，仅对可能引发严重或不可逆后果的算法系统引入算法影响评估。2020年12月，欧盟发布的《排序算法透明度指南》对算法平台企业、中介服务商等所涉及的算法安全风险和恶意操纵排名等伦理问题给出了解决办法，即算法服务者应该披露算法的主要参数和信息等，在具体披露时，可以采用书面解释与技术工具结合使用的方式。

此外，欧盟还将具体的算法伦理监管规则置于数据保护框架中，主要通过强化公民的个人数据权利来规避算法损害。"数据规则+算法原则"共同构成了欧盟治理算法的制度体系，即通过数据规则实现算法的源头治理，体现出治理的完整性。例如，《一般数据保护条例》中赋予数据主体获取数据处理相关信息的权利、对个人数据的访问权、对个人数据的更正权、对个人数据的删除权、限制处理权、数据携带权、一般反对权和反对自动化处理的权利。《一般数据保护条例》中提出了算法审计，即数据控制者应检测使用的和机器学习发展出的算法，以证明其是在按照实际在运行，并且没有产生歧视性的、错误的或不合理的结果。

2. 面向大数据伦理（数据伦理）的监管政策布局

欧盟域内的国家从20世纪70年代就开始分散制定关于数据或隐私保护相关的法规和条例等，具代表性的有《有关个人数据自动化处理之个人保护公约》。在欧盟成立之后，1995年和2018年相继发布了《保护个人享有的与个人数据处理有关的权利以及个人数据自由流动的指令》以及《一般数据保护条例》，逐渐构建起欧盟域内相对严格的个人数据主权和隐私保护的监管规则体系。欧盟关于大数据伦理监管规则政策的布局在全球具有标杆性地位，《一般数据保护条例》已被众多国家或地区作为政策制定的参照，深刻影响着全球大数据伦理监管规则的方向。欧盟在数据伦理监管政策中还进行了监管机构的设置和权力配置，从而推动监管政策在全域内的有效落地和域内执行的一致性。

欧盟严格保护数据安全和个人隐私。欧盟为进一步统一各个成员国对个人数据安全和隐私保护的监管法规，欧洲议会和欧盟理事会于1995年通过了《保护个人享有的与个人数据处理有关的权利以及个人数据自由流动的指令》，延续了《有关个人数据自动化处理之个人保护公约》中坚持数据合法性处理的原则，构建起以数据主体同意为核心的数据处理合法化标准，同时也赋予个人对数据的知情权、拒绝权和删除权等基本权利，并通过行政及司法救济来确保个人的数据权利不受侵犯。《保护个人享有的与

## 第二章
### 欧盟数字科技伦理监管的趋势与启示

个人数据处理有关的权利以及个人数据自由流动的指令》的发布标志着西欧国家对个人数据保护和监管进入到"大一统"的"欧盟法时代"。2018年11月，欧洲数据保护专员公署发布了针对欧盟机构和机关的个人数据泄露报告指南——《第（EU）2018/1725号条例》，建立了个人数据泄露的评估和报告机制，当个人数据泄露事件可能对数据主体的权利带来一定风险时，欧盟机构应该在72小时内向欧洲数据保护专员公署报告，告知数据主体并记录个人数据泄露事件。

2018年，欧盟颁布的《一般数据保护条例》构建了更加严格和完善的个人数据保护法律规则，数据所有者被赋予携带权、删除权及申请司法救济、侵权补偿等权利。《一般数据保护条例》确立了个人数据跨境流动的"充分性认定"标准，即欧盟要对数据流入的国家或地区的数据保护能力进行充分性评估，只有其数据存储和处理能力能够达到欧盟的数据保护水平，欧盟才允许个人数据流入目的国家或地区；反之，如果数据流入国家或地区的数据保护水平没有达到"充分性认定"标准，原则上不允许将数据输出。在特殊情况下，数据流入国家或地区在满足约束性公司规则、标准合同条款、行为准则、认证机制以及例外情形等，也可以进行数据跨境输出。欧盟委员会将对获得"充分性认定"的国家或地区至少每四年进行一次再评估，从而确保满足同等保护水平的要求。2021年，欧盟发布《电子隐私条例（草案）》对电子通信服务领域的个人数据和隐私保护做出更加具体的要求，其将对电子通信内容和电子通信元数据的保护放在了重要位置。该条例的核心是实现电子通信数据的保密，并在促进数字技术发展与个人数据安全保护之间实现平衡。此外，2022年，欧盟相继发布了《数据法案》《数据治理法案》及《数字服务法案》等分别针对非个人数据流动和使用、数据共享和再利用、不同类型数字平台服务企业等重要细分领域或主体的数据伦理提出了具体的监管措施，是对《一般数据保护条例》中空白的填补，也是针对新问题或新主体提出的新监管措施。2023年4

月，欧洲数据保护委员会正式发布了《关于〈一般数据保护条例〉下的个人数据泄露通知》（第 9/2022 号指南）最终版，该指南在原文件的基础上，明确了当数据泄露后，数据控制者具有及时告知监管主体的义务。

除了法规和条例等规则建设之外，欧盟还成立了专门的公共机构和相应的协调机制来保障相关规则的实施。《保护个人享有的与个人数据处理有关的权利以及个人数据自由流动的指令》中的相关条款要求欧盟各成员国要成立至少一个独立监管机构来保障指令得到有效实施，并且具有跨境数据流动中的监督权、调查权、干预权和诉讼权等权利。《一般数据保护条例》中新增了数据保护专员制度，数据处理和控制需要由具有充分独立性和专业素养的人员来负责。德国成立了国家网络安全机构负责网络安全创新技术和打击网络威胁，加强对数据的控制权。

3. 面向区块链伦理的监管政策布局

作为一种新兴技术，区块链技术体现着技术进步的价值取向并代表着先进技术创新和共识可信。然而区块链的去中心化是以透明度为代价的，也存在损害个人信息的风险。此外，区块链的创新性、去中心化、匿名性、不变性及自动化等技术特征也引发了信息主体的被遗忘权、可携带权等与个人信息权利存在冲突的伦理问题。对于区块链的伦理监管主要从个人信息安全和隐私保护及虚拟货币等角度进行监管，因此，对其伦理监管政策主要散落在大数据伦理监管政策和反洗钱监管政策中。

欧盟具有代表性的区块链伦理监管政策主要包括发布于 2020 年的《欧盟反洗钱第五号指令》和《欧盟反洗钱第六号指令》，这两项反洗钱指令的生效将从事虚拟货币兑换服务的主体及钱包托管服务商等纳入反洗钱监管，并且明确了其尽职调查的内容和措施，将欧盟的反洗钱和反恐金融规则拓展到了虚拟货币领域。欧盟各成员国根据反洗钱指令的要求陆续完善了国内的制度和机构设置，从而实现反洗钱指令执行的协调性、一致性与合作，降低了虚拟货币流动中的风险。

# 第二章
## 欧盟数字科技伦理监管的趋势与启示

### 4. 面向互联网伦理的监管政策布局

网络安全是数字化和欧洲互联的基石，互联网伦理问题主要集中在网络安全和隐私保护方面。欧盟互联网监管框架一直在不断地更新和完善，目前欧盟互联网监管框架由《网络与信息系统安全指令》《关于欧洲网络与信息安全局信息和通信技术的网络安全》《关于在欧盟全境实现高度统一网络安全措施的指令》《欧盟电子通信准则》《外国直接投资审查条例》及《网络弹性法案》等监管政策组成。其中，《关于在欧盟全境实现高度统一网络安全措施的指令》是欧盟最早关于网络安全的监管指令，其要求基础服务运营商和数字服务提供商对网络风险进行管理，并对网络安全事故履行应对和通知等义务，此外还要求成员国制定网络安全战略，将《网络与信息系统安全指令》转化为国内法，加强成员国之间的合作与交流。2019 年正式实施的《关于欧洲网络与信息安全局信息和通信技术的网络安全》主要目标包括将欧盟网络和信息安全署设置为永久性机构，并对其职能进行重新界定，提出了网络安全认证制度，并提出了对跨境的网络安全事故进行联合处理、提高公民的网络安全意识等全域性的网络安全监管要求。2022 年 9 月发布的《网络弹性法案》，针对具有数字元素的产品在整个生命周期内引入了强制网络安全要求，从而保护消费者和企业免受安全功能不足产品的影响，监管对象包括制造商、进口商、经销商等数字产品产业链中的多个主体。该法案是欧盟第一部针对数字产品制造商等实施的网络安全立法。至此，欧盟已经形成覆盖网络与信息系统安全、风险管理、安全事故跨境联合处理及数字产品全链条安全等多个领域的法律体系，成为保障欧盟互联网安全域伦理监管的重要法律依据。2023 年正式生效的《关于在欧盟全境实现高度统一网络安全措施的指令》取代了《网络与信息系统安全指令》，在监管实体上进行了拓展，将数据服务、关键产品制造、邮政快递等主体纳入监管范围，加强了网络安全风险管理的相关要求，细化了国际合作机制等。

除了互联网整体层面的伦理监管政策外，欧盟还专门针对 5G 网络安全制定了监管政策以应对相关伦理问题。其中，《5G 网络安全建议》明确了安全相关制度建设和具体路径，以确保欧盟 5G 网络的安全性。在该建议的统领下，欧盟相继配合出台了《5G 网络安全风险评估报告》《5G 网络威胁视图》《欧盟 5G 网络安全风险消减措施工具箱》《EECC 安全措施指南》《5G 补充说明》等指导性文件，为通信服务提供商、设备制造商缓解 5G 网络安全风险等问题提供了更加明确的技术指导。其中，2019 年发布的《5G 网络安全风险评估报告》针对核心网、传输网等敏感性资产的风险等级进行划分，并列举关键要素、关键风险点和主要场景。同年发布的《5G 网络威胁视图》进一步对核心网架构、切片等进行拆分，分析威胁的来源，为服务提供商和设备制造商预防安全漏洞提供指导。2020 年发布的《欧盟 5G 网络安全风险消减措施工具箱》针对不同的风险提供了相应的削减措施（包括战略措施、技术措施以及支撑行动等）。2020 年发布的《EECC 安全措施指南》为通信网络整体层面的安全提供技术指引，包括 5G 网络在内。《5G 补充说明》则是专门针对 5G 网络安全进行的风险评估和风险削减出台的指导性文件，是对《欧盟 5G 网络安全风险消减措施工具箱》的进一步补充和细化。通过以上风险评估要求和技术性指导文件，欧盟针对 5G 网络安全和风险应对形成了相对完整的监管体系，为欧洲互联、安全且自由地使用 5G 网络铺平了道路。

（四）数字科技伦理监管的重点议题

欧盟数字科技伦理监管重点议题的核心始终围绕着以人为中心，不侵害公民的基本权利，不违背人类的道德伦理，让数字科技更好地服务于人，并试图构建以欧盟为主导的全球数字科技伦理监管制度体系。欧盟在数字科技伦理方面的重点议题主要集中在人工智能和大数据领域，尤其是人工智能领域，具体包括算法的非歧视与透明性、数据的安全性、隐私保

## 第二章
### 欧盟数字科技伦理监管的趋势与启示

护、"数字鸿沟"、"数字贫困"、自由、公平性以及对特殊群体的关注等，贯穿于人工智能、大数据、互联网以及区块链等领域。

1. 人工智能领域的科技伦理监管的重点议题

人工智能领域相关的科技伦理监管是较早的，欧盟一直强调在使用人工智能技术时，需要维护法律面前人人平等、个人隐私、言论自由及参与文化和政治生活的权利，尤其是对少数群体而言。欧盟围绕人工智能伦理的重点议题主要有个人隐私保护、深度伪造、算法歧视以及算法透明性等。

在个人隐私保护方面，欧盟在人工智能发展战略性文件中建议资助更多关于标准化隐私设计方法的研究，以及促进加密解决方案和保护隐私的机器学习，从而确保高质量的数据可用于训练算法和执行人工智能任务而不侵犯隐私。此外，欧盟从最开始的《欧盟机器人民事法律规则》到《可信赖人工智能伦理准则》《人工智能责任指令》，再到《人工智能法案（草案）》均将个人隐私保护放在重要位置。由于机器人和人工智能这一系统包含数据系统和数据流，《欧盟机器人民事法律规则》提出需要对个人和敏感数据的机密性特别关注，并出台了《机器人技术工程师伦理行为准则》与《研究伦理委员会准则》作为补充。《可信赖人工智能伦理准则》中更是将尊重隐私作为可信赖人工智能的一项要求单独列出。《人工智能法案（草案）》也将隐私保护和数据治理作为监管重要内容。

在人工智能应该以人为中心、为人类服务方面，欧盟在人工智能伦理监管领域一直将基本价值观贯穿其中。《欧盟机器人民事法律规则》《可信赖人工智能伦理准则》等伦理监管政策中均包含相关内容的阐述，确保人工智能以人为中心。以人为中心包括遵循和尊重人的尊严、平等、公平、公正、不歧视及自由等原则和价值观。人工智能和机器人应以人为中心并成为人类的辅助，发挥人工智能的巨大潜力，如在医疗、自动驾驶等领域。

在人工智能的深度伪造方面，《人工智能法案（草案）》中对深度伪造的概念及危害进行了阐述,是指利用人工智能技术(包括机器学习和深度学习)制作或合成的音频、图像或视频内容,让人以为是真实和原始的,从而产生了虚假信息的传递。这种深度伪造现象将引起公众对人工智能的不信任和社会政治的两极分化等。

在人工智能和算法的反歧视性方面,人工智能和算法的歧视性体现在种族、性别、性取向以及年龄等方面,《可信赖人工智能伦理准则》中强调应确保欧盟所倡导的关于保护公民基本人权的相关原则,尤其是对儿童、妇女、残障人士以及少数群体等弱势群体的保护。《人工智能法案(草案)》中的相关条款也对降低算法的歧视性发挥了作用,并对欧盟现有反歧视相关法律法规做了补充。

在人工智能及算法的透明性方面,由于人工智能系统和算法本身就具有不透明性,因此提高其透明性是极为重要的议题。《可信赖人工智能伦理准则》中指出,透明性是建立和维护可信赖人工智能的关键,可信赖人工智能伦理透明度算法在使用过程中应该接受人类的监督,其决定必须是可问责、可质疑的,并在相关情况下是可逆转的。《人工智能责任指令》中对于高风险人工智能系统提出了对其开发和部署者具有归档、记录保存及其他信息义务,以满足后续证据披露的需要。《人工智能法案(草案)》中对深度伪造技术提出了透明度要求。此外,人工智能伦理监管机构也应具有独立性和透明性。

2. 大数据领域的科技伦理监管的重点议题

大数据领域伦理监管的重点集中在隐私保护、数据安全及"数字鸿沟"和"数字贫困"等领域。

隐私和数据保护是法治不可分割的一部分,数据保护和基本隐私权利是欧盟公民数字建言平台"欧洲未来会议"的主要议题,"欧洲未来会议"提出要将弱势群体保护、算法歧视、监视和言论审查等伦理问题纳入欧盟委员会的未来讨论中,以促进数字领域的正义和法治。其中,隐私保护和

## 第二章
### 欧盟数字科技伦理监管的趋势与启示

数据安全主要集中在个人数据领域，"数字鸿沟"和"数字贫困"关注的是不同区域、不同群体的伦理问题，并通过建立欧盟全域的数据保护机制，为欧洲数字单一市场的建设提供支持，推动欧盟数字经济红利的加快释放。

在数据安全和隐私保护方面，欧盟将保护数据安全和隐私放在重要的位置。对个人数据的伦理监管更加重视隐私保护，对非个人数据则更加重视其安全性和使用。这既是《欧洲人权公约》《欧盟基本权利宪章》中相关条款的体现，也是伦理监管的重要议题。《保护个人享有的与个人数据处理有关的权利以及个人数据自由流动的指令》《第（EU）2018/1725号条例》《一般数据保护条例》及《电子隐私条例（草案）》均对个人数据的安全和隐私保护做出相关监管要求，并对个人数据所有者相关的权利进行了明确，主要包括被赋予携带权、拒绝权、删除权等权利，可以通过行政和司法救济来确保个人的数据权利不受侵犯。《数据法案》《数据治理法案》及《数字服务法案》等分别针对非个人数据安全和使用、数据共享和再利用、不同类型数字平台服务企业等重要细分领域或主体的数据伦理提出了具体的监管措施，其中，公共部门机构持有的数据在使用时应该关注商业保密、统计保密、第三方的知识产权保护等。

在消除"数字鸿沟"和"数字贫困"方面，欧盟各成员国之间在数字科技发展上存在一定的差异，芬兰、德国等少数国家数字科技发展相对迅速，应用覆盖率较高，而其他国家处于相对落后状态。为了消除"数字鸿沟"，提高域内数据共享和使用，欧盟强调建立数字单一市场，为数据共享创造良好的法律环境，如建立数据共享服务提供者通知制度等，提高数据共享主体的信任程度，扫除成员国之间数据共享尤其是公共数据共享方面的障碍。在不同年龄段和教育背景的公民之间，以及已经进行数字化转型和未参与数字化转型的企业之间也存在"数字鸿沟"。为解决此问题，欧盟加大对妇女和老年人等弱势群体的数字技能提升和教育措施等领域的投资，从而消除"数字鸿沟"。

3. 区块链技术领域的科技伦理监管的重点议题

区块链可以为其他数字技术提供一定的隐私保护，如数据通过区块链的加密实现不可篡改和可追溯等目的。然而技术具有双面性，正是区块链技术的不可篡改和可追溯性，其伦理监管议题主要集中在反洗钱、数据可删除性和隐私保护上。

欧盟在区块链伦理监管方面的相关政策和监管措施大多与金融等应用领域结合在一起，尤其是虚拟货币的出现更增加了对区块链的应用和伦理监管需求。欧盟先后出台的 AMLD5、AMLD6 等监管规则中明确指出区块链不能为虚拟货币在黑市、洗钱和网络犯罪领域内的使用创造可能性，加大相关监管和惩处力度。

此外，区块链技术对个人信息的记录和存储具有可追溯性和无法删除等特点。在区块链系统中，交易活动一旦在全网范围内通过验证并添加至区块链，就很难被修改或者删除，并且在区块链上经过加密的数据仍然能够显示用户和交易关系，这与个人隐私保护存在一定冲突，成为不同领域的交叉性伦理监管难题。

为了加强区块链技术的安全性和应用，2021 年 3 月，欧盟委员会在所发布的《2030 数字罗盘：欧洲数字十年之路》报告中，提出要加快推进跨国开发、部署和运营符合欧盟价值观和法律框架、绿色、安全的"泛欧洲"区块链基础设施，提高欧盟跨国和跨境公共服务效率与可靠性。

4. 互联网技术领域的科技伦理监管的重点议题

欧盟将核心价值观和公民的基本权利贯彻到网络伦理监管中，强调公民使用网络的自由和公开性。在传统现实空间中奉行的规范、原则和价值观也应当同样适用于虚拟的网络空间，基本权利、民主和法治在网络空间中也应当受到保护。网络空间是一个拥有自由和基本权利的空间。

欧盟将互联网的安全性放在重要位置，现行的《关于欧洲网络与信息

# 第二章
## 欧盟数字科技伦理监管的趋势与启示

安全局信息和通信技术的网络安全》《关于在欧盟全境实现高度统一网络安全措施的指令》《欧盟电子通信准则》《外国直接投资审查条例》及《网络弹性法案》等监管政策均强调网络的安全性和可靠性，以保障欧盟数字化进程和其他数字技术的应用。为保护欧盟的互联网安全，欧盟网络和信息安全署是永久性机构。欧盟还关注 5G 网络的安全性，单独出台了《5G 网络安全建议》等一系列监管政策和技术指导性文件。

除了安全性外，欧盟还关注隐私、信息保密及特殊人群的权利等伦理问题。在网络使用过程中每个人都有权对其通信和电子设备上的信息保密，不受非法在线监视、非法跟踪或拦截的影响，有效保护通信免受未经授权的第三方访问，禁止非法身份查验和非法保留活动记录等。此外，欧盟关注儿童和青少年的网络使用权利，保护所有儿童和青少年免受网上有害和非法内容的侵害，防止数字空间被用于犯罪或为犯罪提供便利。保护所有儿童和青少年不受非法跟踪、分析和锁定，特别是出于商业目的，让儿童和青少年参与与他们有关的数字政策的制定。

## 三、欧盟数字科技伦理监管的主要模式与机制选择

（一）欧盟统一框架引领下成员国各具特色的双重监管模式及机制

欧盟作为一个多国家集合体，其特殊性决定了成员国在数字经济发展和监管政策领域存在诸多差异。欧盟在数字科技伦理监管中既制定了全域内的伦理监管政策，也将相应的监管权力赋予了各成员国，实行欧盟整体和成员国两个层面的监管制度体系构建和机构设置。

针对数字科技伦理监管，欧盟陆续发布了一系列政策，对欧盟全域内的数字科技进行伦理监管或指导，如《一般数据保护条例》《可信赖人工智能伦理准则》等，并设置了欧盟数据保护委员会等相应的监管机构。在

欧盟整体层面的数字科技伦理监管政策要求或指导下，成员国结合自身数字科技发展情况，纷纷制定相应的伦理监管政策。以大数据伦理监管为例，《保护个人享有的与个人数据处理有关的权利以及个人数据自由流动的指令》《一般数据保护条例》及《电子隐私指令》等在欧盟层面发挥统领和指导作用，且在相关条款中指出允许成员国实施更加具体的监管政策。爱尔兰、德国等国根据自身特点修订或制定了数据伦理监管的相关政策，其中，爱尔兰为与欧盟的《电子隐私指令》中关于cookie等技术的使用、数据收集和适用范围的缩小及个人数据隐私的监管形成一致性，发布了《电子隐私条例》；对原有的数据保护法律进行修订后形成了《2018年数据保护法案》，并设立数据保护委员会。德国在2018年发布了《新联邦数据保护法》，该法在遵守《一般数据保护条例》的基础上，根据德国的国情对部分条款进行了细化和补充，并设置了联邦数据保护和信息自由委员会。同样，为了执行欧盟的《电子隐私指令》，德国也制定了《电信和电信媒体数据保护法》，其规定了电信和电信媒体在数据保护上的原则，尤其是设置了隐私保护和用户同意权的相关条款。除了爱尔兰和德国，其他成员国也有相应的监管制度建设。由此，欧盟形成了整体层面和成员国层面两个层级的数字科技伦理监管政策体系和监管机构，从而保障了欧盟数字科技伦理监管政策执行的有效性、一致性与协调性。

（二）综合性政策统领与细分政策强化的监管模式及机制

通过梳理欧盟数字科技发展与伦理监管政策布局两者之间的关系，发现欧盟具有数字科技伦理监管政策布局领先于数字科技发展的特征。为了刺激数字科技发展，欧盟制定了一系列发展战略或计划，从《欧洲人工智能战略》《欧洲数据战略》《2023—2024年数字欧洲工作计划》《2030数字罗盘：欧洲数字十年之路》等文件，以及"地平线2020"、"欧洲地平线"（2021~2027年）的发布，无一不体现出欧盟对数字科技和数字化转型的

## 第二章
### 欧盟数字科技伦理监管的趋势与启示

重视和支持,着力打造欧盟域内的单一数字市场,为数字经济发展提供良好的外部环境。以上文件和计划除资金投入和政策支持外,也包含伦理监管的内容,如"欧洲地平线"(2021~2027年)将抢占人工智能和机器人、先进计算与大数据及下一代互联网等前沿技术领域作为重点科研支持领域,同时在数字技术中采用"预设安全"和"隐私设计"架构来提升网络安全和加强数据保护。此外,为了对《2030数字罗盘:欧洲数字十年之路》计划的实施提供指导,2022年,欧盟发布了《欧洲数字权利与原则宣言》,其指出欧盟数字化转型应该是以人为中心的,要合乎人的基本权利,遵守非歧视性的技术中立、网络中立、选择自由以及包容性等原则,强调对数字科技使用者的保护,主要体现在保护安全可靠的网络环境、隐私保护和个人数据保护上。

除了统领性的战略规划或资助计划等,欧盟还针对不同的数字科技领域制定了具体的监管政策,尤其是人工智能和大数据领域。与统领性的发展战略或计划中提及的伦理监管内容有所不同,细分领域发布的伦理监管政策大多具有强制性,要求成员国、企业或个人等相关主体均要执行。在细分技术领域中,人工智能相关的伦理监管最为完备,从《欧盟机器人民事法律规则》《人工智能责任指令》《可信赖人工智能伦理准则》到《人工智能法案(草案)》,既有存在一定弹性的指令和准则性约束,也有法律层面的硬性约束。大数据领域也有相应的伦理监管政策,多以条例、指令的形式发布。互联网、区块链领域的伦理监管更多的是与实际应用相关联,其本身的技术中立性更为明显。

综合监管政策与细分监管政策相辅相成、互相促进。在《欧洲人工智能战略》、《人工智能协调计划》(2021年修订版)及"地平线2020"等综合性政策中包含着对伦理监管的布局或安排。例如,《人工智能协调计划》(2021年修订版)除了对人工智能发展目标、核心任务及具体行动做出了部署以外,还专门对伦理监管做出了相关要求。一是明确指出要制定

《人工智能伦理指南》《数据应用伦理指南》及《人工智能侵权责任法律框架的建议稿》等来规范人工智能和数据的应用与研究活动。二是对现有的伦理监管规则或法律等进行修订，以更加适用于人工智能技术和产品的变化，如修订《一般产品安全指令》《无线电设备指令》等。三是加强与其他国家或地区在伦理监管规则方面的合作与对话。在细分伦理监管政策对综合性伦理监管政策的促进方面，细分监管政策的制定与实施既可以推动综合性政策的快速落地和有效实施，又可以更好地实现人工智能、大数据、区块链及互联网等技术的发展，为欧盟经济发展提供新动力。

## （三）多元社会主体共同参与的监管模式及机制

在数字科技的伦理监管中，欧盟的政府机构发挥着主导作用，这在相关伦理监管政策和法规的制定或颁布机构中有所体现，加之欧盟大型数字科技企业数量相对较少，政府的主导性更加突出。除政府机构外，欧盟引导科研机构、社会组织、企业及公民等主体在监管政策制定和实施中发挥作用。政府的主导性体现在欧盟委员会等政府机构将伦理监管的相关内容渗透到战略、产业政策、法律框架及治理机制等制度构建中，具有一定的权威性和强制性。例如，在人工智能伦理监管政策的制定过程中，欧盟委员会早在《欧洲人工智能战略》中就对人工智能伦理监管框架提出了构想，并对相关领域的研究等给予资金支持和政策倾斜，通过构建临时专家组、伦理委员会等方式吸收和接纳相关研究人员参与到伦理监管政策的制定中。在此过程中，除欧盟委员会外，其他政府部门也发挥着重要作用，例如2016年，欧盟社会和经济委员会曾就大数据伦理问题开展了调查并提交报告《大数据伦理：平衡经济利益与大数据伦理问题》。

欧盟在政策制定中，尤其是法律法规的制定中耗时较长，从草案的提交到最终发布文件需要进行多轮的征求意见和商讨。在此过程中，企业、社会组织及普通公民均可参与到意见的提出和修改中来，包括欧盟内部伦

# 第二章
## 欧盟数字科技伦理监管的趋势与启示

理准则试点工作等。欧盟通过《欧洲技能议程：促进可持续竞争力、社会公平和抗逆力》《欧洲网络安全技能框架》等来培养和提高企业与个体公民的数字技术技能和伦理意识，从全社会范围内提高伦理监管的意识和重视程度。此外，欧盟发布了《违反欧盟法报告人指令》，其在隐私和个人信息保护领域有专门的"吹哨人"保护机制，有助于及时发现数字科技伦理监管中的漏洞和问题。通过战略规划、监管规则、技能议程及"吹哨人"保护机制等，欧盟将政府、社会组织、企业及公民纳入伦理监管政策制定与实施中，形成了多层次的伦理监管和执行体系。

## 四、欧盟数字科技伦理监管对我国构建数字科技伦理监管体系的启示

欧盟数字科技伦理监管的制度设计主要体现为软性约束与硬性监管相结合，全局性监管与专门性监管并行，积极推动双边和多边伦理监管制度建设。这种伦理监管制度设计既可以实现数字科技伦理监管的目标，也考虑到对数字科技发展所产生的阻碍或限制等负面影响，并且在域内伦理监管制度建设的基础上，有助于形成联合监管等合作机制。我国对欧盟数字科技的制度设计的经验借鉴如下：

（一）政府制度设计层面

1. "软性+硬性"制度，兼顾数字科技发展和伦理监管

欧盟在对数字科技伦理监管的制度建设中的一大特点是"软监管"与"硬监管"相结合。"软监管"是指将相关监管制度内嵌在战略规划、产业发展白皮书、指南、投资计划及政府资助的研究课题中，不具有强制性，主要是突出政府相关部门对伦理监管的重视程度和指导性，并对欧盟域内的数字科技产业的发展具有一定的鼓励性和支持性，如《欧洲人工智能战

略》《欧洲数据战略》等。"硬监管"则是在前期课题研究、数字科技应用过程中，针对重点领域设计的专门伦理监管制度，大多以条例、指令、公约及法案的形式出现，如《数据治理法案》《人工智能法案（草案）》《一般数据保护条例》《关于欧洲网络与信息安全局信息和通信技术的网络安全》等。这些硬性的监管条例和法规具有强制性，欧盟领域内的成员国需要执行相关的监管条款，并且延伸到域外的国家和地区。

我国数字科技伦理监管制度建设的现状体现在两方面：一是内嵌在数字科技相关发展战略与规划中的伦理监管内容。我国相继出台了促进数字科技发展的相关规划，具有代表性的有《新一代人工智能发展规划》《促进新一代人工智能产业发展三年行动计划（2018—2020年）》《促进大数据发展行动纲要》《"十四五"大数据产业发展规划》《网络安全产业高质量发展三年行动计划（2021—2023年）》等。其中，《新一代人工智能发展规划》提出建成更加完善的人工智能法律法规、伦理规范和政策体系；到2025年，初步建立人工智能法律法规、伦理规范和政策体系，提高人工智能安全评估和管控能力。《促进大数据发展行动纲要》中提出，切实加强对涉及国家利益、公共安全、商业秘密、个人隐私、军工科研生产等信息的保护。《"十四五"大数据产业发展规划》中明确提出，要加强隐私计算、数据脱敏、密码等数据安全技术的应用，以保障数据的安全性。上述政策性文件将产业发展作为重心，伦理监管所涉及的内容较少；所提及的数字科技伦理监管问题仅是方向性指导、战略目标或要求，约束力有限。二是专门的数字科技伦理监管制度建设情况。2022年3月，中共中央办公厅、国务院办公厅印发了《关于加强科技伦理治理的意见》，标志着中国对科技伦理的重视程度日渐提高，对未来的伦理监管制度设计具有指导作用。该文件将人工智能单独列出，但并未提出具体的监管措施。2023年4月，科技部会同相关部门研究起草了《科技伦理审查办法（试行）》，其中仅对涉及数据和算法的科技活动的审查给出了规定。借鉴欧盟数字科技

# 第二章
## 欧盟数字科技伦理监管的趋势与启示

伦理监管的制度建设，中国可以在数字科技产业发展规划或促进条例中增加伦理监管的相关内容，并强化不同主体的伦理监管意识和责任。此外，应该加快数字科技伦理监管的硬性制度建设，且不要停留在方向性指导或顶层设计领域，还应该注重监管制度的落地和有效性。

2. 全局性监管与专门性监管并行，力求覆盖数字科技全领域

欧盟在对数字科技进行伦理监管制度设计中，兼顾数字科技全局性和专门技术领域的制度，力求覆盖数字科技相关的全部伦理问题。具体而言，欧盟出台的数字科技伦理监管制度中具有全局监管功能的制度主要有《塑造欧洲的数字未来》《2030数字罗盘：欧洲数字十年之路》等；专门针对单一数字技术的伦理监管制度有《算法责任与透明治理框架》《可信赖人工智能伦理准则》《一般数据保护条例》及《关于欧洲网络与信息安全局信息和通信技术的网络安全》等。

我国在数字科技伦理监管相关制度建设方面则相对滞后，目前出台的伦理监管相关政策有《关于加强科技伦理治理的意见》《科技伦理审查办法（试行）》，它们具有全局性伦理监管的作用，但因其不具有法律效应，约束力和强制性会大打折扣。此外，《中华人民共和国网络安全法》《中华人民共和国数据安全法》《中华人民共和国个人信息保护法》等法律中已经涉及网络安全、数据分级分类监管、数据安全流动及个人隐私保护等相关内容，但是没有从科技伦理监管这一视角出发，落脚点更多地在于安全性、有序性、应用和价值释放等。在数字科技的人工智能、大数据及区块链等细分领域，我国未出台专门性的伦理监管政策。未来，我国可以从数字科技全局进行伦理监管框架的构建，覆盖人工智能、大数据、区块链及互联网的共性伦理问题，针对具体数字技术的特殊性伦理问题制定相应的伦理监管政策，切实促进数字科技更好地为人类服务。

3. 在单边伦理监管的基础上，积极推动双边和多边伦理监管制度建设

除了域内的伦理监管制度建设，欧盟还制定了数字贸易协议，将数字

科技伦理监管的相关内容内嵌到双边或多边的贸易政策和协议中，如《跨大西洋数据隐私框架》《美日数字贸易协定》《美国-墨西哥-加拿大协定》等。其中，2020年签署的《人工智能伦理罗马宣言》是欧盟推动全球数字技术伦理监管新标准的标志性事件，将对人工智能和数字技术的发展产生深远影响。该宣言明确表示，人工智能技术应用的前提是必须要尊重个人的隐私，并强调人工智能的透明性。此外，在多边伦理监管方面，欧盟正在与欧洲理事会、联合国教科文组织、经济合作与发展组织、世界贸易组织和国际电信联盟等进行合作。

借鉴欧盟的相关做法，我国除加强国内数字科技伦理制度建设外，应进一步提高数字科技伦理监管制度的国际影响力。一是依托"一带一路"倡议、数字贸易试验区建设等，尝试将数字科技伦理监管的相关内容内嵌到与其他国家或地区的贸易合作协议中，推动监管制度的互认互信。二是主动参与到国际性数字科技伦理监管制度的制定中去，提高在国际规则制定中的地位和话语权，而不仅仅是制度的遵从者或跟随者。

## （二）监管模式设计层面

欧盟数字科技伦理监管的模式体现为在欧盟核心价值观等理念指导下，政府发挥主导作用，多方利益主体共同参与，形成欧盟全域统一监管框架引领和成员国各具特色的双重监管，并设置了相应的监管机构来推动伦理监管制度的有效落地。这种监管模式既强调欧盟整体层面监管的一致性与协调性，又重视成员国自身数字科技的发展特点；既有制度体系建设也有相应机构设置做保障。欧盟数字科技的监管模式设计对我国的启示如下：

### 1. 政府主导且多方利益主体共同参与伦理监管

通过对欧盟数字科技伦理监管情况的梳理和总结发现，欧盟实行以政府为主导、多元主体共同参与的伦理监管模式。在这种监管模式下，政府

## 第二章
### 欧盟数字科技伦理监管的趋势与启示

在伦理监管政策设计、机构设置及政策推行中发挥着主导作用。在相关伦理监管政策制定和机构的设置中，会广泛征集利益相关方的意见或建议，其中包括政府部门及所属研究机构和咨询机构、社会组织、企业等主体，这样既可以对政策制定和机构设置提供一定数量和质量的意见，防止出现监管疏漏，也可以让利益主体具有一定的参与感，充分调动其积极性，有助于伦理监管制度的落地。

我国政府有关部门就数字科技伦理监管领域已经形成了一些法律法规及相关政策，如《关于加强科技伦理治理的意见》《中华人民共和国数据安全法》等，但是多方利益主体参与度有待提高。根据《中华人民共和国立法法》中相关规定，法律的制定需要经过法律案提出、审议、表决及公布这四个过程。行政法规、地方性法规、自治条例和单行条例及规章等则制定程序类似。其中，非专业公众对于法律或政策性文件制定过程的参与主要体现在征求意见阶段，需要进一步提高公众对立法等相关政策制定的参与度。对于数字科技伦理问题涉及的个人隐私的保护、企业的经营活动及其他经济主体的利益，提高公众参与程度，将非专业公众吸纳进数字科技伦理监管政策的制定中来，尤其是关于数字科技相关应用领域的伦理监管政策的制定，不局限于征求意见阶段，将有助于提高监管政策制定的合理性和落地的有效性。上述情况对于数字科技伦理监管机构设置过程也同样适用。

2. 形成中央和地方双层伦理监管，并重视监管的一致性与协同性

欧盟是一个多国家的集合体，存在政治制度和经济发展水平的差异性，在欧盟全域内推行数字科技伦理监管制度，需要成员国行动的一致性。在进行数字科技伦理监管的过程中，欧盟成员国可以建设符合自身发展情况的制度体系，但是当涉及欧盟全域的伦理监管制度的遵从时，需要严格执行欧盟整体层面的监管政策。例如，《一般数据保护条例》具有普遍适用性、全面约束力和直接效力，且其中明确指出成员国的数据保护机

构就需要遵从欧盟数据保护委员会具有强制性的一致性原则，在不同伦理监管机构出现争议时应当由欧盟伦理委员会来解决，以确保在欧盟区域内相关伦理监管制度的一致适用性。

我国不同省份和地区之间，尤其是不同民族之间存在地域和文化差异。在推行数字科技伦理监管相关政策时，可以借鉴欧盟的相关经验，尝试从中央层面和地方政府层面分别设计监管政策，中央层面的监管政策具有全局性和指导性，并赋予地方政府一定的权力空间。首先，数字科技伦理监管政策的制定和执行中要坚持中央政策和地方政策的统一性和一致性原则，既不能出现监管政策之间的矛盾性条款，也不能出现地方性政策凌驾于中央性政策等现象。其次，要强调不同省份之间横向的协同性与合作，不能出现监管政策地区异质性引致的中央统一部署的相关政策实际执行困难和不同区域间抢夺数字企业等现象。最后，要强调中央和地方及地方政府之间的合作与交流，尤其在跨区域性的数字科技伦理监管方面。

3. 相应的伦理监管机构设置为制度推行保驾护航

欧盟的数字科技伦理监管模式是将相应的监管机构设置包含在伦理监管制度中，并且分为欧盟整体层面和成员国层面，这样就为制度的顺利推行提供了一定的保障。例如，欧盟在数据安全和隐私保护领域的制度中，从《有关个人数据自动化处理之个人保护公约》到《一般数据保护条例》均提出要在欧盟构建两个层级的数据保护监管机构，并明确了其权力和责任，以确保在欧盟区域内相关伦理监管制度的有效执行。欧盟在人工智能伦理监管领域也同样进行了相似的监管机构设置和权力配置。

我国政府机构中涉及数字科技伦理监管相关职责的主要有科技部、国家科技伦理委员会等。此外，《关于加强科技伦理治理的意见》中对伦理监管机构的设置做出了明确指示：从事生命科学、医学、人工智能等科技

## 第二章
### 欧盟数字科技伦理监管的趋势与启示

活动的单位,研究内容涉及科技伦理敏感领域的,应设立科技伦理(审查)委员会;推动设立中国科技伦理学会,健全科技伦理治理社会组织体系,强化学术研究支撑。借鉴欧盟数字科技伦理监管机构的设置与权力配置情况,结合我国的实际情况,可以从三个方面来加强伦理监管机构的设置:一是以法律法规等强制性制度来进一步明确机构设置的层级、数量和权责分配;二是机构设置要以数字科技伦理监管制度的落地为指导性原则,从数字科技伦理审查层面扩展到风险的防范和应对及处罚等领域;三是设置中央和地方两个层级的数字科技伦理监管机构,将伦理监管渗透到省(自治区、直辖市)、地级市(州、旗)、县(区、县级市)、乡(镇、街道)及村。

(三)社会生态赋能层面

欧盟发布的《人工智能协调计划》《人工智能白皮书》《欧洲数据战略》等政策性文件构建起涵盖基础能力、技术创新、产品设计,以及应用场景等方面的有助于人工智能、大数据等数字科技发展的社会生态系统,并将科技伦理监管相关内容贯穿其中。

1. 加大数字科技领域的投资力度,夯实数字科技发展基础

为了促进人工智能、大数据等数字科技的发展,我国出台了《新一代人工智能发展规划》《"十四五"大数据产业发展规划》《网络安全产业高质量发展三年行动计划(2021—2023年)》等文件,其中明确提出要加大财政资金支持力度,发挥重大项目等国家科技计划的引导作用,鼓励政府产业基金、创业投资及社会资本的投入,以支持数字科技的发展。其中,政府引导基金投入的领域主要集中在电子及光设备、能源及矿产、IT、生物技术/医疗健康、电信及增值业务,对这五大领域的投资累计均超过了100亿元,占据了所有投资金额的60%(王江璐和刘明兴,2019),这与欧盟的相关投资额仍存在一定差距。在政府研发资金投入上,2020年中国研

发投入强度为 2.40%，与美国（3.45%）及日本（3.27%）相比也存在一定距离。① 中国未来应加大对数字科技领域的资金投入力度，尤其是基础性和关键性技术领域的投入。

2. 积极推动数字科技的广泛应用和协调发展

欧盟积极推动数字科技的广泛应用，欧盟委员会及各成员国政府部门发挥带头作用，积极采用人工智能等数字技术，既实现了公共部门服务效率的提升，又推动了数字科技的广泛应用。例如，欧盟委员会与成员国的政府部门共同采用云服务、自然语言处理、机器学习等技术来应对城市管理、灾难应急等事件。

欧盟注重全域内的数字科技协调发展，陆续推出了《数字化单一市场战略》《塑造欧洲的数字未来》《欧洲数据战略》等战略性文件，并倡导设立数字科技合作机构，如数字创新中枢、泛欧 AI 卓越中心网络及数据共享支持中心等，从而促进欧盟数字科技的发展与合作，弥补成员国之间的"科技鸿沟"。

在推动中国数字科技的广泛应用方面，我国可借鉴欧盟政府部门的相关做法，除有效执行 2018 年国家发展改革委、科技部等发布的《关于促进首台（套）重大技术装备示范应用的意见》对重大技术研发的支持外，还应扩大国产数字科技相关应用的采购和使用，形成全国范围的示范带动作用，促进相关产品国产化率的不断提高及数字科技的广泛应用，早日获得数字科技关键领域的主动权和领导权。

在推动数字科技协调发展方面，我国发展纲要或者规划等文件中较少提出要设立数字科技合作机构，尽管可以建立社会性数字科技合作机构，但是缺乏刚性和整体规划，对数字科技发展的促进作用也有待检验。借鉴欧盟相关经验做法，我国可以加速数字科技合作机构的设立，尝试采取政府所属机构的方式，这样既可以保证国家相关政策的有效实施，也可以指

---

① http://stats.cecd.org/index_aspx? Data SetCode=MSTJ_PUB.

## 第二章
### 欧盟数字科技伦理监管的趋势与启示

导和促进数字科技领域的发展。

3. 加强国际合作与交流，形成广泛参与的合作监管机制

除了形成欧盟整体与成员国、各成员国之间的数字科技伦理合作监管机制，欧盟还注重加强与其他国家和地区的合作与交流，推动合作监管机制的形成。欧盟通过签订贸易合作协议、联合制定监管规则、举办部长级会议及多边论坛等方式来加强国际合作与交流，不断提高欧盟数字科技伦理监管规则的国际认同性。此外，欧盟数字科技伦理监管制度具有一定的"长臂管辖"特征，要求所涉及企业遵守相关的条款，以此来提高欧盟数字科技伦理监管制度的影响力。例如，在数据隐私保护、人工智能可信任性上，欧盟除了要求成员国遵守相应的监管规则，还要求数据流入国家或地区、特定"守门人"企业等均要按照相关监管规则来开展经营活动。

借鉴欧盟数字科技伦理合作监管机制构建的经验，中国应该加强与不同国家或地区及国际组织之间的数字科技伦理监管的合作与交流。在中国出台的《新一代人工智能发展规划》《"十四五"大数据产业发展规划》《网络安全产业高质量发展三年行动计划（2021—2023年）》等促进数字科技发展的相关文件中，"促进国际交流合作"和"参与国际规则或标准制定"是其中重要的保障措施。进一步加强与其他国家或地区及国际组织的合作，应从如下方面着手：一是进一步加深对美国等数字科技伦理监管更为前沿的国家或地区的伦理监管制度建设情况的了解和掌握，通过吸收和借鉴其先进的经验来弥补自身监管的不足和漏洞；二是依托"一带一路"倡议等以贸易合作或交流的方式，将中国的数字科技伦理监管的相关理念或制度推广至其他国家或地区，加强与不同国家或地区之间数字科技伦理监管制度的互认互通，提高影响力与认可度；三是参与联合国教科文组织等国际组织全球性数字科技伦理监管政策的制定中去，提高中国在国际数字科技伦理监管政策制定中的话语权，推动自身和全球数字科技伦理合作监管。

# 第三章　英国数字科技伦理监管的趋势与启示

数字革命和工业4.0促使数字和信息技术渗透到经济领域，成为国家经济增长的核心要素。通过人工智能、大数据、区块链等数字技术与实体经济深度融合，重构新的经济发展模式和治理模式成为当前数字经济快速发展的重要原因。从国际经验来看，英国一直致力于数字化转型，为了促进数字科技的快速发展，发布了《工业战略：建设适应未来的英国》《在英国发展人工智能产业》《国家人工智能战略》《抓住数据机遇：英国数据能力战略》《国家数据战略》《为数字化的未来而转型：2022年至2025年的数字和数据路线图》《英国数字化战略》等战略性文件来对数字科技的发展进行部署和规划，促进数字技术产业和企业数字化转型。但是，随着数字化转型进程的不断深入，数字科技渗透到经济和社会的程度也在不断加深。随着数字科技的应用范围越来越广泛，人们逐渐认识到数字科技可能对社会造成潜在的负面影响。例如，偏见和歧视、不透明的结果、侵犯隐私，以及社会关系的孤立和分裂等。这些问题使数字科技对社会产生了一定的负面影响，引发了英国社会媒体、专家学者和普通大众的广泛讨论。为了更好地保障公民的隐私和安全，英国政府逐渐意识到有必要将数字科技伦理纳入监管范畴，并出台了一系列监管政策和报告，这对中国数字科技伦理监管具有重要的借鉴意义。本章将系统分析英国数字科技伦理监管的总体阶段与基本发展历程、监管主体与政策布局、监管的主要模式与机制等，并对加强中国数字科技伦理的监管提出相应的政策建议。

第三章
英国数字科技伦理监管的趋势与启示

# 一、英国数字科技发展的基本概况

英国一直致力于数字化转型,已经成为全球领先的数字技术创新中心之一。英国政府不断加大对数字技术发展的投入,鼓励和支持数字技术,特别是人工智能、大数据和区块链的创新和发展,并制定了多项政策和计划,以促进数字技术产业和企业数字化转型的发展。从数字产业发展方面来看,英国数字产业已成为英国经济的重要组成部分,占 GDP 的比例逐年增加。该产业涉及多个领域,包括电子商务、人工智能、大数据、金融科技等,并涌现出多家知名企业,如 Deepmind、Swiftkey 和 Babylon 等,这些企业也为英国数字产业的发展做出了重要贡献。良好的发展基础、丰富的资源、政府的大量投入和大力支持、优良的投资环境、众多的数字企业和专业人才,都为英国数字科技的发展提供了坚实的保障。

(一)英国人工智能发展概况

人工智能在英国一直是一个快速发展的领域,在学术界和产业界都取得了重大进展。近年来,英国政府在人工智能研究和开发方面进行了大量投资,伦敦已成为人工智能初创企业和成熟科技公司的中心。牛津大学和伦敦大学学院等学术机构正在引领前沿的人工智能研究,特别是在自然语言处理和机器学习领域。英国还成立了国家数据科学和人工智能研究所——艾伦·图灵研究所,将学术界和产业界聚集在一起,合作进行人工智能的研究和开发。

1. 英国政府的人工智能战略催生出一系列机会

为了更好地促进人工智能的发展,英国推出了多项旨在促进人工智能发展和使用的举措。2017 年,英国政府发布了面向未来 10 年的工业战略白皮书——《工业战略:建设适应未来的英国》,将人工智能和大数据列为面对全球技术革命的挑战，提出了将英国作为全球人工智能创新中心的愿景。英国建立了一个有影响力的人工智能委员会，为制定国家人工智能政策提供建议和指导。该委员会由来自与 AI 相关的各个领域的知名人士组成。2017 年该委员会邀请南安普敦大学计算机科学教授 Wendy Hall 和 Benevelent 科技公司 CEO Jérôme Pesenti 进行独立评估，并发表了评估报告——《在英国发展人工智能产业》。该报告提出了 18 条建议，涉及数据、技术、研究、创新和领导等方面，并且预计到 2035 年人工智能可以为英国经济增加 6300 亿英镑，将国内生产总值的年增长率从 2.5% 提高到 3.9%。2018 年 4 月，英国政府和人工智能行业达成了一项《产业战略：人工智能行业协议》，为人工智能行业提供高达 95 亿英镑的一揽子支持，包括资金、技能、基础设施和道德规范等。2021 年 9 月，英国政府发布《国家人工智能战略》，提出了三大支柱战略，即投资于人工智能生态系统的长期需求、确保人工智能惠及所有行业和地区、有效治理人工智能，并列出了短期、中期和长期将在每个支柱战略下采取的一些关键行动。2022 年 1 月，英国政府宣布了一项新的倡议，由艾伦·图灵研究所牵头，英国标准协会（British Standards Institution）和国家物理实验室（National Physical Laboratory）支持。该倡议的主要目标是促进英国在全球 AI 领域的领导地位，并支持 AI 的创新和负责任的使用。该倡议将建立一个新的 AI 标准中心（AI Standards Hub），为各方提供信息和平台，参与全球 AI 标准的制定。2022 年 7 月，英国发布了人工智能监管政策文件《建立有利于创新的人工智能监管方法》。该文件提出了英国政府对未来"支持创新"和"具体情境"的人工智能监管制度的愿景。该文件概述了六项跨部门的人工智能治理原则，并确认英国政府目前没有计划在英国引入新的立法来监管人工智能。英国人工智能办公室和人工智能委员会、英国内政部、知识产权局、信息专员办公室、政府数字服务局等政府相关部门均参与了人工智能计划。除此之外，英国政府还创建了数据伦理与创新中心，以确保

# 第三章
## 英国数字科技伦理监管的趋势与启示

人工智能的发展和使用符合道德。

2. 英国对人工智能创业的投资信心高

英国拥有高度复杂的人工智能创新生态系统，汇集了投资信心、人才、行业增长和人工智能社区精神。英国伦敦拥有独特的潜力成为创新和安全的国际人工智能合作中心。英国分析公司 InnovationEye 发布的《2021年英国人工智能行业报告》，归纳并概述了英国 20 个人工智能领域和 50 个城市的 2000 多家以人工智能为中心的公司，约 1500 名投资者对这些人工智能公司进行了超过 130 亿英镑的投资。英国人工智能领域的大部分投资都集中在金融科技（25.84%）、营销和广告（22.85%）、医疗保健（12.54%）和娱乐（6.46%）等行业中；在安全（5.88%）和数据分析（5.24%）方面也有大量投资；对政府科技（0.86%）、能源（0.29%）和交通（1.85%）的投资要低得多。在英国 2000 多家人工智能公司中，约有 1300 家公司的总部位于伦敦。

3. 英国形成了一个高度集成的人工智能创新人才生态系统

英国拥有一个高度成熟的人工智能创新生态系统，整合了人工智能产业的所有要素：科学、技术、人才、商业模式，以及有资金支持的创业精神等。英国的人工智能创新和投资生态系统汇集了：

（1）一个创业型的人工智能产业体系。英国是许多蓬勃发展的人工智能初创企业的所在地，如 Deepmind、Swiftkey 和 Babylon 等。这些企业专注于计算机视觉、语音识别、智能医疗和自主系统等领域。除此之外，全球人工智能巨头，如谷歌、Nvidia、AWS、HPE 和 Beyond Limits 等大力投资发展英国的人工智能市场，在英国建立了人工智能研究中心。

（2）英国教育系统、研究基地、顶级人才和人工智能科学系统。英国汇聚了众多来自企业、学术界、智囊团和政策部门的人工智能专家和有影响力的人士。英国在全国的大学中资助了 16 个新的人工智能博士培训中心，在培养和留住 AI 顶尖人才方面投入了大量资金。英国还创建了著名的图灵人工智能奖学金，以吸引和留住世界一流的研究人员。此外，还为人工智能硕士的学习和实习争取到了行业资助。人工智能网络（CogX、Wearable Technology Show、Big Data 和 AI World 等）、智囊团（Ada Lovelace Institute、Big Brother Watch、Institute for the Future of Work、Teens in AI 和 Big Innovation Centre 等）和各党派议会人工智能小组等共同构成了英国人工智能创新人才生态系统。政府、产业、金融和人才系统的有机融合，使得英国形成了世界领先的人工智能社区。

（二）英国大数据发展概况

大数据在英国的发展可以追溯到 21 世纪初，当时企业和组织开始收集和储存大量的信息。随着互联网、云计算和移动设备的广泛应用，个人和组织产生的数据量持续快速增长。英国政府将数据产业视为重要的战略性产业，认为其能够促进经济增长、创造就业机会、提高生产力和创新能力。

1. 英国政府对大数据产业大力支持：发布一系列战略和政策性文件

2012 年，英国政府确定了将推动英国未来发展的"八大技术"：大数据革命和节能计算、卫星和空间的商业应用、机器人和自主系统、合成生物学、再生医学、农业科学、先进材料和纳米技术、能源及其储存。其中大数据和节能计算被认为是英国八项重要前沿技术之首，英国政府对其进行了大力支持。2013 年 1 月，英国宣布对"八大技术"进行总额超过 4.6 亿英镑的新投资，其中 1.89 亿英镑用于大数据和节能计算，投资总额远超其他七大技术，以增强研究基地在地球观测和医学等领域分析大数据集的能力。随后，英国将全方位构建数据能力上升为国家战略，2013 年 10 月发布《抓住数据机遇：英国数据能力战略》，提出了 11 项具体战略，把大数据人力资源、大数据基础设施建设和数据资产作为发展大数据的核心。该战略提出之后，对英国大数据的发展起到了明显的促进作用。2015 年，

# 第三章
## 英国数字科技伦理监管的趋势与启示

大数据为英国经济做出了118亿英镑的贡献，支持了超过140多万个工作岗位。2017年11月，英国发布《工业战略：建设适应未来的英国》白皮书，强调英国应积极应对大数据带来的挑战，推动相关技术的研发与落地。2020年9月，英国数字、文化、媒体和体育部发布《国家数据战略》，为了实现英国国家数据战略的愿景，提出五大支柱战略：①促进数据在经济中的价值释放，通过建立数据市场，支持数据共享和开放，提高数据的质量和可用性；②建立一个有利于增长和受信任的数据制度，通过改革数据保护法规，加强监管协调和合作，推动国际数据流动；③改变政府对数据的使用，以提高效率和改善公共服务，通过建立一个全面的政府数据战略，加强跨部门协作，提升公务员的数据能力；④确保数据基础设施的安全性和韧性，通过制定标准和指南，加强网络安全措施，支持创新技术的发展；⑤为所有人提供数据技能，通过改革教育体系、增加培训机会，增加社会包容性和多样性支持英国对数据的使用，研究英国如何利用现有优势来促进企业、政府和社会对数据的使用。2022年6月9日，英国发布政策文件《为数字化的未来而转型：2022年至2025年的数字和数据路线图》，旨在转变数字公共服务，提供世界一流的技术和系统，并吸引和留住数字人才。除此之外，该文件还强调了中央数字和数据办公室（CDDO）与其他政府部门在制定和实施路线图方面的协作方式。2022年6月13日，英国发布了新版的《英国数字化战略》，旨在将跨政府的科技和数字政策整合到一个统一的路线图中，以确保数字技术、基础设施和数据在未来几年内推动经济增长和技术创新，同时巩固英国作为科技大国的地位。新版《英国数字化战略》主要聚焦于数字基础、创意和知识产权、人才培养和引进、为数字化发展提供资金支持、改善英国经济与社会服务能力，以及提升英国国际地位六大方面，其中在数字基础方面，着重提到英国将推出世界级的数字基础设施，发挥数据的潜能；创建支持创新的监管框架，为人工智能、数据和数字竞争等领域提供监管优势；提供安全的数字环境，同时鼓励投资和创新等。

### 2. 不断扩大的数据市场

英国的大数据产业拥有一个快速增长的市场，英国的数据市场（即从数字化数据中获得产品或服务的收益）是欧洲最大的，在未来几年内具有强大的持续增长潜力。这种增长潜力来自对云计算和数据基础设施的投资的增加，以及对人工智能和机器学习等新技术的采用。2020年，英国数据经济占英国GDP的4%。除了数据驱动的产品和服务（即直接的"数据经济"）的影响，数据的使用在支撑数字交付贸易方面具有更大的作用。英国国家统计局的数据显示，2018年，英国出口了1900亿英镑的数字交付服务（占英国服务出口总额的67%），进口了900亿英镑的数字交付服务（占英国服务进口总额的52%）。金融服务部门是英国较大的大数据采用者之一，金融企业利用大数据来改善风险管理并进行欺诈检测。零售业、医疗保健业和运输业也是对大数据进行大量投资的行业。英国还有许多专注于大数据领域的分析公司，如Mastodon C等。除此之外，英国还有许多关于大数据的大型会议，如Big Data and Data Science、IEEE Big Data Service等，有助于交流探讨大数据的研究与发展。

### 3. 数据基础设施

英国的数据基础设施发挥着重要作用，使企业和组织能够从数据中获得最大价值。英国的数据存储和处理基础设施包括数据中心、云平台、数字平台企业和管理服务提供商等。这些基础设施是英国提供公共服务和支持经济的重要国家资产。

在数据中心方面，由于数据中心存储着组织的关键数据，并保障了日常运营的连续性，因此它们对于像英国这样拥有技术基础设施的国家来说至关重要。据2022年9月发布的报告《英国数据中心市场——2022-2027年投资分析与增长机会》，2021年英国数据中心市场规模为355.8亿美元，预计到2027年将达到551.8亿美元，2022~2027年的年增长率为7.58%。

# 第三章
## 英国数字科技伦理监管的趋势与启示

英国数字平台企业的发展源于 20 世纪 90 年代末期的电子商务平台和在线市场的兴起，随后逐步发展为包括共享经济、零工经济和金融科技等多个领域在内的多样化数字平台企业。这一进程得益于技术进步、消费者需求变化和良好商业环境的相互促进。英国先驱数字平台企业包括 Lastminute.com 和 eBay，而近年来则涌现了 Uber、Airbnb、Deliveroo、Monzo、Skyscanner 和 Zoopla 等知名企业。英国拥有繁荣的创业生态系统和高技能的劳动力队伍，这为数字平台企业的发展提供了良好的支持。未来，英国数字经济仍将保持竞争优势，成为数字平台企业发展的主要参与者之一。

随着英国通过加强数字连接来提升整个国家的经济发展水平，这些基础设施将变得越来越重要。英国释放数据力量的能力取决于其数据使用所依赖的基础设施的安全性和恢复能力。2022 年 7 月，为缓解数据存储和数据处理等数据基础设施的相关风险、更好地支持和管理数据存储和处理等基础设施的供应商，英国政府发布了《数据存储和处理基础设施的安全性和复原力（征求意见）》，以了解英国数据基础设施的情况和潜在风险。

4. 技能人才

2021 年 5 月，英国政府发布的《量化英国数据技能差距》提到，英国数字、文化、媒体和体育部（DCMS）委托 Opinium 进行调研。Opinium 联系了全英国 1045 家企业、5000 名员工和 1000 名接受高等教育或培训的学生进行调研。调研发现，英国企业对数据技能的需求很大，有 178000～234000 个需要硬数据技能的职位在招聘，近一半（48%）的企业正在为硬数据技能的职位招聘合适人员；大学中具有专业数据技能的毕业生的供应是有限的，并且所有接受调查的员工中有一半表示他们在过去两年内没有接受过任何数据技能的培训。随着数据技能变得越来越重要，雇主们正在寻找具有架构、检索和分析大型数据集技能的专业人士。英国数字、文化、媒体和体育部大量的研究表明，英国存在着数据技能差距。英国政府已经在采取行动来解决数据技能差距的问题。英国数字、文化、媒体和体育部和人工智能办公室推出了一个数据科学和人工智能的学位转换课程计划，该计划将在3年内培养至少2500名毕业生。英国教育部也在所有地区推出数字训练营，包括数据分析课程。《国家数据战略》也承诺，政府将测试有效的方法，向所有本科生教授基础数据技能。

（三）英国区块链发展概况

英国区块链技术在过去几年中已经取得了很大的进展。英国政府对探索区块链的潜力采取了积极的态度，并进行了相应的投资，促进区块链的发展和推广。2016年，英国政府成立了英国区块链论坛并发布了《分布式账本技术：超越区块链》，以促进政府、行业和学术界之间的合作，讨论区块链的未来和潜在应用。该论坛旨在鼓励不同利益相关者之间的合作，并帮助建立强大的英国区块链专业人员网络。2017年，政府推出了一个"区块链加速器"项目，为从事区块链项目的初创公司和小企业提供支持和资源。这一举措旨在帮助这些公司发展和扩大业务。2018年，英国财政部、金融行为监管局（FCA）和英格兰银行共同组建"加密资产专项工作组"。2019年，英国金融行为监管局发布了《加密货币资产指南》，该文件指出依据《国家监管活动令》（RAO）或《金融工具市场指令Ⅱ》中的市场监管规定，加密货币资产可以被视为"特定投资"中的"金融工具"。

1. 不断增长的投资信心：区块链创业的热门趋势

英国有一个高度成熟的区块链创新生态系统，将投资信心、人才、行业增长和区块链社区精神融为一体。2021年，英国三大分析公司之一 Big Innovation Center 发布报告《2021年英国区块链行业格局概述：公司、投资者、影响者和趋势》，报告中指出目前英国有18个行业正在开发或使用区块链技术。据统计，超过520家以区块链为中心的公司和250名投资者向这些企业投资了超过16亿英镑的资金。大部分投资都是针对金融技术（17%）和加密货币交易（14%）。相比之下，对政府技术（2.3%）和保

## 第三章
### 英国数字科技伦理监管的趋势与启示

险技术（1.7%）的投资要低得多。

**2. 区块链步入应用阶段**

区块链在多个行业得到应用：从艺术、金融技术到能源，都有案例表明了区块链支持可持续生活的潜力。英国金融部门正在探索将区块链技术用于各种应用，如跨境支付、数字身份验证和安全记录保存等。英格兰银行也在调查基于区块链技术的中央银行数字货币的使用。政府部门如就业和养老金部，环境、食品和农村事务部以及国际发展部也正在开展区块链计划，2021年11月，有15个政府机构参与其中。英国政府的GovTech基金为该领域的发展注入了新的动力。在能源领域，Electron、EDF Energy和Frazer Nash等公司应用区块链技术进行点对点能源交易、微型电网批发交易和能源加密经济。区块链目前也在卫生部门中得到应用，以实现对数据、药品、症状和大流行病传播的跟踪和追踪。在COVID-19大流行期间，英国沃里克地区和埃文河畔斯特拉特福的两家医院应用分布式账本技术（DLT）来监控温度敏感的COVID-19疫苗的储存和供应。此外，区块链技术、数字货币和DLT也正在创意产业中得到应用。佳士得和苏富比是第一批接受区块链技术的拍卖行，它们应用该技术来改善艺术品真实性或原创性的管理。

**3. 高度集成的区块链创新人才生态系统**

英国拥有一个高度成熟的区块链创新生态系统，整合了充满活力和动力的区块链行业科学、技术、人才、创业社区和区位优势等要素。由此，英国的区块链创新和投资生态系统集结了一些重要资源。首先，它有一个创业型的区块链产业体系，正在成为创业金融的"磁石"；其次，来自英国教育系统、研究基地和大学的顶尖人才和区块链科学组织也会聚于此。这些产业、金融和人才系统与区块链智囊团和科技公司协作，在英国建立了世界领先的区块链社区。它们正在缩小研究基础和区块链市场应用之间的差距，并不断增强区块链产业和创业金融之间的联系。

4. 英国区块链的发展与监管机构的发展密切相关

英国成为国际区块链合作中心的潜力巨大，特别是伦敦，因此，政府必须及时采取适当监管措施来巩固这一地位。虽然英国区块链市场和行业发展迅速，但英国监管机构对采用和应用区块链技术方面的监管落后于其他司法管辖区，如直布罗陀和美国，这些司法管辖区对去中心化金融等方面的监管反应更快。因此，英国区块链的监管和政策参与须及时跟上英国区块链行业的发展速度。

## 二、英国数字科技伦理监管的基本概况

（一）英国数字科技伦理监管的演化阶段与发展历程

1. 伦理监管研究与讨论阶段（2012~2017年）

在这一阶段，英国数字科技快速发展，数字科技伦理并不是英国政府监管的重点。但是，随着数字科技的应用范围越来越广泛，人们逐渐认识到数字科技可能对社会造成的潜在负面影响，如偏见和歧视，个人自主权、追索权的剥夺，不透明的结果，侵犯隐私和社会关系的孤立和分裂等。这些问题引发了社会媒体、专家学者和普通大众的广泛讨论。英国政府、学术界和产业界开始意识到数字科技伦理问题的重要性，它们对数字科技伦理问题的基本内涵、应对方式展开了广泛讨论，为下一阶段的制度建立奠定了理论和社会基础。

2012年，英国政府确定了推动英国未来发展的"八大技术"，其中大数据被认为是英国八项重要前沿技术之首。2013年1月，英国宣布对"八大技术"进行总额超过4.6亿英镑的新投资。随后，英国将全方位构建数据能力上升为国家战略，同年10月发布《抓住数据机遇：英国数据能力战略》，提出了把大数据人力资源、大数据基础设施建设和数据资产作为

# 第三章
## 英国数字科技伦理监管的趋势与启示

发展大数据的核心。同年，政府的信息经济战略强调了大数据带来的机遇以及这些机遇所面临的挑战。同时，英国政府和专家学者关注到了大数据发展过程中的风险，特别是在个人数据的存储和处理方面。2014年，下议院科学技术委员会在第15届会议报告《负责任地使用数据》中审查了社交媒体背景下大数据所产生的隐私问题。该报告特别强调，英国在使用社交媒体数据方面已经是全球舞台上的领先者，我们渴望保持这一地位，但前提是能够在确保英国公民个人隐私的同时实现这一目标。之后，下议院科学技术委员会讨论了大数据和人工智能发展过程中对经济和社会的影响以及随之带来的伦理道德问题。2015年，下议院科学技术委员会向健康、营销、金融技术等部门，以及信息专员和其他与数据伦理相关的个人就大数据的机遇和风险进行了调研，收到了80多份书面意见，之后发布了《大数据困境》报告，该报告提到，随着大数据日益成为我们生活中的一部分，数据的匿名化和重复使用正在成为一个迫切需要解决的问题，平衡数据和隐私变得尤为重要。该报告还建议建立一个"数据伦理委员会"，以平衡隐私、匿名安全和公共利益。

之后，随着机器人和人工智能领域取得的一系列进展，对日常生活产生变革性的影响：从无人驾驶汽车和可以帮助医生进行医疗诊断的超级计算机，到可以定制课程以满足学生个人认知需求的智能辅导系统。这些人工智能领域的技术突破引发了一系列社会、伦理和法律问题。2016年3月，下议院科学技术委员会对在机器人和人工智能领域工作的学者、机器人和计算机行业的代表、关注致命自主武器发展的非政府组织、英国研究理事会和英国创新委员会的代表进行调研，听取了12名调研对象的口头报告，收到了67份书面调研报告，就机器人和人工智能技术的发展所引发的社会、法律和伦理问题，以及如何解决这些问题展开讨论，形成报告《机器人与人工智能》。该报告重点阐述了人工智能创新发展过程中的伦理道德困境并探讨了可能的解决途径。报告中关于数字科技伦理的探讨主要集中于人工智能的安全与控制方面。该报告还涉及算法偏见问题，即所有数据驱动的系统都容易受训练数据集选择等因素的影响，这些因素可能反映潜意识的文化偏见。此外，报告还提及了在《大数据困境》中提到的数据隐私、知情权、问责和赔偿责任等。同时，调研对象 TechUK、InnovateUK 等研究机构和一些科技公司等都强调，面对数字科技带来的伦理道德问题，围绕数字科技的监管标准和法律框架没有跟上技术的发展，需要加强公众对话，建立伦理治理框架。由此，该报告建议建立一个常设的人工智能委员会，其中成员应涵盖法律、社会科学、计算机、数学和哲学等专业人士，以研究人工智能对社会、伦理和法律的潜在影响。在此建议下，2017 年 6 月，英国政府成立了人工智能特别委员会。

经过这一阶段政府、研究机构、企业的广泛讨论，英国政府、社会和学术界对以大数据、人工智能为代表的数字科技伦理观念有了一定认识：面对数字科技带来的伦理道德问题，现阶段围绕数字科技的监管标准和法律框架没有跟上技术的发展，需要加强公众对话，制定伦理标准、框架。于是，英国开始了下一阶段的制度设计。

2. 监管架构设计与形成阶段（2018~2020 年）

在这一阶段，英国加快成立数字科技伦理监管机构，由政府部门主导，各部门通过分散式成立相关公共机构、委员会、论坛和小组等，对其管辖区内的数字科技伦理进行理解、分析和初步治理。

2018 年 4 月，英国政府发布了一份受上议院人工智能特别委员会委托的报告《英国的人工智能：准备好、意愿和有能力？》，明确概述了其关于人工智能伦理治理的首个国家级立场："在当前阶段，一刀切地针对人工智能的监管是不合适的。最有能力考量人工智能对特定行业影响并开展后续监管的，是已经存在的针对特定行业的监管机构。"这一官方立场向不同的政府部门和公共机构发出信号，表明它们有责任管理其管辖范围内相关的人工智能、大数据等数字科技公司。自 2018 年起，政府部门和公共机

# 第三章
## 英国数字科技伦理监管的趋势与启示

构开始制定涵盖其特定管辖区的伦理治理措施：

信息专员办公室是这一领域最活跃的机构，在 2018 年 5 月欧盟出台《通用数据保护条例》后，信息专员办公室负责执行。信息专员办公室的法律框架涵盖了数据伦理，有权处以罚款、停止处理个人数据并对数据泄露进行调查。同年 8 月，英国数字、文化、媒体和体育部及政府数字服务局就公共部门的数据使用推出《数据伦理框架》，并于 2020 年进行了进一步的更新。在这一阶段，英国数字科技伦理最重要的咨询研究机构——数据伦理与创新中心成立，就如何以符合道德伦理的方式最大限度地发挥新技术的优势向政府提供建议，并于 2020 年 11 月发布了《对算法决策中的偏见的审查》报告，该报告讨论了英国目前对算法决策和算法伦理的监管情况。2019 年，人工智能办公室和政府数字服务局与艾伦·图灵研究所合作，编制了《理解人工智能伦理和安全》。同年，英国金融市场行为监管局就其所管辖的加密货币发布了《加密货币资产指南》。2020 年，多个数字科技伦理监管机构、论坛和小组相继成立，英国稳步推进数字科技伦理治理。同年 4 月，内阁办公室创建数据标准管理局，专注于开发和执行政府的关键数据标准，并围绕数据伦理原则建立相关社区。同年 7 月，竞争和市场管理局、信息专员办公室和通信办公室成立了数字监管机构合作论坛，该机构旨在促进监管机构在监管数字技术方面的正式协作和更深入的合作。同年 10 月，英国统计局启动了一个包容性数据工作组。该工作组旨在在年龄、性别重新确认、婚姻和民事伴侣关系、怀孕和产假、种族、宗教或信仰、性别和性取向等方面受保护的特征领域改进英国的数据资料。此外，在鼓励公众对话方面，2020 年，人工智能公私论坛和人工智能态度网络相继成立，以促进公共部门、私营部门、学术界和公众之间关于人工智能的对话，探索以最适合的方式与公众接触。

3. 监管制度建设与完善阶段（2021 年至今）

在这一阶段，监管机构密集发布了伦理监管指导意见。英国政府在

2021年发布的《国家人工智能战略》中特别强调，"现在是决定现有的政府部门主导的去中心化的监管方式是否仍然正确的时候了"，并讨论了监管法规的一致性问题。英国在随后发布的一系列人工智能监管政策文件中得出结论，英国应该继续2018年的轨迹，专注于具体情境和非法定治理，建立一套跨部门治理原则。

2021年1月，英国卫生和社会保健部发布了《数据驱动的健康和护理技术行为准则》。该行为准则是一份指南，解决了国家医疗服务系统及健康和护理系统中使用数据驱动技术出现的伦理挑战问题。同年2月，英国安全行业协会发布了《自动面部识别：道德和法律使用指南》，为安全提供商和终端用户使用自动面部识别技术提供了一个道德和法律的框架。政府通信总部发布《开创新的国家安全——人工智能伦理》报告，描述了其在运营中使用AI的方法以及对合乎道德和负责任地使用AI的承诺。同时，英国数字科技伦理监管又一重要机构中央数字和数据办公室由内阁办公室成立，并将数据标准管理局交由政府通信总部管理，政府通信总部负责协调整个政府的数字、数据和技术专业。此外，政府在《政府对上议院人工智能委员会的回应》中进一步讨论了数据伦理与创新中心在促进人工智能伦理发展和部署中应该扮演的角色，强调了人工智能伦理的重要性以及政府在人工智能伦理监管中的主导作用，认为CDEI除了在国内，在国际上也应扮演重要角色，建立国家标准。同年3月，英国统计局成立应用数据伦理中心并发布《统计数据伦理政策》，为统计数据在数据伦理应用方面提供实际支持和思想领导，并于2022年4月进一步更新。同年4月，英国金融行为监管局成为数字化监管合作论坛的正式成员。同年9月，英国政府启动了对《通用数据保护条例》《2018年数据保护法》和《隐私和电子通信条例》等现行主要数据法规修正的咨询。英国政府还发布了《国家人工智能战略》，在有效治理人工智能战略中指出，通过数据伦理与创新中心工作的开展来解决算法决策中的偏见问题。

## 第三章
### 英国数字科技伦理监管的趋势与启示

2022年2月,人工智能公私论坛发布了《人工智能公私论坛最终报告》,该报告针对金融服务人工智能模型的偏见、公平和伦理进行了专题讨论。同年6月,英国政府公布了《数据:新的方向——政府对公众咨询的回应》,提出了各种广泛的改革,囊括了一系列涉及数据保护管理与问责、数据泄露报告、人工智能规制、国际数据传输、数据访问规则、ICO机构调整等的重要领域。同年7月,英国政府发布了《建立有利于创新的人工智能监管方法》,该文件提出了英国政府对未来"支持创新"和"具体情境"的人工智能监管制度的愿景,建议延续之前的监管模式,构建一个"有利于创新的人工智能治理框架"。2023年3月,英国发布《促进创新的人工智能监管方法》白皮书,提出了人工智能在各部门的开发和使用中都应遵守的五项跨部门伦理原则,日后将由各监管部门根据具体情况在该五项原则的基础上对各领域的最佳实践发布指南,跨部门人工智能伦理治理原则初步制定。

(二)英国数字科技伦理监管的关键主体及其监管职能

通过对英国数字科技伦理关键监管主体的梳理发现,英国已形成政府部门主导、政府部门与跨政府组织上下联动、去中心化的数字科技伦理监管体系,如图3-1所示。

1. 政府部门和公共机构

政府部门和公共机构是英国数字科技伦理监管的主体,主要通过发布伦理监管指导意见对其管辖区内的数字科技伦理进行规范和引导。

目前,英国人工智能伦理监管的关键主体为数字、文化、媒体和体育部,商业、能源和工业战略部,内政部和外交、联邦和发展办公室及其下属的六个公共机构:第一,数据伦理与创新中心成立于2018年,是英国推动负责任和伦理创新的前沿阵地,其就如何以符合道德伦理的方式最大限度地发挥新技术的优势向政府提供建议。数据伦理与创新中心发布了《数

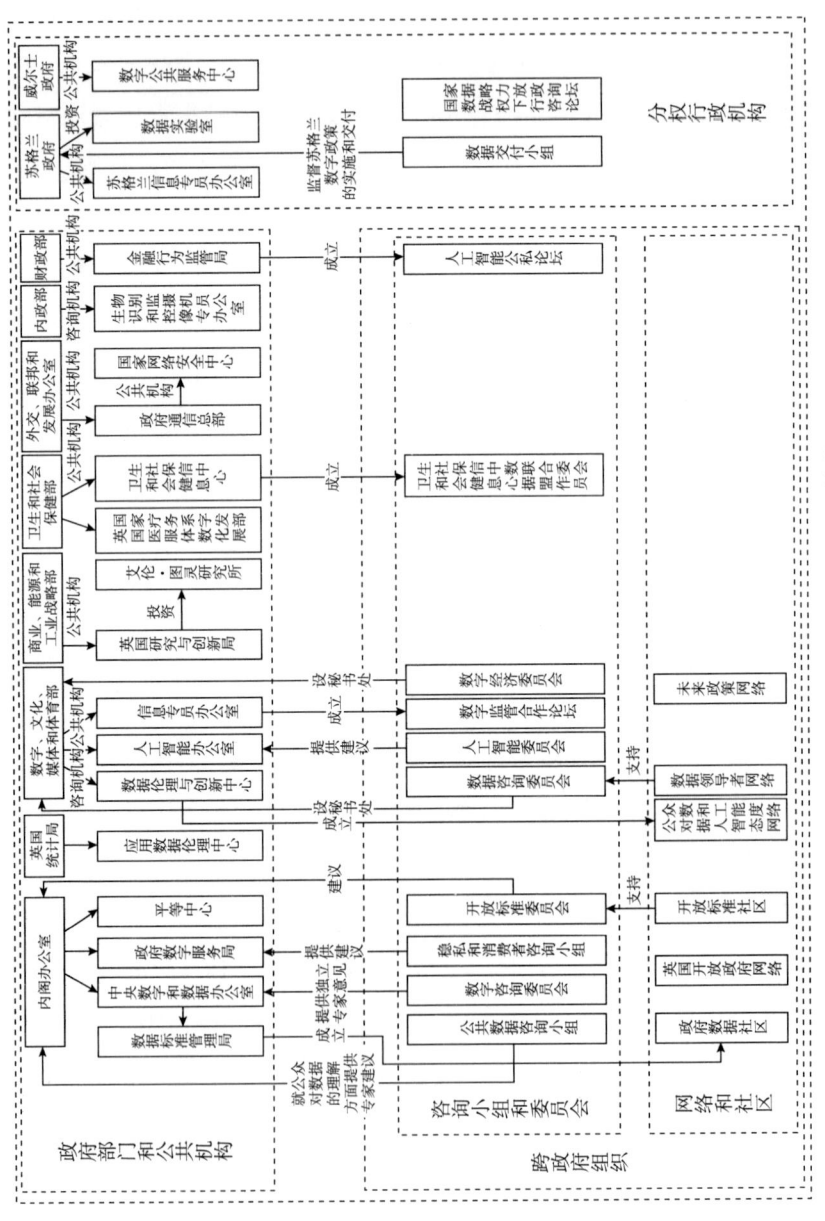

图 3-1 英国数字科技伦理监管体系

资料来源：笔者整理而成。

# 第三章
## 英国数字科技伦理监管的趋势与启示

据中介、隐私增强技术》和《公众对算法透明度的态度》等研究报告。第二，人工智能办公室负责监督政府产业战略中关于人工智能的重大挑战，致力于"推动人工智能技术的负责任和创新应用，造福每个英国人"，并于2021年9月发布了《国家人工智能战略》。第三，信息专员办公室是"英国致力于维护公共利益下的信息权利，促进公共机构的公开透明和保护个人数据隐私的独立机构"。第四，艾伦·图灵研究所的数据科学和人工智能公共政策项目与超过85个公共组织（中央政府、地方政府、监管机构和其他机构）合作，开发使用数据、数据科学和人工智能的方法，以改善政策制定、服务设计和监管，并促进政府创新。艾伦·图灵研究所已经开展了广泛的研究，与人工智能办公室和政府数字服务局合作制定了英国公共部门人工智能伦理使用的官方指南《理解人工智能伦理和安全》。第五，生物识别和监控摄像机专员办公室成立于2012年，发布了《监控摄像头实践守则》《警察使用人脸识别伦理指南》等警察使用人工智能技术相关的指导规范。第六，政府通信总部在2021年2月发布了《人工智能的伦理：开拓新的国家安全》，在严格的立法管辖下使用一系列方法来收集认为有情报价值的通信和数据，并判断其是否会威胁国家安全。

大数据伦理监管的关键主体为内阁办公室、英国统计局与卫生和社会保健部及其下属的六个公共机构：第一，中央数字和数据办公室是一个2021年初成立的单位，负责协调整个政府的数字、数据和技术专业，提出了公共部门的《数据伦理框架》。第二，数据标准管理局专注于开发和执行政府的关键数据标准，并围绕政府的数据建立社区。第三，政府数字服务局是英国政府数字化转型的先锋，负责协调政府部门与民间组织、私营部门、工作小组、多边机构之间的相关事宜，并作为执行机构推进政府数据开放和伦理监管。第四，平等中心下设残障人士部门、政府平等机会办公室、种族不平等部门，并提出相关人士的数据平等计划。第五，应用数据伦理中心是2021年成立的机构，旨在"为研究和统计数据在数据伦理应用方面提供实际支持和思想领导"。该中心还与联合国经济委员会合作，以实现机器学习在统计应用方面的伦理监管。第六，英国国家医疗服务体系数字化发展部是一个推动医疗服务数字化转型的部门，发布了《健康和社会保健数据战略》，以对医疗数据进行伦理监管。

区块链伦理监管的关键主体为财政部及其下属的英国金融市场行为监管局。2019年，英国金融市场行为监管局就其所管辖的加密货币发布了指南性文件《加密货币资产指南》，并计划推出一个监管加密货币的方案。

2. 跨政府组织

跨政府组织在英国数字科技伦理监管中主要是协同者的角色，由咨询小组、委员会、网络和社区通过论坛和咨询小组等形式与政府部门联动，协同监管。其主要包括九个组织：第一，人工智能委员会是一个由独立成员组成的非法定专家委员会，旨在向政府和人工智能生态系统的高层领导提供建议。该委员会于2021年1月发布了人工智能路线图，建议政府制定国家人工智能战略，这一关键建议得到推进。第二，人工智能公私论坛由英格兰银行和金融行为监管局在2020年10月成立，以促进公共部门、私营部门和学术界之间关于人工智能的对话，目的是分享信息，加深对人工智能伦理的集体理解，并探索如何支持人工智能在金融领域的安全运用。第三，公众对数据和人工智能态度网络是数据伦理与创新中心为了增加公众参与度于2020年建立的，使其能够通过该网络与公众接触并成立调查研究、协商对话和焦点小组，社交媒体分析和行为洞察小组等。第四，公共数据咨询小组就公众对数据伦理的理解方面向内阁办公室提供专家建议。第五，隐私和消费者咨询小组主要讨论如何为消费者访问公共服务提供简单、可信赖、保护隐私和数据安全的访问方式，并向政府提供建议。第六，开放标准委员会是与内阁办公室合作并负责实施透明数据开放标准的机构。内阁办公室在开放数据标准流程中接受开放标准委员会的建议。第七，数据咨询委员会负责监督公共部门的数据使用，委员会的秘书处设在

# 第三章
## 英国数字科技伦理监管的趋势与启示

数字、文化、媒体和体育部内。数据咨询委员会是公共机构的高级委员会,不仅负责推动政府更好地使用数据还负责国家数据战略的管理,监督和推动战略重点的实施,解决阻碍有效使用数据的关键交叉问题。第八,数字监管合作论坛旨在加强在线监管的合作,其成员包括英国竞争与市场管理局、信息专员办公室、通信办公室和英国金融行为监管局。数字监管合作论坛基于这些机构之间的工作联系,旨在确保更高水平的合作,应对在线平台监管所面临的独特挑战。第九,数字经济委员会是一个由独立成员组成的非法定咨询委员会,旨在向政府提供建议。其目的是利用行业和科技界的专业知识,发展一个世界领先的数字经济,为每个人服务。数字经济委员会将就英国科技部门的优先事项、机遇和挑战,以及更广泛的数字和科技政策,向政府部门提供建议,为产业界、学术界和政府之间的公开对话和思想交流提供一个平台。

3. 分权行政机构

英国对数字科技伦理监管的主体还包括分权行政机构,如苏格兰政府和威尔士政府等。英国分权行政机构及其下属的公共机构对数字科技伦理监管有较大程度的自主权,政策制定有些时候比中央政府更快、更及时。如苏格兰政府于2017年就出台了数字战略《在数字世界中实现苏格兰的潜力》以及2021年3月发布了《苏格兰人工智能战略》,威尔士政府也发布了《威尔士数字战略》。

(三) 英国数字科技伦理监管的政策布局

英国数字科技伦理的监管政策主要布局在人工智能、大数据等领域,通过相关政府部门和公共机构,在相关法律和政策下,发布公共部门和不同产业涉及相关数字科技伦理的监管框架和指南。

1. 面向人工智能伦理的监管政策布局

英国政府对人工智能伦理监管政策的制定与布局非常重视,提出了英国人工智能伦理监管的核心原则。2018年4月，英国政府发布《英国的人工智能：准备好、意愿和有能力？》。该报告基于200多位行业专家的证据，提出五项核心原则，旨在指导和告知人工智能伦理。第一项原则认为，人工智能的开发应该是为了人类的共同利益。英国必须积极塑造人工智能的开发和利用，并呼吁建立"共享的人工智能伦理框架"，明确如何最好地利用这项技术造福个人和社会。第二项原则关注人工智能的透明度和公平性，并呼吁公司和组织提高其人工智能系统的决策透明度。第三项原则认为，人工智能不能削弱个人、家庭或社区的数据权利或隐私，呼吁政府积极审查在英国运营的大型科技公司对数据的使用和潜在垄断。第四项原则规定所有人都有权接受教育，并有权在人工智能的帮助下发展精神、情感和经济。对于儿童来说，这意味着从小就应学习如何使用AI，并与AI一起工作；对于成年人而言，该报告呼吁政府投资于技能和培训，以消除人工智能对就业市场造成的破坏。第五项原则认为，与对杀手机器人的担忧一致，善意的AI研究很可能会被滥用来伤害人类，人工智能不能赋予伤害、毁灭或欺骗人类的能力。

在这一核心原则的指导下，2021年2月《政府对上议院人工智能特别委员会的回应》指出，应该将讨论从"什么是人工智能伦理"转向"如何在AI系统的开发和部署中注入伦理"。其建议，英国数据伦理与创新中心应该建立和公布人工智能伦理的国家标准，这些标准应该包括两个框架：一个是开发过程中关于人工智能伦理的框架，另一个是关于政策制定者和企业符合伦理的AI使用框架。这两个框架应该反映出每个AI使用阶段的不同风险。目前，英国虽然尚未建立人工智能伦理的国家标准，但也制定了多项政策和举措来规范人工智能伦理，包括公共部门人工智能伦理框架和跨部门人工智能伦理治理原则等。这些政策旨在确保以负责任和合乎伦理的方式开发、使用和部署人工智能系统，以保护个人的权利和自由。其中，英国艾伦·图灵研究所发布了《理解人工智能伦理和安全》指

# 第三章
## 英国数字科技伦理监管的趋势与启示

南。该指南为目前英国公共部门关于人工智能伦理和安全主题的最全面的指南，它识别了人工智能系统的潜在危害，并提出了具体、可操作的措施。该指南指出人工智能项目应该优先考虑以下四个目标：①道德允许，考虑项目对受影响的利益相关者和社区的福祉产生的影响；②公平和非歧视，考虑项目对个人和社会群体产生歧视性影响的可能性，注意减轻可能影响模型结果的偏见，并在整个设计和实施生命周期中注意公平问题；③值得公众信赖，尽可能保证项目的安全性、准确性、可靠性和稳健性；④合理的，优先考虑如何设计和实施模型的透明度，以及它的决策和行为的合理性和可解释性。该指南提供了一个实用的人工智能伦理框架和一套可操作的原则，以衡量公共部门人工智能项目的公平性（数据公平、设计公平、结果公平、实施公平）、问责制、可持续性和透明度，确保人工智能项目公平并防止偏见或歧视，帮助公共部门设计、实施和监督符合伦理和安全标准的人工智能系统。

2022年7月，英国政府发布了《人工智能监管政策文件》。该文件提出了英国政府对未来"支持创新"和"具体情境"的人工智能监管制度的愿景，建议构建一个"有利于创新的人工智能治理框架"。该文件概述了六项跨部门的人工智能治理原则：安全使用原则、透明度和可解释性原则、公平性原则、法人责任原则、问责制原则及竞争和补救原则，并确认英国政府目前没有计划在英国引入新的立法来监管人工智能。2023年3月，英国发布《促进创新的人工智能监管方法》白皮书，进一步提出人工智能在各部门的开发和使用中都应遵守的五项跨部门伦理原则"安全、安保和稳健性，适当的透明度和可解释性，公平，问责制和治理，竞争和补救"。

在重点领域人工智能伦理监管政策的布局方面，英国针对算法伦理和人脸识别等进行了政策布局。2020年11月，英国数据伦理与创新中心发布了《对算法决策中的偏见的审查》报告，该报告关注英国当前对算法决策和算法伦理监管的情况，并提出了解决算法偏见的关键发现和挑战。

2021年9月，英国《国家人工智能战略》在有效治理人工智能战略中指出，通过数据伦理与创新中心工作的开展来解决算法决策中的偏见问题，种族和民族差异委员会建议对所有应用算法的公共部门组织实施强制性的透明度规定，这些算法对个人的重大决策有影响，强调以负责任的方式管理人工智能系统的重要性，以提高对其使用的整体信任。同时，中央数字和数据办公室正在研究，根据《国家人工智能战略》的承诺，制定一个跨政府的算法透明度标准。到目前为止，还没有其他国家在国家层面上制定算法透明度的标准，这一领域的主动透明将使英国未来在开放数据和数据道德方面保持领先。同年，英国安全行业协会发布了《自动面部识别：道德和法律使用指南》，为安全提供商和终端用户使用自动面部识别技术提供了一个道德和法律的框架。这份指南涵盖了数据保护、人权、同意、透明度、问责、准确性和偏见等方面的主题，介绍了自动面部识别技术的法律和道德原则。

**2. 面向大数据伦理监管的政策布局**

英国面向大数据伦理的监管基于国家战略层面，推出了多项政策、倡议和咨询，进行战略布局。2020年9月，英国数字、文化、媒体和体育部发布《国家数据战略》，提出了五大支柱战略。其中，第三大支柱战略中提到英国政府需要在五个关键领域推动变革，其中一个关键领域是伦理和公众信任。只有在一个透明、有保障的伦理框架下发展，才有可能持续建立和保持公众对政府使用数据的信任。在这一战略思想指导下，中央数字和数据办公室联合政府数字服务局制定了《数据伦理框架》。《数据伦理框架》指导政府和更广泛的公共部门以适当和负责任的方式使用数据。该框架适用于公共部门中直接或间接从事数据工作的所有人，包括数据从业人员（如统计员、分析师和数据科学家）、政策制定者、业务人员等。

同时，遵循《国家数据战略》所确立的"更好地利用数据帮助各种组织（包括公共部门、私营部门和第三部门）取得成功"的主旨精神，英国

# 第三章
## 英国数字科技伦理监管的趋势与启示

在正式脱离欧盟后着手对数据保护法进行改革。2022年6月17日，英国政府公布了《数据：新的方向——政府对咨询的回应》。该咨询最初是在2021年9月10日启动的。它提出了各种广泛的改革，囊括了一系列对《通用数据保护条例》《2018年数据保护法》和《隐私和电子通信条例》等英国现行主要数据法规详细且全面的修正建议，包括：①减少负责任的创新障碍：建议制定数据控制者正当利益清单，简化尖端技术研发时的数据使用规定，允许数据主体对更广泛的科学研究领域给予支持，明确数据匿名化的法定标准等；②减少企业的负担，为人们提供更好的结果：建议根据企业规模调整数据保护程序，调整企业报告数据泄露的门槛；③促进贸易，减少数据流动的障碍：建议与其他经济体达成新贸易协议，优化数据转移规则，授权企业开发数据传输机制等；④提供更好的公共服务：引入隐私管理方案来强调组织的问责原则，强调组织责任、风险管理、透明度和员工培训；⑤改革信息专员办公室：设立独立的ICO董事会和首席执行官，简化投诉处理程序，支持部门和企业创新负责任地使用个人数据，取消数据保护官员、数据保护影响评估和处理活动记录等。

大数据伦理监管政策的重点领域布局主要集中于公平性和消除偏见方面。《数据伦理框架》指出公平性是指消除数据项目对个人和社会群体产生意外歧视性的影响，减少可能影响数据模型结果的偏见，确保项目数据及其结果尊重个人尊严、公正、非歧视性的、符合公共利益、人权和民主价值。《理解人工智能伦理和安全》提出了数据公平的五大关键因素：①代表性。数据样本中弱势群体或受法律保护群体的欠代表或过度代表可能会导致对弱势利益相关者在训练模型的结果中产生系统性不利影响。②适合目的和充分性。如果数据样本不足以充分反映所要分类的人群的资格属性，可能会导致不公平的结果。③数据来源的完整性和测量精度。偏见可能从数据提取和收集过程的最初阶段开始产生，数据来源和测量仪器都可能引入数据集中的歧视因素。④及时性和最新性。如果数据集包含过时的数据，基础数据分布的变化可能会对训练模型的可推广性产生不利影响。为了避免歧视性结果，应仔细审查构成数据集的所有元素的及时性和最新性。⑤相关性和适当性。为了建立一个稳健和无偏见的人工智能系统，理解和利用最合适的数据来源和类型是非常重要的。人工智能公私论坛发布的《人工智能公私论坛最终报告》就谁应负责从数据集和模型中消除偏见、监管机构如何确保企业适当地评估偏见和公平性，以及社会规范和数据收集方法的变化如何影响数据的分类和代表性三个方面进行了专题讨论，并提出没有简单的方法可以定义应该从数据集和模型中排除的特征列表，监管机构需要在整个模型开发生命周期中定义、衡量和评估偏见及公平性的标准。

3. 面向区块链伦理监管的政策布局

目前，英国没有针对特定行业量身定制的区块链伦理的具体政策规定，而是依赖于适用所有数字技术的一般法律法规。如规范个人数据处理的《通用数据保护条例》和《2018年数据保护法》，以及涵盖电子合同和商业交易的《2002年电子商务（EC指令）条例》。

不过，一些监管机构发布了关于在特定行业使用区块链技术的指南。例如，英国金融监管机构金融行为监管局发布了关于在金融服务中使用区块链和分布式账本技术的指南。该指南涵盖反洗钱、消费者保护和网络安全等。金融行为监管局还要求金融公司建立健全风险管理系统，以确保客户数据和资金的安全。国家卫生服务局建立了一个区块链实验室，探索区块链技术在医疗保健领域的应用，试验基于区块链实现患者数据共享、药品供应链管理等。国际贸易部推出了区块链贸易融资平台，旨在提高国际贸易交易的效率和透明度。英格兰和威尔士慈善委员会发布了关于在慈善领域使用区块链技术的指南，涵盖透明度、问责制和公众对慈善机构的信任等主题。值得注意的是，区块链技术的监管环境在不断发展，英国政府可能会在未来发布针对区块链伦理的具体政策。

第三章
英国数字科技伦理监管的趋势与启示

## 三、英国数字科技伦理监管的主要模式与机制

经过多年的发展，英国数字科技伦理监管已经形成了政府部门主导、政府部门与跨政府组织上下联动、多中心、分散式的监管模式与机制。

（一）政府部门主导，政府部门与跨政府组织上下联动型监管

2018年4月，上议院人工智能特别委员会报告《英国的人工智能：准备好、意愿和有能力？》得出结论，在当前阶段"一刀切"地针对人工智能的监管是不合适的。最有能力考量人工智能对特定行业影响并开展后续监管的，是已经存在的针对特定行业的监管机构。随后政府部门开始制定涵盖其管辖区的伦理治理措施，政府部门和公共机构在数据伦理框架、人工智能伦理框架、应用数据伦理、加密货币资产指南、算法决策偏见审查、数字监管机构合作、包容性数据等领域发布指南，形成了数字科技伦理治理的初步框架。

此外，咨询小组和委员会、网络和社区等跨政府组织通过设立秘书处，向政府部门提供建议以及开放社区等方式，同政府部门上下联动，共同参与对数字科技伦理的监管和规范。例如，数据伦理与创新中心通过创建公众对数据和人工智能态度网络与公众接触。英格兰银行和金融行为监管局成立了人工智能公私论坛，以促进公共部门、私营部门和学术界之间关于人工智能的对话。这种模式使得政府部门在监管过程中起主导作用，并与跨政府组织形成有效的联动关系。

（二）多中心、分散式监管

英国政府在2022年发布的《人工智能监管政策文件》中提到，英国针对数字科技伦理的监管是一种去中心化的、多中心分散式的监管模式。

该方法与欧盟的人工智能法案提案不同，英国提出的去中心化的人工智能监管方法主要是利用现有监管机构的经验和专业知识，通过发布指导意见来强调适用于各个部门的相关伦理监管要求，以应对技术变革。

1. 不设集中监管机构

英国政府认为，建立一个具有新任务和执法权力的集中监管机构来监管所有部门的数字科技伦理可能会存在困难和挑战。这是因为各个部门的数字科技应用场景和监管需求各不相同。相反，英国政府计划利用现有部门监管机构的经验和专业知识，来实现多中心的分散型监管模式。这种监管模式意味着不同的监管机构将负责监管各自领域内的数字科技伦理。例如，对于医疗领域的数字科技伦理，由英国国家医疗服务体系数字化发展部和英国卫生和社会保健部负责监管；对于金融领域的人工智能伦理治理则由金融行为监管局负责监管。这样一来，每个监管机构可以更加专注于自己领域内的人工智能应用，提供更具体的伦理监管要求和建议。

2. 利用现有监管机构的经验和专业知识

英国政府要求现有部门监管机构利用其经验和专业知识发布伦理监管指导意见，强调适用于它们所监管的企业。这种方法的优点在于可以利用现有监管机构的经验和专业知识，为企业提供更具体的指导和建议。此外，该方法还可以帮助企业更好地理解和遵守监管要求，减少不必要的监管成本和风险。当企业在遵守监管要求方面遇到困难或存在争议时，也可以向监管机构咨询和寻求帮助。

3. 分散式的监管模式更适应技术变革

英国政府希望多中心、分散式的数字科技伦理监管模式能更加适应技术变革，保持监管与技术发展的同步性和协调性。随着人工智能等数字科技的发展，监管要求需要不断调整和更新。多中心、分散式的监管模式可以灵活应对技术变革，每个监管机构可根据自己管辖的领域进行及时更新、发布新的伦理监管要求和指导意见，有助于防止监管滞后和过度监管。

# 第三章
## 英国数字科技伦理监管的趋势与启示

（三）不依赖单一主要法规的监管

《人工智能监管政策文件》确认英国政府目前没有制定引入新的法规来监管人工智能。与欧盟相对僵化的数字科技伦理监管方式相比，英国采取的不依赖单一主要法规的数字科技伦理监管方式提供了更轻松灵活的监管方法。

虽然不依赖单一主要法规的数字科技伦理监管体系更适应技术变革，但与集中化的监管相比，也存在监管一致性较差的问题。为此英国政府希望制定一套跨部门的数字科技伦理治理标准作为数字科技伦理监管体系的补充。《政府对上议院人工智能特别委员会的回应》建议英国数据伦理与创新中心应该建立和公布人工智能伦理的国家标准，这些标准应该包括两个框架：一个是开发过程中关于人工智能伦理的框架；另一个是关于政策制定者和企业符合伦理的使用 AI 的框架。这两个框架应该反映出每个 AI 使用阶段的不同风险。《人工智能监管政策文件》概述了六项跨部门的人工智能治理原则草案。《促进创新的人工智能监管方法》进一步提出了人工智能在各部门的开发和使用中应遵守的五项跨部门伦理标准：安全、安保和稳健性，适当的透明度和可解释性，公平，问责制和治理，竞争和补救。

（四）自主式监管

英国数字科技伦理监管将部分监管权力下放至分权行政机构——苏格兰政府、威尔士政府和北爱尔兰政府，使得这些政府在某些数字科技领域拥有高度的政策自主权。下放的权力包括一些与人工智能等数字科技相关的政策领域，如医疗保健、教育和金融领域等，而包括数据保护在内的其他领域则"保留"在英国议会及政府。基于此，英国数字科技伦理部分监管权力的下放促使苏格兰政府在 2021 年 3 月发布了《苏格兰人工智能战略》。英国政府通过权力下放的方式，将监管权力下放给特定行业监管机构和地方议会，同时积极推动国际合作，建立全球范围内的人工智能等数字科技的治理框架。这些措施有助于确保数字技术的使用符合公众利益和伦理原则，同时也为英国在全球范围内的竞争提供了优势。

## 四、英国数字科技伦理监管对我国构建数字科技伦理监管体系的启示

（一）政府制度设计的经验启示

在数字科技伦理监管的政府制度设计层面，虽然英国没有制定新的法规来对人工智能等数字科技可能涉及的伦理风险进行监管，但英国政府通过上议院人工智能特别委员会提出了人工智能伦理的五项核心原则。在这一核心原则的指导下，英国持续推出关于数字科技伦理监管的政策，呈现出连续性。2021年2月《政府对上议院人工智能特别委员会的回应》中指出，应该将讨论从"什么是人工智能伦理"转向"如何在AI系统的开发和部署中注入伦理"，建议英国数据伦理与创新中心应该建立和公布人工智能伦理的国家标准。2022年7月，英国政府发布了《人工智能监管政策文件》。该文件概述了六项跨部门的人工智能治理原则，提出了英国政府对未来"支持创新"和"具体情境"的人工智能监管制度的愿景，建议构建一个"有利于创新的人工智能治理框架"。2023年3月，英国发布《促进创新的人工智能监管方法》白皮书，进一步提出了人工智能在各部门的开发和使用中都应遵守的五项跨部门伦理标准。可以看出，英国在数字科技伦理监管制度设计上虽然不依赖单一主要法规，但是提出的跨部门治理原则和标准可以在政策制定中提高协调性和一致性，避免各部门因为监管

# 第三章
## 英国数字科技伦理监管的趋势与启示

角度和标准不同而出现冲突。

中国在数字科技伦理监管的制度构建和政策设计过程中,一方面,可以借鉴英国政府在制定数字科技伦理治理原则时,统筹多个监管机构和部门的意见来设计制度,这种协作方式为数字科技伦理监管提供了更全面的视角和更广泛的参与,可以鼓励相关部门和机构之间进行跨部门合作,制定跨部门科技伦理治理原则,更好地应对数字科技的挑战和问题;另一方面,英国政府还建议英国数据伦理和创新中心建立和公布人工智能伦理的国家标准,这些标准包括人工智能伦理的框架和政策制定者及企业符合伦理地使用 AI 的框架。中国可以考虑在人工智能伦理方面制定国家标准,为企业和政策制定者提供参考,推进人工智能产业的健康发展。这些经验和借鉴可以为中国在数字科技伦理监管方面提供指导和参考,更好地推动数字科技的发展和社会的进步。

(二) 监管模式设计的经验启示

在监管模式设计方面,英国对数字科技伦理主要采用政府部门主导,政府部门与跨政府组织上下联动、多中心、分散式的监管模式。具体来说,从整体来看,英国政府部门之间建立了协作机制,共同对数字科技伦理进行监管和规范。这些政府部门在数据伦理框架、人工智能伦理框架、应用数据伦理、加密货币资产指南、算法决策偏见审查、数字监管机构合作、包容性数据等领域进行了研究并发布报告,形成了数字科技伦理治理的初步框架。它们利用各自的专业知识和优势,互相协调、支持和补充,形成了一个有机的监管网络。从分类的角度来看,英国的政府部门等监管主体避免"一刀切"式的监管,对人工智能、大数据、区块链等数字科技进行分类,由不同的监管主体进行科学分类监管。鉴于此,英国数字科技的监管模式设计对中国有如下经验启示。

1. 构建分类监管体系

中国可以根据数字科技应用场景和监管需求的不同,建立适当的监管机构，以实现针对性监管。例如，对于医疗领域的数字科技伦理，可以建立类似于英国国家医疗服务体系数字化发展部的机构。对于统计数据领域，可以仿照英国统计局建立国家统计数据伦理咨询委员会和应用数据伦理中心。针对性地对相关行业的数字科技伦理进行监管，提高监管效率。多中心、分散式的数字科技伦理监管方法可以更灵活地应对技术变革，因为每个监管机构可以根据自己管辖领域的需要及时更新和发布新的监管要求及指导意见。这种方法也有助于防止监管滞后和过度监管，保持监管与技术发展的同步性和协调性。中国监管部门可以根据自身情况和需求，加强本部门所管辖领域和行业对数字科技伦理监管的研究和技术支持，不断完善监管体系，避免"一刀切"，利用现有的专业知识和经验，采用灵活的监管方法，不断完善数字科技伦理监管体系以适应数字科技的快速发展。

2. 建立跨政府组织协作机制

中国应建立数字科技伦理监管的跨政府组织协作机制，协同推进数字科技伦理监管工作。各部门可以根据自身职能，建立相应的工作组、咨询小组、委员会、公众论坛、网络和社区等跨政府组织共同研究数字科技伦理治理问题，探索讨论应对措施。此外，应该注重跨部门和跨领域的合作，整合各方资源，推进数字科技伦理治理的有机融合，这样可以避免监管上的重复和漏洞，提高数字科技伦理监管的效率和质量。建立跨政府组织协作机制是数字科技伦理监管的必要举措，可以为中国数字科技伦理监管提供有益的经验借鉴。通过政府部门与跨政府组织之间的协作，整合各方资源，共同推进数字科技伦理治理，将有助于保障公众权益和社会稳定。

（三）多利益主体参与的经验启示

英国在数字科技伦理监管过程中将监管权力下放给特定行业监管机构

# 第三章
## 英国数字科技伦理监管的趋势与启示

和地方议会，使其能够管理其管辖范围内的人工智能等数字科技，让地方政府和企业在数字科技伦理监管的过程中拥有更多的自主权和政策空间。这一数字科技伦理监管模式不仅可以更好地满足地方实际需求，还可以让地方政府和企业更加主动地参与数字技术的发展和应用，并且根据实际情况对数字技术进行更为精细和有效的管理。此外，英国政府在数字科技伦理监管方面强调多利益主体的参与，包括公众、行业专家、学者等。例如，2020年，英国数据伦理与创新中心创建了公众对数据和人工智能态度网络，使它们能够通过网络更好地与公众接触。这有助于建立一个更加开放和包容的监管体系，更好地保障公众利益。

中国在数字科技伦理监管的制度构建过程中，可以赋予地方政府和企业更多的自主权和责任，更好地促进数字技术在各个地区的普及和发展。由于不同地区的经济、文化和需求存在差异，地方政府和企业更加了解本地实际情况，因此能够更灵活地制定数字科技伦理规范，以更好地适应本地区的实际情况和需求。这也可以促进数字技术在不同地区之间的交流和合作，实现资源共享和互惠互利，从而推动数字化转型和经济发展的全面升级。此外，借鉴英国的模式，不能仅从政府或企业的角度出发，而是应该全面考虑多方利益主体的需求，建立包容性和多元化的伦理监管框架。政府可以与企业、社会公众、专业机构、研究人员等各方联动，共同制定数字科技伦理监管政策，以确保公正、透明、负责任和可持续的数字科技发展。中国可以根据自己的情况，针对不同行业和应用场景建立数字科技伦理指南和规范，包括面向不同行业和应用场景的数据保护、人权、公平性、透明度、问责、准确性和偏见等方面的规范和建议，以指导企业和公民的数字科技伦理行为，保障公民的权益和创造更好的商业环境。这些指南和标准的制定还可以促进企业的社会责任意识，加强其对数字科技伦理问题的重视，从而进一步推动数字科技产业的健康发展。

# 第四章　澳大利亚数字科技伦理监管的趋势与启示

数字科技的发展在过去数十年中取得了令人瞩目的进展，对我们的生活方式、商业模式和社会结构产生了深远的影响。澳大利亚作为一个数字科技领域的重要参与者，在数字支付、制造业、人工智能和创新支持政策等领域都取得了显著的成就，为数字科技产业的繁荣和创新提供了坚实的基础。来自澳大利亚政府机构、独立研究机构和权威机构的报告和研究表明，澳大利亚的固定宽带网络覆盖率达到了98.5%，移动宽带覆盖率达到了99.8%；澳大利亚在数字化能力和科技创新方面名列全球第23位，是亚太地区领先的创新经济体之一；截至2021年底，澳大利亚政府共实施了超过200个数字化转型项目，涵盖了政府服务、数据管理和信息安全等领域。根据普华永道的数据，2021年澳大利亚的科技初创企业获得的风险投资超过了10亿美元，创下历史新高。根据澳大利亚储备银行的数据，截至2020年底，澳大利亚有超过80%的成人使用移动支付进行交易，超过90%的消费者使用非现金支付方式。在欧睿国际统计的人均数字消费数据中，澳大利亚位列第4。澳大利亚制造业增长中心的报告显示，超过60%的澳大利亚制造业企业已经实施了数字化技术，并使用物联网、人工智能和数据分析等技术来提高生产效率和创新能力。据澳大利亚人工智能委员会的数据，截至2021年，澳大利亚有超过1700家企业和组织参与人工智能相关活动，涵盖了教育、农业、金融、医疗等各个行业。根据德国著名排名分析公司Findexable提供的金融科技经济发展指数，2021年澳大利亚位列第6。

澳大利亚数字科技的快速发展带来了诸多机会和创新，但也引发了一

# 第四章
## 澳大利亚数字科技伦理监管的趋势与启示

系列伦理问题。例如，随着数字科技的普及和数据的大规模收集、存储和分析，个人隐私权受到了威胁，可能导致个人敏感信息的滥用、数据泄露以及对个人活动的广泛监控；网络钓鱼、数据泄露、网络诈骗和身份盗窃等问题对个人、企业和国家安全构成威胁；算法的偏见和歧视可能会影响人工智能系统的决策，导致不公平和不平等的结果；数字科技的发展在一定程度上加剧了数字鸿沟和数据不平等；数字化医疗系统和健康数据的共享可能涉及患者隐私和个人医疗记录的安全问题；基于数据驱动的定制化推送营销可能导致消费者被误导或操纵，使保护消费者权益和确保公平交易在数字化时代变得更加重要。此外，社交媒体的过度使用和信息泛滥可能导致焦虑、抑郁和社交隔离等问题。

针对上述伦理问题，澳大利亚政府、企业、学术界和公众共同努力，制定和执行了相关政策、规定和标准，以确保澳大利亚数字科技的发展能够符合伦理原则、保护个人权益，并促进社会的可持续发展。因此，笔者通过梳理澳大利亚数字科技发展和数字科技伦理监管历程，概括总结了澳大利亚数字科技伦理的监管特点和框架，希望在总结其特定经验、分析其不足的基础上，为我国数字科技伦理监管提供一定的启示和借鉴。

## 一、澳大利亚数字科技发展的基本概况

澳大利亚政府一直注重以科技创新推动经济和社会的发展。2015年，澳大利亚政府发布《国家创新和科学议程》（*National Innovation and Science Agenda*）报告，计划在未来4年先期投入11亿澳大利亚元，以"促进经济增长、增加本国就业机会和鼓励全球具有成功潜质的、聪明的想法的产生，并转化为现实生产力"。为推动数字科技的发展，澳大利亚政府于2018年发布了《澳大利亚数字经济战略》，旨在推动数字技术的应用和发展，加快数字经济的增长，以提升经济竞争力和创新能力。该战略的重点领域包

括：①数字基础设施，主要加强数字基础设施的建设，包括高速互联网接入和可靠的通信网络；②数字技能培训，主要是提升人才的数字技能，确保澳大利亚劳动力适应数字化时代的需求；③数据利用和隐私保护，主要是促进数据的开放和共享，同时加强数据隐私和安全的保护；④创新和企业发展，主要是支持数字创新和初创企业，促进数字技术在各个行业的应用。

数字科技进步引领澳大利亚数字产业的发展，而数字产业作为澳大利亚目前发展最快的行业，为该国的经济增长和创造就业做出了重大贡献。相关统计表明，澳大利亚2021年数字产业总产值为1670亿澳大利亚元，占2021年GDP总产出的8.5%，成为澳大利亚GDP的第三大贡献者。作为最受瞩目的新兴产业，澳大利亚数字产业产值五年间涨幅高达79%，是其他产业产值涨幅的5倍。自2001年以来，澳大利亚的研发投资每年均以超过7%的增速稳步上升，与英国、新加坡和法国并列，成为了研发投资占比较高的国家之一。总体而言，数字科技在澳大利亚是一个快速发展的重要行业，包含人工智能、大数据和区块链等领域。

（一）人工智能的应用与发展

人工智能是澳大利亚数字科技的关键核心技术之一，在数字经济中拥有举足轻重的地位。澳大利亚在人工智能方面的研究并不算十分突出，在许多细分方向如自然语言处理以及机器学习等大多位于引领科技的第二梯队，且在研究影响因子方面与第一梯队国家具有较大的差距。但尽管如此，由人工智能技术驱动的澳大利亚数字产业也随着时间的推移与政府的政策倾斜取得了空前的繁荣，并在澳大利亚经济体系中占据了重要地位，使澳大利亚人民拥有位于世界前列的人均数字经济消费量，在诸如采矿等领域发展出了较有特色的人工智能运用。

澳大利亚人工智能的发展离不开政府在科技方面的引导和政策倾斜。2003年，澳大利亚国家信息通信技术研究中心成立，致力于推动澳大利亚

# 第四章
## 澳大利亚数字科技伦理监管的趋势与启示

在信息和通信技术领域的创新，其中包括人工智能，这是澳大利亚政府在AI领域进行的较为早期的探索。21世纪初，澳大利亚政府开始重视人工智能的发展，于2015年发布《国家创新和科学议程》，并采取了一系列举措来推动该领域的增长。2016年，澳大利亚政府从工业、科学与资源部中分离出一个下属独立机构——Data61，着力于发展与人工智能相关的科技。牛津洞察于2020年开展的"国家AI准备度调查"中将澳大利亚列为第一，认为其是当时对AI准备度最高的国家，具有极大的人工智能相关产业发展潜质。2019年，澳大利亚政府发布了《人工智能与数据战略》，旨在推动人工智能的发展和应用，实现澳大利亚在这一领域的竞争优势。该战略的关键方向包括创新和研发、人才培养和教育、伦理和隐私、创业和商业应用（主要支持人工智能初创企业和商业创新，推动人工智能在各个行业的应用）。2021年，澳大利亚政府发布《人工智能行动方案》，决定投资12.4亿澳大利亚元以加强澳大利亚在接受与发展人工智能学科的领导性地位，此行动方案旨在通过资助人工智能相关产业，培养人工智能领域专业人员，建立人工智能研究所，帮助澳大利亚在2030年左右成为世界领先的数字经济体。2021~2022年，Data61建立了澳大利亚国家人工智能中心，并在此基础上陆续建立了4个相关下属中心，为构建澳大利亚的人工智能及数据科学生态系统奠定了基础。

目前，澳大利亚政府将人工智能视为核心技术和产业。2022年8月，澳大利亚关键技术政策协调办公室发布了一份符合澳大利亚国家利益的关键技术清单，其中人工智能算法和硬件加速器、机器学习、自然语言处理均被定义为关键技术，在经济体系影响和公众关注度上均被列为清单中的最高级。根据Crunchbase[①]关于2016~2020年累计研究影响因子的统计，澳大利亚对全球上述科技发展做出了一定的贡献。例如，在自然语言处理方面，其列参与统计的国家中的第8位，累计影响因子为4346，尽管与第

---

① Crunchbase是一家成立于2007年，覆盖初创公司及投资机构生态的企业服务数据库公司。

一梯队的美国（43332）、中国（26906）等有一定差距，但与排名第5的德国（6626）同处第二梯队；在机器学习方面，则排名第9，累计影响因子为5518，同样与第一梯队的美国（65934）、中国（30488）等存在差距，与排名第5的加拿大（8678）同处第二梯队；在人工智能算法和硬件加速器方面，澳大利亚的发展则相对落后，仅排在第15位，与美国（4444）、中国（2161）差距极大。

在应用方面，澳大利亚最为突出和颇具特色的是人工智能在采矿及能源行业的应用。澳大利亚采矿业发达，是全球最大的矿生产国和出口国，也是全球拥有最大未开发矿场的国家。这样的产业基础使得澳大利亚政府高度关注如何通过科技手段来推动矿业的发展。与此同时，昂贵的人力成本迫使澳大利亚矿业需要实现由劳动密集型向科技密集型转型，因此，自动化和智能化的应用受到高度重视，出现了越来越多的智能矿场，高度的智能化减少了人力的投入，极大降低了采矿业的生产成本。

此外，澳大利亚人工智能的发展在一定程度上得益于其较高的人力资源水平。截至目前，澳大利亚47%的劳动力具备高等教育水平，且平均每16个人中就有1位科技行业工作者，其国内软件工程师人数甚至超过了小学老师、水管工、理发师或者警察的人数。但由于总体人口较少，且数字产业需求不断扩大，澳大利亚仍将面临技术劳动力短缺的问题。

综上所述，澳大利亚的人工智能发展在国内受到高度关注和支持，政府积极通过建立相关科研机构、加大投资、吸引人才、改进相关制度来推动人工智能的发展，在全球范围内具有一定的影响力，尤其是人工智能在矿业方面的应用独树一帜。但总体而言，澳大利亚目前仍不是人工智能行业的全球领先者，暂居全球第二梯队之列。

（二）大数据的应用与发展

高级数据分析技术是澳大利亚在所有数字科技领域研究成果最为突出

## 第四章
## 澳大利亚数字科技伦理监管的趋势与启示

的方向,是澳大利亚少有的在世界层面拥有较大影响的数字技术,也是澳大利亚在各个数字科技领域中运用最为广泛的方向,澳大利亚在大数据技术的许多方面拥有开创性的研究与应用。

澳大利亚大数据技术的发展离不开政策的支持,澳大利亚政府一直积极支持大数据产业的发展,出台了一系列政策和计划以促进大数据的应用和创新。例如,政府推动建立了国家数据基础设施,为企业和研究机构数据共享和访问提供了支持。目前,澳大利亚各大城市都已建立了高速互联网网络和数据中心,以支持大数据的存储和处理需求。此外,政府还投资云计算和高性能计算等技术,为企业和研究机构提供强大的计算资源。在教育和研究层面,澳大利亚的大学和研究机构在大数据领域处于领先地位,其高等教育体系提供了丰富的数据科学和数据分析课程,培养了一大批专业人才。此外,大学和研究机构与企业之间也有紧密的合作,这促进了大数据技术的商业化和应用。在创业和投资环境层面,澳大利亚一直被认为是一个支持创业和创新的国家,大数据领域也不例外。澳大利亚的风险投资市场活跃,为大数据初创企业提供了良好的发展环境,悉尼、墨尔本和布里斯班等城市都拥有繁荣的创业社区、孵化器和加速器,吸引了大量的创新者和投资者。

在应用方面,澳大利亚的许多行业都广泛应用大数据技术,涉及金融、医疗保健、能源、农业等,同时这些行业的创新应用推动了澳大利亚大数据产业的快速增长。例如,在金融领域,大数据被用于风险评估、欺诈检测和智能投资等方面。在医疗保健领域,大数据被用于疾病预测、患者管理和医疗资源优化等方面。

就独特性而言,澳大利亚智慧农业可以说是澳大利亚大数据科技运用的最大亮点,其中国家畜产品认证计划[①]便是智慧农业的重要成果。澳大

---

① 国家畜产品认证计划(National Livestock Identification Scheme, NLIS)是澳大利亚政府应用的一个畜牧业认证和追溯系统。该计划的目标是确保澳大利亚畜产品的安全性、质量和可追溯性,以保护消费者利益并促进畜牧业的可持续发展。

利亚政府于 2005 年开始实施该计划以监测家畜的实时健康情况。澳大利亚奶牛被要求佩戴 NLIS 耳卡，每次挤奶后都会上传产奶量等数据，饲养员可以通过这些数据的变化来实时监控奶牛的健康情况，及时地调整草料用量。同时，奶牛在离开牧场前必须钉上附有 PIC（Property Identification Code）编号的标签，这些奶牛的 PIC 编号会被输入国家级数据库，以便测量残留在牛体内的化学物含量。当奶牛进入饲养场时，通过 PIC 可识别牲畜健康状况、喂饲历史记录。加工厂必须核对奶牛及其 PIC 编号，并上传这些数据储存在数据库内，以确保肉类产品在每一个制造过程中都能追溯来源。同时，在运输过程中，所有运载出口牛肉的货柜编号，也须存储于澳大利亚国家级的中央数据库中，确保澳大利亚牛肉产品有迹可循。澳大利亚通过该计划提升了澳大利亚牛肉出口的质量及可追溯性，同时也使澳大利亚免于狂牛症或口蹄疫等疾病的威胁，帮助澳大利亚牛肉在国际市场上打开市场。

此外，根据澳大利亚工业、科学及资源部 2022 年的关键技术报告，高级数据分析（用于分析大数据并提供相关见解）技术是澳大利亚最为突出的一项数字科技技术，与 AI 技术一样，高级数据分析对经济影响及公众关注度方面均为最高级。根据 Crunchbase 2016~2020 年累计研究影响因子统计数据显示，澳大利亚高级数据分析研究影响因子为 7599，居所有参与统计国家中的第 5 位，是澳大利亚数字科技中唯一在研究影响因子方面跻身全球前 5 的技术，虽不及美国（28814）、中国（27944）等第一梯队国家，但在世界高级数据分析领域也有举足轻重的影响。值得一提的是，澳大利亚伍伦贡大学在高级数据分析领域的研究影响因子为 1395，位列世界第 3。

（三）区块链技术的应用与发展

澳大利亚政府对于区块链技术及其应用是较为包容的，秉持促进发展、积极推广的态度，出台了一系列的政策和法规，为区块链企业提供了

# 第四章
## 澳大利亚数字科技伦理监管的趋势与启示

良好的环境。澳大利亚区块链技术的发展主要分为加密数字货币以及区块链技术在其他领域的应用。其中，在加密数字货币方面，尽管其规模不如欧美等发达经济体，但澳大利亚民众对数字货币的接受度较高，在Statistra[①]于2022年对澳大利亚加密数字货币持有状况展开的一项线上调查中，持有加密数字货币的人占全部受访者的25.6%。[②]

除了加密数字货币的应用外，在区块链技术开始流行的2018年，澳大利亚就开始将其运用于诸多领域。例如，澳大利亚的金融和银行业是区块链技术的早期采用者之一，澳大利亚的银行开始使用区块链技术来改善跨境支付、清算和结算等业务流程。早在2016年6月，澳大利亚证券交易所就将区块链技术视为未来交易发展的方向，成为世界上第一个宣布以区块链技术记录股权并管理股权交易清算和结算的主要交易所，澳大利亚证券与投资委员会也颁布了相关法规以监管数字资产。同年9月，澳大利亚获得国际标准委员会的许可，成为制定分布式记账技术国际标准委员会的一员。2017年1月，澳大利亚联邦银行利用其资本市场上的区块链平台为昆士兰州财政公司发行了加密债券，成为第一个使用区块链平台发行加密债券的政府实体。

此外，区块链技术也开始应用于澳大利亚的物流和供应链管理中，通过使用区块链，企业可以实现供应链的透明度、可追溯性和安全性，减少欺诈和假冒产品的风险。与此同时，区块链技术在澳大利亚的公共服务和治理方面也得到了关注。例如，区块链有助于选举和投票系统的安全和透明，促进政府的透明度和公信力。

总体而言，澳大利亚的区块链技术正在不断发展和应用于各个领域。政府的支持、创新生态系统的建设以及行业合作推动了区块链技术的发展。随着技术的进一步成熟和应用案例的增加，澳大利亚的区块链产业将

---

[①] Statistra是全球领先的研究型数据统计公司，2007年成立于德国汉堡。
[②] https：//www.statista.com/site/statista_china？utm_source=baidu&utm_medium=cpc&utm_campaign=Baidu_PPC_Brand&utm_term=PPC_Brand.

继续蓬勃发展。值得注意的是，除了在各领域的应用，澳大利亚也出现了许多与区块链有关的非营利组织，这些平台大部分由社区或是政府主导，以技术创新或是制度创新推动澳大利亚区块链商业模式的发展。

（四）互联网的应用与发展

互联网是数字技术发展的重要基础设施。澳大利亚互联网发展可以划分为雏形阶段、发展阶段和成熟阶段，目前已形成了较为稳定的市场化互联网供应体系，产生了云存储服务等依托于互联网的新型数字产业，同时也有不少传统产业借助互联网实现了产业数字化转型。

首先是雏形阶段。澳大利亚互联网的应用最早出现于 20 世纪 70 年代的大学与研究机构中，当时，这些拥有计算机科学家的学院与研究机构开始用 Unix 系统计算机传输文件并分享相关领域成果，也有机构通过澳大利亚海外通信委员会提供的国际拨号线路进行交流，其中，澳大利亚计算机科学网络就是在这个时期因大学间交流所形成的一个较为成功的网络。在 20 世纪 80 年代的大部分时期，由于地理位置较为遥远及运营商无法通过建立互联网获利等原因，澳大利亚几乎与互联网世界隔绝，处于一个缓慢发展的状态。随着所需交流的文件规模与日俱增，各大学和研究机构对于互联网的需求不断上升，1986 年 10 月，.au 这一域名被赋予 ACSnet。1987~1988 年，为满足不断扩张的互联网需求，澳大利亚校长委员会决定出资建立一个具有传真、数据与语音传输服务的互联网。1989 年 6 月，由亚太互联网信息中心[①]首席科学家 Geoff Huston 提出的建立澳大利亚国家互联网的计划终于被采纳，一端位于澳大利亚、另一端连接美国夏威夷大学的限速为 56KB 每秒的首个澳大利亚国家互联网建成。澳大利亚学术研究网也在此后不久建立，自此澳大利亚建立了真正意义上的互联网，与世

---

① 亚太互联网络信息中心是全球五大区域性互联网注册管理机构之一，负责亚太地区 IP 地址、ASN（自治域系统号）的分配，并管理一部分根域名镜像服务器。

# 第四章
## 澳大利亚数字科技伦理监管的趋势与启示

建立起网络连接。紧接着，Geoff Huston 团队继续负责二级域名的开发工作，如教育机构的 edu.au、政府网站的 gov.au。

其次是发展阶段。20 世纪 90 年代，澳大利亚局域网渐渐迎来了蓬勃发展，在这一时期，澳大利亚开始涌现了许多互联网组织的服务提供商，澳大利亚学术研究网也开始出售其网络服务，同时成立了其运营商子公司 Pegasus。1994 年澳大利亚学术研究网的调查统计发现，非研究人员对于澳大利亚学术研究网的使用已经超过总流量的 20%，由于社会对互联网的需求日益提高，澳大利亚互联网运营模式亟待市场化改革。于是在 1995 年，澳大利亚校长委员会将其相关资产与客户转让给澳大利亚电信公司 Telstra，澳大利亚互联网开始渐渐走入公众的生活中。在互联网服务市场化之后，澳大利亚各电信运营商之间展开了激烈的竞争，Telstra、Optus、Vodafone 逐渐成为澳大利亚三大电信运营商。伴随着市场化程度的提高，互联网在澳大利亚迅速普及。截至 2000 年 11 月，超过 50% 的澳大利亚成年人学会了上网冲浪，将近 40% 的澳大利亚家庭与网络连接，而在 1997 年末澳大利亚互联网用户仅占总人口的 8.6%，二者形成鲜明对比。

最后是成熟阶段。2009 年，联邦州政府与工业部进行合作，开始实行国家宽带网络计划，这一计划最终于 2020 年完成，满足了大部分家庭网络需求。截至 2022 年初，91% 的澳大利亚家庭连入互联网，互联网的普及化基本实现。随着互联网的全面建成和普及，云存储技术也随之发展壮大，2012~2017 年，澳大利亚数据存储服务经历了两位数的增长（16.5%），截至 2020 年澳大利亚已建成 103 个数据中心。在 2020 年关于澳大利亚云存储的行业能力报告中，澳大利亚政府认为，澳大利亚独特的地理位置将为国内云储存用户提供天然的保障，同时由于与欧美等国家存在时差，澳大利亚具有成为亚太市场云服务的主要供应商的潜力。与此同时，互联网普及也推进了传统行业的数字化转型，其中，澳大利亚葡萄酒产业便是其中较为成功的典范。例如，自 2021 年开设澳大利亚办事处以来，全球最大的在线葡萄酒销售平台 Vivino 已为 50 家澳大利亚酒庄和 30 家零售商、进口商和分销商提供线上服务，其应用程序在澳大利亚已被下载 1 万次，拥有 92 万名注册用户，每月约有 28 万名用户在该应用程序上进行互动。通过与 Vivino 的合作，消费者们能够简单方便地了解相应葡萄酒的品质，而酒商们则获得了一个极为高效的广告与销售途径。

（五）5G 技术的应用与发展

5G 技术作为新一代移动通信网络，具有更高的速度、更低的延迟和更大的容量，这为澳大利亚的数字经济和创新提供了巨大的机遇。2022 年，澳大利亚政府提出《数字战略蓝图》，将 5G 技术列为国家通信发展的重点，鼓励企业将生产与通信技术结合，并提出加大力度培养数字化人才。在此之前，澳大利亚 5G 技术的发展大体经历了如下几个阶段：

一是预研和标准制定阶段。在 5G 技术的早期阶段，澳大利亚的电信运营商、政府机构和研究机构参与了 5G 的预研和标准制定工作。2014 年，澳大利亚开始加入国际 5G 标准制定组织，如国际电信联盟和第三代合作伙伴计划，以推动 5G 技术的发展和规范制定。

二是频谱拍卖和分配阶段。这一时期，澳大利亚政府通过频谱拍卖和分配为电信运营商提供了用于 5G 网络的无线频谱资源。2017 年，澳大利亚通信和媒体管理局公布了 5G 频谱政策框架，为 5G 频谱的拍卖和分配奠定基础。2018 年，澳大利亚进行了首次 5G 频谱拍卖，其中包括 3.6 GHz 频段的频谱。此后，澳大利亚政府继续进行了其他频谱拍卖，以满足 5G 网络的需求。

三是 5G 网络部署阶段。2019 年澳大利亚电信公司开通了位于悉尼和墨尔本的第一批 5G 基站，澳大利亚其他主要电信运营商，如 Optus 和 Vodafone，也开始部署 5G 网络。2019 年，澳大利亚政府发布了《5G 网络安全指南》，旨在确保 5G 网络的安全性和韧性。2021 年，澳大利亚政府进

# 第四章
## 澳大利亚数字科技伦理监管的趋势与启示

行了针对 26 GHz 和 28 GHz 频段的 5G 频谱拍卖，以满足不断增长的 5G 网络需求。截至 2021 年底，澳大利亚移动网络运营商已在澳大利亚拥有约 4000 个投入使用的 5G 基站。根据全球移动通信系统协会于 2022 年 9 月发布的移动设备连接调查数据，澳大利亚人均 5G 设备连接数排名世界第 3 位。目前，除北领地首府达尔文外，所有澳大利亚州首府的主要区域都有 5G 覆盖，澳大利亚最大的电信运营商澳大利亚电信公司在其未来三年计划中预计，到 2025 年澳大利亚将有 95%的人口覆盖 5G 连接。

四是 5G 应用推广阶段。这一时期，随着 5G 网络建设基本完成，澳大利亚各行各业开始探索和推广基于 5G 的应用，特别是在农业、物流、制造、医疗和交通等领域。例如，通过传感器、数据分析和远程监控，农民可以实现精确的农业管理，包括土壤湿度监测、精准灌溉和智能农机的运用，这有助于提高农作物产量、减少资源浪费；物流行业利用 5G 提升物流运输的可视性和自动化水平；医疗领域利用 5G 实现远程医疗和医疗物联网的发展。澳大利亚的城市是 5G 应用的重点推广区域，主要城市如悉尼、墨尔本和布里斯班等已经实现了较高的 5G 网络覆盖率，不仅为企业和个人提供了高速、低延迟的网络连接，也为各种创新应用如智能城市、智慧交通、智能家居等提供了良好的基础。此外，澳大利亚政府设立了 5G 创新计划，该计划鼓励和支持企业提出创新解决方案，并通过实验室测试、试点项目和示范应用来验证其商业价值和可行性，这促进了澳大利亚 5G 应用生态系统的发展。澳大利亚还定期举办各种创新竞赛和奖项，鼓励企业和创业者开发基于 5G 的创新应用，这些竞赛提供了机会和奖励，促使创新者提出新的商业模式和解决方案，推动 5G 商业应用的推广。

综上所述，澳大利亚 5G 的发展取得了一定的成果，但面临如下问题：首先是固定宽带网络质量不佳、传输速度缓慢。网速测试权威机构 Ookla2022 年发布的全球网速测试数据显示，澳大利亚无线网络中位下载速度为 88MB 每秒，中位上传速度为 10.45MB 每秒，中位延迟为 22 毫秒，无线网络状况位列 141 个参与统计国家中的第 16 位；而固定宽带中位下载速度为 52.75MB 每秒，中位上传速度为 17.78MB 每秒，中位延迟 11 毫秒，固定宽带网络状况位列 178 个参与统计国家中的第 74 位。正如统计数据所显示的，澳大利亚移动网络和固定网络传输速度存在较大差距，且固定宽带状况堪忧，究其原因是与政策变化有关。澳大利亚国家宽带网络计划（NBN）于 2007 年由工党首次提出，在澳大利亚前总理陆克文于 2009 年开展该计划时，希望使用光纤到户的模式覆盖澳大利亚 93% 人口的宽带需求，用无线网络覆盖剩余 7%，并预计于 2021 年完成该计划。不幸的是，在接下来的时间内 NBN 计划进展缓慢且预算严重超支。2013 年自由党执政时期对 NBN 计划进行了重新审核，放弃了原本的光纤到户计划，转而采用多种接入技术混合以节省成本并缩短建设时间。最终 NBN 于 2020 年完成建设，但宽带网络速度与最初预期相去甚远，较之移动网络仅存在无限流量这一优点。随着 5G 技术的推广，澳大利亚移动网络速度进一步提高，澳大利亚移动网速与宽带差距进一步拉大。其次是地区间网络基础设施建设和发展不平衡问题。由于地型、气候等原因，澳大利亚绝大部分人口集中于东部沿海城市，人口分布不均衡，而澳大利亚 5G 供应又高度市场化，因此，出于成本和收益的考虑，5G 供应商不愿在人口密度较小的农村和内陆地区建基站。与此同时，三大运营商 Telstra、Optus 和 TGP 宣布将于 5G 服务基本覆盖后关闭 3G 服务，因此，澳大利亚竞争与消费者委员会在其关于移动基站的报告中提出了对城乡发展不平衡以及 3G 服务关闭后乡村居民移动网络状况的担忧。

## 二、澳大利亚数字科技伦理监管的发展历程

综上所述，在过去数十年间，澳大利亚的数字科技迅速发展且得到广泛应用，随之而来的个人数据滥用和泄露、算法偏见和歧视、网络安全与

# 第四章
## 澳大利亚数字科技伦理监管的趋势与启示

数字鸿沟等负面影响使伦理监管的重要性日益提高。澳大利亚数字科技的发展在不同阶段各具特色。同样地，不同时期的伦理监管议题和制度安排也随之发生变化。根据这些变化，澳大利亚对数字科技伦理的监管可概括为初始阶段、发展阶段和最新进展三个阶段。其中，初始阶段主要关注个人隐私和信息自由获取；发展阶段则在上个阶段关注重点的基础上，拓展了对网络和社交媒体的伦理监管；而当前澳大利亚对数字科技伦理的监管除了持续关注隐私、信息公开、网络安全这些传统议题外，还聚焦人工智能及其应用所衍生出的伦理议题。

### （一）数字科技伦理监管的初始阶段（1980~1999年）

20世纪70年代末，澳大利亚开始意识到数据隐私与信息获取自由的重要性，在这个时期，主要通过制定和颁布相关法律来对用户隐私以及信息获取权益等重要的伦理议题进行监管，其中最具代表性的法规是1982年颁布的《信息公开法》及1988年颁布的《隐私法》（*Privacy Act*），这两部法律共同构成了澳大利亚数据伦理监管最基本的法律框架。

1. 隐私和数据保护

用户隐私保护与监管是澳大利亚较早也是迄今为止发展最成熟的数字科技伦理监管体系，这个阶段相关监管政策的制定与实施主要伴随着澳大利亚电信通话技术发展、电话的普及而演变。

1979年，为了保护澳大利亚电信系统用户的个人隐私，澳大利亚政府推出《电信（拦截和访问）法》，该法律规定了政府和执法机构在拦截和访问电信通信内容和相关信息时的规则和程序。根据该法律，澳大利亚执法机构可以在特定情况下获得法庭授权，对电信通信进行拦截，包括拦截电话通话、短信、电子邮件和互联网通信等。该法律也赋予澳大利亚执法机构访问电信通信内容和相关信息的权力。在特定情况下，执法机构可以通过法庭授权或其他授权程序来获取这些信息。与此同时，《电信（拦截和访问）法》规定了特定的授权程序，以确保执法机构只在符合严格要求的情况下进行拦截和访问。法律还设立了独立的监管机构——澳大利亚通信和媒体管理局，负责监督和管理该法律的执行。尽管该法律赋予执法机构一定的权限，但它也包含了保护个人隐私和信息安全的规定，即执法机构在进行拦截和访问时必须遵守法律规定的程序，并保护被拦截或访问的信息的安全和保密性。

1988年，澳大利亚首次颁布和实施《隐私法》，该法案规定了个人信息的收集、使用、披露和保护的原则，并设立了一个独立的监管机构——澳大利亚信息专员办公室来监督和执行该法案。该法案成为澳大利亚个人隐私保护体系的主要联邦法律框架；此后对于隐私政策的修改大部分是基于1988年的《隐私法》，旨在扩大《隐私法》覆盖范围。例如，1990年对《隐私法》进行了第一次修订，颁布了《隐私修订法》，将隐私保护扩大至借贷场合，以规范信用报告机构和信贷提供者对消费者信用报告的合法权利；1994年通过的《澳大利亚首都直辖区政府服务（间接规定）法》，将澳大利亚首都的政府机构纳入《隐私法》管辖范围。在这个时期，各个州政府也出台了各自的隐私保护法律以确定隐私保护准则。澳大利亚自此开始执行经济合作与发展组织的《保护隐私和个人数据越境流动准则》以及《公民权利和政治权利国际公约》。

2. 信息获取自由

澳大利亚议会于20世纪70年代首次考虑引入信息公开立法。1979年，为了促进政府的透明度、公开性和问责制，让公众有权利获得政府文件和记录，澳大利亚参议院委员会提出设立信息公开立法的议案，并最终于1982年制定并实施《信息公开法》，该法案的核心是确保澳大利亚公众可以申请获取联邦政府和其他政府机构的文件和记录，并为公众提供途径来索取这些信息。随后，各州政府也分别出台有关信息公开的法律法规，以界定公民对地方政府文件的访问权利。该法律确保公众可以通过正式的

# 第四章
## 澳大利亚数字科技伦理监管的趋势与启示

申请程序来获取信息，但也有一些例外情况，如国家安全、商业敏感信息和个人隐私等可以限制信息的公开。

在最初的《信息公开法》中，公众所能获取的文件受到一定的限制，例如，根据澳大利亚 1983 年颁布的《档案法》，某些文件的公开可能受制于档案管理和访问的特殊规定，这些规定可能涉及特定时间范围内的文件、政府内阁文件和敏感的国家档案等。此外，有些文件可以向公众开放但访问费用较高，公民在获取信息时往往存在着成本过高等问题。

（二）数字科技伦理监管的发展时期（2000~2013 年）

21 世纪伊始，随着互联网和电子商务的普及和推广，以数字科技为技术基础的数字媒体也逐步融入人们的日常工作与生活中，随之而来的伦理问题更加复杂多样。如虚假信息和谣言传播、网络欺凌和仇恨言论、信息过载和注意力分散、社交比较和自尊心问题等，因此，这个时期澳大利亚对数字科技的伦理监管主要关注个人隐私和数据保护、网络犯罪和暴力、互联网内容过滤、社交媒体监管等议题。

1. 隐私保护监管的完善

隐私和数据保护问题在这一时期依然是澳大利亚伦理监管的重要议题。这个时期的隐私保护监管主要是通过对《隐私法》的修订，引入全面的隐私保护原则，并将其适用范围扩大到所有私营部门。同时，在联邦和各州政府都设立信息专员办公室负责隐私保护监管。

2000 年是澳大利亚隐私监管体系的重要节点。首先，澳大利亚政府再次修订《隐私法》，引入了一套全面的隐私保护原则。这些原则涵盖了个人信息的收集、处理、使用、披露和存储等方面的规定，以确保合理、安全和透明地处理个人信息。其次，在对《隐私法》的修订中，澳大利亚政府从人权与平等机会委员会中独立出隐私专员办公室，负责确保《隐私法》的实施，这是澳大利亚第一次拥有隐私保护专门部门。2000 年末，澳大利亚政府再次对《隐私法》进行修订，将效力范围扩大至部分私营部门组织，实现隐私监管从政府到私营部门的跨越。

2010年澳大利亚通过《澳大利亚信息专员法》设立信息专员办公室并将隐私专员办公室并入其中，使得信息专员办公室成为了唯一的，也是现行的确保澳大利亚公众隐私及信息安全的专门部门，各个州也陆续设立信息专员办公室以确保当地《隐私法》实施。

2. 信息获取自由监管的完善

基于原有《信息公开法》中"澳大利亚政府持有的信息是国家资源，应为公共目的进行管理"这一界定，2010年，澳大利亚政府制定了《开放政府宣言》，旨在通过促进透明度、参与和协作，加强政府与公众之间的互动，提高政府信息的开放性和可获取性，并承诺通过创新技术和开放数据来提供更好的公共服务。《开放政府宣言》的核心原则包括：一是民主参与，即鼓励公众参与政府决策和政策制定的过程。二是透明度和信息共享，即提供公开的政府信息，使其易于访问和利用。三是创新和协作，即利用新技术和合作伙伴关系，与公众和非政府组织合作解决社会问题。

2011年6月，澳大利亚政府发布了《澳大利亚政府开放获取和授权框架》（以下简称《框架》），该《框架》拟在为澳大利亚政府及相关部门的信息和数据的开放获取提供支持和指导、对开放格式进行规范、减少其在发布公共信息时所产生的风险等。同年，澳大利亚信息专员办公室发布了《公共部门信息开放原则》（以下简称《原则》），为公共服务中的信息揭示和机构参与提供了切实可行的操作步骤。

2012年，"澳大利亚开放获取支持组织"由澳大利亚的6所大学共同成立，旨在支持学术信息公开，该组织的成立推动了澳大利亚除政府部门外的其他机构信息公开的进一步发展。

3. 网络和社交媒体的伦理监管

随着互联网的广泛普及，这个时期网络平台和社交媒体所引发的伦理

## 第四章
### 澳大利亚数字科技伦理监管的趋势与启示

问题受到广泛关注。网络和社交媒体的伦理监管是为了确保在线平台和数字社交空间中的行为符合道德和社会价值观的一种机制。这种监管的目的是保护用户的权益、防止虚假信息的传播、打击网络欺凌和仇恨言论，并促进健康的在线交流和社交环境。在澳大利亚，网络和社交媒体的伦理监管主要有法律法规约束、行业自律和用户教育等方式。

2005年成立的澳大利亚电信和媒体管理局是澳大利亚负责监管电信、广播、无线电通信、互联网和邮件服务等领域的机构，作为澳大利亚政府的独立机构，其旨在促进和保护澳大利亚的电信和媒体产业的发展，维护公众利益，确保广播、通信和互联网服务的质量、可靠性和安全性。电信和媒体管理局通过制定政策、监督执行和提供咨询服务等方式履行职责，以保障澳大利亚公众在电信和媒体领域的利益和权益。电信和媒体管理局在这一时期发布的准则和指南主要包括：《互联网行为指南》《内容过滤准则》《用户隐私保护准则》和《安全措施准则》。这一系列行业实践准则规定了互联网服务提供商在内容过滤、用户隐私和网络安全等方面应遵循的最佳实践。

（三）数字科技伦理监管的最新进展（2014年至今）

近十年来，澳大利亚数字科技伦理的监管，除了持续完善隐私保护、信息公开和网络安全等传统议题之外，更加聚焦对人工智能发展所衍生出的伦理问题进行讨论和监管，但总体而言，目前对人工智能的监管仍处于倡导和自律阶段。

1. 隐私保护的重大改革

2014年，澳大利亚政府对《隐私法》进行了一项重大改革，发布了新的《澳大利亚隐私原则》，取代了原有的《信息隐私原则》。新的《澳大利亚隐私原则》旨在更好地保护个人信息，并为个人提供更多的控制权和透明度，要求组织和企业采取适当的安全措施来保护个人数据，其包括13

个关键点：一是开放和透明性，即在收集个人信息时，组织需要告知个人信息的收集目的、使用方式和披露情况；二是匿名性和伪装性，即组织应允许个人选择匿名或使用假名来与其进行交互，除非法律或合理需要要求揭示个人真实身份；三是合法性和公正性，即组织应合法、公正地收集和处理个人信息，不得违反法律或伦理要求；四是信息的目的限制，即组织仅收集与其业务功能相关的个人信息，并采取合理的措施确保个人信息的准确性和完整性；五是个人选择权，即组织应为个人提供访问个人信息的权利，并允许个人更正不准确的信息；六是数据安全，即组织需要采取合理的安全措施来保护个人信息免受未经授权的访问、披露或损坏；七是信息跨境传输，即如果个人信息被传输到国外，组织需要确保目标国家的数据保护水平与澳大利亚相当；八是整体责任，即组织对其处理个人信息的做法负有责任，并应建立适当的内部机制和政策来确保合规。此外，还包括个人信息的可访问性、更正、存储限制、处理限制、投诉处理这五个关键点。

在不断的完善中，澳大利亚最终形成了以 1988 年《隐私法》为基础、2014 年《隐私法》重大改革为核心、各州独立隐私法律分别实施（覆盖地方与州政府机构）、信息专员办公室监督实施的用户数据隐私保护体系。值得一提的是，到目前为止，澳大利亚国家安全机构以及情报机构并不受澳大利亚《隐私法》或各州《隐私法》的约束。

此外，2021 年 10 月 25 日，澳大利亚总检察长办公室发布了《2021 年隐私立法修正案（加强在线隐私和其他措施）法案》的草案。该草案旨在通过引入《在线隐私保护法案》、扩大 1988 年《隐私法》的域外管辖范围以及加强对违规行为的处罚来加强对个人信息的保护，重点规范大型网络平台、社交媒体、数据经纪商对个人信息和数据的使用。

2. 信息获取自由监管的完善

2015 年，澳大利亚政府成为"开放政府伙伴关系"（Open Government

# 第四章
## 澳大利亚数字科技伦理监管的趋势与启示

Partnership，OGP）的成员国。OGP 是一个国际倡议，旨在促进政府的透明度、问责制和公众参与。作为 OGP 成员国，澳大利亚政府承诺采取一系列措施来提高政府的透明度，并与公众合作制定政策和决策。这些措施包括开放政府数据、加强公众参与、推动政府问责制改进等。澳大利亚政府在成为 OGP 成员后，共发布了两个《国家政府行动计划》：第一个《国家政府行动计划2016~2018》于 2016 年发布，涵盖了澳大利亚政府在 2016~2018 年推进开放政府议程的具体举措和承诺。其目标和内容包括：加强公民参与和政府决策的透明度，即通过开展在线参与平台、民众咨询和公众对话等活动，促进公众参与政府决策的过程；提高政府信息的可获取性和开放性，即通过开放政府数据、提供更易访问的政府信息和数据资源，增加公众和利益相关方对政府活动的了解；改进政府服务交付，即通过数字化技术和开放数据，提高政府服务的效率、可访问性和用户体验。第二个《国家政府行动计划2018~2020》于 2018 年发布，覆盖了 2018~2020 年澳大利亚政府在开放政府方面的行动和承诺。其目标和主要内容包括：加强政府的透明度和问责制，即通过加强政府信息公开和反腐败措施，提高政府的透明度和问责制度；提高公共参与和合作，即通过开展公众咨询、开放数据和协作平台，促进公众和利益相关方参与政府决策和问题解决的过程；利用技术创新改进政府服务，即借助数字化技术、开放数据和创新方法，提供更高效、便捷和个性化的政府服务。这些行动计划的目标是通过促进政府的透明度、公众参与和技术创新，建立更开放、负责任和响应性强的政府体系，以更好地服务于公众和社会利益。

2022 年，澳大利亚政府颁布了《数据可用性和透明度法案》（以下简称《法案》），该《法案》旨在规范与授权其他政府或者私营部门实体对澳大利亚政府数据的访问，并依据该《法案》设立国家数据专员对数据访问进行控制与监督，设立国家数据委员会以促进与规范数据共享并为国家数据专员提供建议。

澳大利亚政府一直在不断推动信息获取自由在全国的发展，在数十载的努力下，形成了以《信息公开法》和《数据可用性和透明度法案》为核心法规，信息专员办公室、数字化转型机构和国家数据委员会三大机构共同监督实施与推进信息获取自由的监管体系。

3. 网络和社交媒体伦理监管的强化

2015年，澳大利亚颁布《网络安全法》，该法律旨在保护儿童免受互联网上有害内容的侵害。根据这项法律，澳大利亚通信和媒体管理局可以要求互联网服务提供商过滤和删除不适宜儿童的内容。根据该法律，同年，澳大利亚成立了一家名为"eSafety Commissioner"的机构，负责监管和协调在线安全问题。eSafety Commissioner的职责包括：管理和调查在线欺凌和虐待的投诉，保护儿童免受这些行为的伤害；给受到在线欺凌和虐待影响的个人和家庭，以及那些希望报告此类行为的人，提供支持和指导；开展教育和宣传活动，提高公众对在线安全问题的意识；与互联网服务提供商和在线平台合作，制定和实施在线安全措施。《网络安全法》还规定了特定的内容删除通知制度，允许受到在线欺凌和虐待的个人或其代表向在线平台提交内容删除通知，要求平台删除或限制访问违规内容。

澳大利亚对媒体行业的伦理和质量标准始终非常重视，近年来尤其注重对社交媒体和网络平台的监管，关注网络和社交媒体上的虚假信息、仇恨言论和网络欺凌等问题。政府采取了一些措施，如制定更严格的内容监管法律，并与社交媒体平台合作，加强内容审核和移除不当内容的能力。从伦理监管体系来看，澳大利亚传媒与通信管理局通过实施广播与媒体法规来确保媒体行业的伦理和行为准则；遵守澳大利亚新闻委员会作为澳大利亚独立的新闻媒体自律监管机构，负责处理公众对新闻报道的投诉，并确保新闻报道符合伦理和道德标准，其通过制定《澳大利亚新闻委员会守则》，规定了新闻报道的职业伦理和质量要求。此外，澳大利亚有一系列法律规定了关于媒体的犯罪行为，如诽谤、侵犯隐私、诬告等。这些法律

# 第四章
## 澳大利亚数字科技伦理监管的趋势与启示

旨在保护公众利益和个人权益,并维护媒体行业的道德和伦理标准。

4. 人工智能的伦理监管

虽然相较于一些全球领先的人工智能研究和创新中心,澳大利亚的地位可能还有一定差距,因此,近年来澳大利亚一直致力于推动人工智能技术的创新和应用,引出相关的伦理热点问题并提出相应的伦理监管举措。

2019年,澳大利亚政府在《人工智能与数据战略》这一战略性文件中,强调透明度、责任和可解释性等原则,以确保人工智能系统的公平、安全和可信赖。

2018年5月,澳大利亚工业创新和科技部资助Data61[①]进行人工智能伦理研究,旨在为澳大利亚人工智能研发设立伦理框架。Data61在悉尼、墨尔本等多个城市开展研讨会与调查,并通过网站发布民意调查。2019年11月Data61发布了《人工智能:澳大利亚的伦理框架》,提出人工智能研发的八项基本准则,首次规范了人工智能的研发道德标准。作为一个自愿性的伦理框架,它倡议AI技术的发展和应用应该为所有澳大利亚人实现更安全、可靠和公平的结果,应该减少人工智能应用对受影响群体造成负面影响的风险;在设计、开发和应用人工智能时,企业和政府须遵守最高的伦理标准。

2020年7月澳大利亚成为"全球人工智能伙伴关系"这一组织的初创成员,就如何发展与使用负责任的AI展开国际研究合作。2020年9月,Data61开始对澳大利亚人工智能行动进行民意调查,于2021年出版《澳大利亚人工智能行动计划》,确定了澳大利亚人工智能关键点,并探讨了如何使澳大利亚的人工智能在研发与使用时是负责任的。

总体上,澳大利亚政府对人工智能研发道德以软性行业指南或者政府

---

[①] Data61是2016年澳大利亚政府从联邦科学与工业研究组织中独立出的数字技术组织,旨在监管并指导澳大利亚数字科技的研发。它的目标是推动数字技术和数据科学的发展,并与政府、行业和学术界合作,促进创新、解决社会和经济挑战。Data61的工作范围涵盖人工智能、机器学习、物联网、大数据分析和数字安全等领域。

指导性意见为主，如通过《人工智能伦理框架》对技术研发进行引导，同时通过颁发奖金与经济政策倾斜的方式鼓励负责任的创新技术研发，这基本符合《澳大利亚人工智能行动计划》中对澳大利亚政府在研发道德监管中"催化剂"作用的定位。

## 三、澳大利亚数字科技伦理监管的前沿议题

全球人工智能的快速发展阶段可以追溯到过去十年，这个阶段被广泛称为人工智能的"爆发"或"加速"阶段，随之而来的是大数据和算力的增强、深度学习的兴起、强化学习和自主智能的发展。人工智能是模拟、延伸和拓展人类智能的新兴技术，其推进数据处理、图像识别、语音识别、自然语言处理、自主决策和自主学习等方面取得了重大进展。然而，人工智能的发展也对既有的社会结构及其规范体系产生了一定冲击，出现了一系列偏离传统价值观念的失范现象，衍生出诸多道德失范与伦理问题。

（一）ChatGPT 的伦理争议及监管

由 OpenAI 公司所研发的 ChatGPT 一经推出便在全球范围内引起热议。ChatGPT 如同真人的语言风格以及通过大数据集获取的百科全书式的知识体系对澳大利亚许多领域的从业人员都带来了极大的冲击，可以预期将会对澳大利亚许多行业生产模式带来颠覆性的变革，由此也引发了社会各领域对 ChatGPT 应用场景及其伦理问题的热烈讨论。

例如，对于教育行业是否应当允许使用自然语言生成模型是个热点议题。澳大利亚教育局的变革与复杂性中心鼓励教师运用 ChatGPT 所带来的先进技术改变原有的教学模式；人工智能和教育领域的国际专家、南澳大学的乔治·西门子教授表示，人工智能可以帮助教师管理学生学习，增加

## 第四章
### 澳大利亚数字科技伦理监管的趋势与启示

与学生的互动，促进学生的个性化学习体验。他建议教育管理部门与学校应当积极将 ChatGPT 这类生成式人工智能技术与当代教学体系相融合，选择拥抱科技，而非禁止教师或者学生使用 ChatGPT。但与此同时，如何防止学生进行线上考试时通过 ChatGPT 等方式自动生成答案作弊也成为了一个热点议题，许多项目组正在着手研发 AI 自动生成检测系统，其中较为成熟的是普林斯顿大学的研究员 Edward Tia 创建的 GPTZeroX。

ChatGPT 也为律师行业带来了巨大的改变。澳大利亚六大律所之一的 Allens 发布了《ChatGPT 在法律上的应用：在管理风险的同时释放新机遇》，这份报告表明，ChatGPT 强大的搜索功能使其有能力生成对简单法律法规的答复，能够快速地起草法律合同以及稿件，还能以极快的速度从长篇大论的法律法规中找出用户所需的相关条款，这些功能都极大地提高了律师的工作效率。但与此同时，ChatGPT 也存在着许多伦理方面的隐患。例如，通过人工智能生成的文案或多或少会出现准确率问题，有可能存在律师不严谨而未能发现 ChatGPT 文案错误给客户带来的损失；ChatGPT 的数据集中可能存在过期法案或是模棱两可的法案，从而使 ChatGPT 做出错误判断。因此，法律从业者如何通过 ChatGPT 安全稳定地提高工作效率也成为该行业的热点议题。

除了上面提及的领域，ChatGPT 的自动编程、自动作画功能也极大地挑战了传统 IT 行业和插画行业，许多小型企业可能不再需要设置专门的 IT 与作画部门；随着 ChatGPT 不断完善，政府部门甚至有可能使用 ChatGPT 进行自动化公务管理。因此，ChatGPT 对劳动力的取代也成为澳大利亚的一大热点。ChatGPT 的产生在一定程度上标志着人工智能从取代低端重复性行业到取代高端创造性行业的转变，正如 ChatGPT 在小说撰写、自动作图方面展现出的强大能力与巨大潜力，许多创造性行业的从业人员工作机会可能受到不同程度的挤压，产生了一定的人权问题。

在上述争论中，人们认为 ChatGPT 可能引发如下伦理议题：一是误导和虚假信息，即 AI 模型可能会生成虚假或误导性的回答，尤其是当模型被用于传播不准确的信息或进行欺骗时；二是偏见和歧视，即 AI 模型的训练数据可能存在偏见，这可能导致模型在回答问题或提供建议时反映出歧视或不公平的观点；三是隐私和数据安全，即使用 AI 模型涉及处理大量的用户数据，因此隐私和数据安全成为关注的焦点，人们担心模型是否会滥用个人信息或导致数据泄露；四是责任和透明度，即当 AI 模型做出决策或提供建议时，难以追踪其推理过程，这种缺乏透明度可能导致责任缺失，因为模型的行为无法解释或解决。

作为一个 AI 模型，ChatGPT 本身并不是一个独立的实体，而是由 OpenAI 开发和维护的产品。OpenAI 已经意识到 AI 伦理的重要性，并采取了一些措施来监管和管理其 AI 产品，包括 ChatGPT。OpenAI 采取了一种渐进式的方法，通过迭代版本和用户反馈来改进和优化模型的伦理方面，他们重视透明度和可追溯性，并致力于在 AI 开发和应用中遵循道德和负责任的原则。同时，OpenAI 还参与了与 AI 伦理相关的倡议和研究，例如，参与 AI 伦理原则的制定和讨论，与学术界、行业组织和政府合作，共同推动 AI 伦理的发展和实践。除此之外，澳大利亚并没有专门针对 ChatGPT 制定具体的伦理框架和监管政策，而是将其监管纳入 AI 的整体伦理框架和监管政策中，以确保其公平、透明和负责任地使用，并确保其潜在的伦理和道德风险得到控制和管理。

（二）数字科技的人权争议及监管

澳大利亚一直将人权置于政府立法及管理中极其重要的地位，伴随着数字技术的不断发展，数字技术在人权方面的问题不断显露。在德勤与澳大利亚计算机协会的研究报告——《澳大利亚数字脉搏 2022》中，64%的女性、76%的残疾人、87%的精神多样性患者、71%的非异性恋者都曾在使用数字科技应用或是数字科技从业过程中遭受歧视。因此，是否应当推

# 第四章
## 澳大利亚数字科技伦理监管的趋势与启示

行数字科技与人权法案在澳大利亚成为了热点。

在人权方面，澳大利亚于 1986 年颁布了《澳大利亚人权委员会法》并依法成立澳大利亚人权委员会。依据 1975 年制定的《种族歧视法》、1984 年制定的《性别歧视法》、1992 年制定的《残疾人歧视法》、2004 年制定的《年龄歧视法》，人权委员会对歧视和人权问题进行监管。

而科技与人权方面的探讨则刚刚兴起。2018 年，澳大利亚人权委员会开始发表《人权与技术议题文件》，设立人权与科技项目组，着手对数字技术所涉及的人权议题进行研究。2019 年，澳大利亚人权与科技项目组发布《人工智能：治理与领导力白皮书》，为如何通过应用新技术特别是人工智能来同时促进创新和保护人权提供建议。同年，澳大利亚人权委员会发布《人权与技术：讨论文件》，此报告中阐述了在新技术兴起的情况下保护和促进人权的初步观点。最终，人权与技术项目组于 2021 年发布《人权与技术最终报告》，基于新兴技术影响人权的可能性，提出设立人工智能安全专员及相关法律法规的建议，并指出：获得技术是残疾人的一项赋能权利，残疾人应当像正常人员一样获得科技进步所带来的福利，通过数字技术的学习获得与正常人相近的工作机会。因此，人权委员会向澳大利亚政府提议，应当促进无障碍技术的发展，甚至应强制行业相关人员学习与人权相关的知识与文件。

（三）算法决策的伦理问题及监管

在人工智能领域，自动决策或算法决策指的是通过使用算法和数据来自动做出决策，而不需要人类的直接干预。这种决策过程通常涉及使用机器学习、深度学习和统计模型等技术，对输入数据进行分析和处理，以生成相应的输出结果或行动建议。自动决策或算法决策的过程通常包括数据收集和准备、数据预处理和特征提取、模型训练、决策生成、决策评估和反馈。目前，自动决策或算法决策在许多领域中得到了广泛应用，如金融风控、医疗诊断、自动驾驶、推荐系统等。2022年，澳大利亚工业创新科学部发布《将澳大利亚定位为数字经济监管的领导者：自动决策和人工智能监管》这一议题文件，显示了澳大利亚政府在提升公务系统自动化决策能力的决心。事实上，澳大利亚从2015年就建立了数字化转型机构，旨在通过行政部门数字化转型以提升政府运行的透明度，提高决策公平性，降低民众信息获取成本。当前，越来越多的澳大利亚联邦辖区行政部门和机构利用先进的计算机系统来支持政府决策，其中包括澳大利亚税务局、社会福利联络中心、家庭和社区服务部以及澳大利亚国防部。

然而，这种决策过程也引发了一系列伦理和社会问题，如公平性、透明度、隐私保护和责任等，因此，算法偏差问题也成为热点议题。澳大利亚人权委员会于2021年发布的《数字科技与人权：最终报告》中特别界定和解释了算法偏差。按其解释，算法偏差指在自动决策中，数据集中的部分数据可能具有歧视信息，从而使机器学习模型做出的决策也带有歧视。当人工智能知情的决策工具产生不公平的输出时，可能会出现算法偏差问题。该报告还指出澳大利亚在刑事司法系统、广告、招聘、医疗保健、警务和其他领域的人工智能知情决策中出现了算法偏见。

2020年，人权与技术项目组着眼于算法偏差问题在人工智能决策中可能产生的不公平问题，发表了《用人工智能做出决策：解决算法偏差问题》的报告，探讨了澳大利亚的算法偏差风险及损失补救机制。该报告指出，算法决策管理系统作为机器学习模型，在处理数据并做出决策时不可避免地会产生误差（主要来源于处理方法中无法避免的统计偏差）。尽管数据科学家们会尽量将模型准确度控制在一个较高的水平，但在偏差发生时，对受影响的个体造成的损失并不因为模型准确度高而减小。基于这种统计误差的无法消除性，是否应当对这样的误差进行问责以及该如何进行问责成为了数据科技伦理监管的重要议题。

澳大利亚在算法决策管理方面较为突出的是保险精算行业。2022年

# 第四章
## 澳大利亚数字科技伦理监管的趋势与启示

末,澳大利亚人权委员会与澳大利亚精算师协会联合发布《人工智能与反歧视:主要新出版物》,指明在大数据和人工智能迅速发展的时代背景下添加与数字科技相关的反歧视法的重要性,同时制定了保险行业在数字科技时代下的反歧视行为指南——《指导资源:保险定价和承保中的人工智能和歧视》,借此规范人工智能自动决策在保险行业中定价与承保时的运用。

此外,人们认为算法决策同样对澳大利亚的隐私法律法规提出了挑战,因为算法决策涉及大量的提取和数据处理,在此过程中要完全符合澳大利亚隐私法律法规的相关监管规定也是困难重重。

## 四、澳大利亚数字科技伦理监管的框架

### (一) 数字科技伦理监管的主体

随着数字技术的不断发展以及数字科技伦理监管的不断完善,澳大利亚目前形成了由多元主体构成的数字科技伦理监管体系,包括政府部门和机构、行业组织和协会、大学和研究机构、媒体和公众、企业。

#### 1. 政府部门和机构

澳大利亚政府分为澳大利亚联邦政府以及澳大利亚各州政府。澳大利亚联邦政府一般率先出台法律法规并成立相关政府机构以确保法律法规的实施,其法律法规效力范围一般覆盖澳大利亚联邦政府部门、诺克福岛及相关私营企业。而澳大利亚各州政府在联邦政府发布法规后会出台相应的法律法规,并参照联邦政府成立相关机构,以确保法规的实施,其法规效力范围为州政府及相关企业。下文主要介绍联邦政府的各个监管主体及其执行的与数字科技伦理监管相关的法律法规。

上述对澳大利亚数字科技发展状况和数字科技伦理监管发展历程的梳

## 数字科技伦理监管：全球趋势与中国借鉴

理显示，澳大利亚政府在数字科技伦理监管方面发挥了重要的主导作用，通过确定战略、设立专门机构、制定相关法律或指南，确保澳大利亚数字科技发展符合伦理规范。在澳大利亚数字科技伦理监管体系中，最为高层次的政府部门为澳大利亚议会，其主要职责是制定澳大利亚数字科技行动计划，明确数字科技发展方向；制定和颁布与数字科技伦理相关的政策和法律，规范数字科技伦理监管；制定和发布与数字科技伦理相关的道德框架和指南，引导数字科技应用的伦理和道德行为；设立专门机构或部门推动数字科技伦理监管。

在联邦政府下属的大型政府部门中，负责数字技术伦理的是澳大利亚工业、科学与资源部，该部门主要负责管理澳大利亚数字科技产业发展，通过投资等方式支持澳大利亚数字技术能力发展，也包括构建数字科技伦理体系，以促进澳大利亚数字科技进行负责任的创新。

成立于1926年的澳大利亚国家科研机构——澳大利亚联邦科学与工业研究组织（Commonwealth Scientific and Industrial Research Organization，CSIRO），其使命是为澳大利亚的经济增长和社会发展提供科学和技术的创新解决方案。为推动数字科技的发展，CRISO专门创立了一个项目组——Data61项目组，其主要职责是通过创新研究、产业合作、创业支持和政策建议，推动数字技术和数据科学在澳大利亚的应用和发展，促进经济增长和社会进步。与此同时，Data61还负责探讨并制定适合数字科技发展的数字科技伦理监管体系。

而澳大利亚数字技术伦理监管主体中还有一个最为重要的专门机构——澳大利亚信息专员办公室（The Office of the Australian Information Commissioner，OAIC）。成立于2010年的OAIC是一个独立的澳大利亚政府机构，直接受命于澳大利亚议会和澳大利亚总理，其使命是确保澳大利亚政府、私营部门和非营利组织遵守澳大利亚《隐私法》以及相关法律法规。其主要职责包括：一是个人信息保护，即监督个人信息的处理和保

## 第四章
### 澳大利亚数字科技伦理监管的趋势与启示

护,确保组织和企业按照澳大利亚《隐私法》处理个人信息,并协助处理与个人信息保护相关的投诉;二是隐私权政策,即制定和发布有关个人信息保护和隐私权的政策,为澳大利亚政府和私营部门提供指导,确保其合规;三是教育和宣传,即提供培训和教育,向公众、组织和企业宣传个人信息保护和隐私权的重要性,提高公众对信息管理的认识和理解;四是监管与调查,即开展监督和调查工作,确保个人信息的处理和保护符合澳大利亚《隐私法》的要求,对违反法律的行为进行调查和追究;五是政策和法律建议,即为政府和立法机构提供有关个人信息保护和隐私权的政策建议和法律建议,参与相关法律法规的制定和修改。澳大利亚信息专员办公室主要依据《隐私法》《信息公开法》和《竞争与消费者规则》对个人隐私和数据保护加以强制性监管,也包括向公众普法,接受公众对于相关违法行为的举报,确保法律的落实。

澳大利亚竞争与消费者委员会是根据《澳大利亚竞争与消费者法》成立的组织,其使命是维护和促进澳大利亚的市场竞争,保护消费者权益,也负责一部分数字技术伦理监管。作为澳大利亚的消费者保护部门,它主要通过《ACCC/OAIC 消费者数据权利合规和执行政策》与澳大利亚信息专员办公室合作,辅助澳大利亚信息专员办公室保护消费者数据权利。

尽管尚无相关法律支持,澳大利亚人权委员会仍通过专门项目组研究数字科技中引发的伦理问题,提出了数字技术伦理中所存在的许多问题如算法偏差、人工智能决策知情权、面部及生物识别带来的歧视等问题,并要求予以改进或解决,以促进澳大利亚数字科技伦理监管体系的构建。

澳大利亚联邦政府为了推动政府部门向数字化、透明化、开放化转型,设立澳大利亚数字化转型中心致力于研究数字化转型的社会、经济和伦理问题,通过开展研究项目、组织研讨会和培训活动,促进对数字化伦理的理解和实践,为政策制定者和实践者提供支持。尽管数字转型机构目前并不直接涉及数字科技伦理体系的监管,但其引领的政府部门数字化转型能极大程度地促进澳大利亚民众的信息获取自由，在政府部门信息共享方面促进了澳大利亚对数字技术伦理的思考，随着数字技术的发展，可能在将来对构建数字科技伦理新体系有所帮助。此外，澳大利亚通信和媒体管理局对电信行业也具有一定的数字技术伦理监管作用，其有权依据1997年的《电信法》执行包括与在线安全和保障相关的法律法规。

2. 行业组织和协会

澳大利亚行业组织和协会在数字科技伦理监管方面发挥着重要的作用。这些行业协会通常代表特定行业或领域的利益，致力于促进行业的可持续发展和良好商业实践。在数字科技伦理监管方面，行业协会的行动和作用主要体现在以下几个方面：一是制定行业准则和指南，明确数字科技领域中的伦理原则和最佳实践，通过准则和指南帮助企业和从业者了解及遵守伦理规范，促进负责任的数字科技应用；二是促进自律和合规，鼓励其会员企业采取自律措施，确保数字科技应用符合伦理和法律要求，通过提供培训和指导，帮助企业建立和实施内部伦理和合规机制，推动行业的自我监管；三是作为行业的代表，参与政策制定和立法过程，就数字科技伦理相关的问题提供行业观点和建议，与政府和监管机构合作，推动制定和实施相应的监管措施，确保数字科技行业的发展与公众利益保持平衡；四是通过组织会议、研讨会和论坛等活动，分享经验和知识，行业从业者可以共同探讨数字科技伦理问题，并共同努力解决挑战，推动行业的良性发展。

在澳大利亚，许多行业组织和协会在数字科技伦理监管方面采取了具体的行动和做法。例如，信息与通信技术行业协会在政府制定《数字伦理准则》后，为企业和从业者提供关于数字伦理的实践指导，强调贯彻保护用户隐私、数据安全和公平竞争等原则；金融科技协会通过与政府和监管机构合作，促进数字金融创新，并制定了行业自律准则，以确保金融科技企业遵守伦理和法规要求；医疗科技协会致力于提高患者安全和保障医疗

# 第四章
## 澳大利亚数字科技伦理监管的趋势与启示

技术的质量和效能，通过制定医疗科技行业的行为准则和道德规范，以确保医疗科技的合规性和伦理性；人工智能协会通过组织行业研讨会和培训活动，就人工智能伦理问题进行讨论和指导，推动人工智能行业的伦理准则确立和自我监管，同时还负责相关从业人员的数字科技伦理培训。

总而言之，这些行业组织和协会的行动和做法可能包括制定行业准则和道德规范、提供培训和教育、与政府和监管机构合作、推动自律和合规措施、组织行业研讨会和交流活动等。这些举措旨在确保行业的可持续发展、用户权益的保护以及提高公众信任度。不同行业组织和协会的具体行动和做法可能会有所不同，以适应其所代表的行业的特定需求和挑战。

3. 大学和研究机构

澳大利亚的大学和研究机构在数字科技伦理监管方面同样举足轻重，这些机构通过研究、教育、政策参与和咨询等方式发挥作用，推广数字科技伦理监管意识，以推动数字科技的可持续发展和伦理监管。作为知识和研究的中心，澳大利亚的大学和研究机构在数字科技伦理方面的行动和作用主要体现在以下几个方面：一是研究与知识产出，即开展相关研究，探索数字科技的伦理挑战和问题，并产生相关的学术论文、研究报告和政策建议。这些研究成果为数字科技伦理监管提供了理论基础和实证依据，为政府、企业和社会制定相关政策和实践提供重要参考。二是教育与培训，即在大学和各类教育机构开设相关课程和专业，培养数字科技伦理专家和从业人员，同时，也向学生传授伦理原则、法律法规和最佳实践，培养他们在数字科技领域具备伦理意识和责任感，能够应对伦理挑战并采取适当的措施。三是政策参与和咨询，即参与政府、行业组织和非营利机构的政策制定过程，就数字科技伦理监管的问题提供专业见解，推动政策和实践的发展，确保数字科技的可持续发展与社会价值的平衡。四是合作研究，即与政府、行业和社会各界开展合作研究项目，共同探讨数字科技伦理问题，并寻求解决方案。通过与不同利益相关方的合作，大学能够促进知识共享、跨学科研究和共同努力，推动数字科技伦理的实践和监管。此外，大学和研究机构还可能承担着其他任务。例如，组织研讨会和会议、培养研究人员和学者、提供咨询服务等，这些举措有助于加强社会对数字科技伦理的认识，推动政策和实践的发展，确保数字科技的应用符合伦理原则和公共利益。

澳大利亚一些大学和研究机构在推动数字科技伦理监管所采取的具体行动和做法各有不同，但目标一致。旨在通过设立研究中心、团队或研究组开展相关研究项目、组织研讨会和公众活动、提供政策建议和咨询服务等方式，积极推动数字科技伦理的研究和实践。其中影响力较大的包括：墨尔本大学的"人工智能与数字伦理研究中心"，该中心致力于研究和探讨数字伦理的问题，通过组织研讨会、研究项目和公众活动，促进数字伦理的讨论和理解，并为政策制定者提供政策建议；昆士兰科技大学的"数字生活研究中心"，该中心关注数字技术对社会、文化和个体的影响，并研究与数字科技伦理相关的问题，其研究项目包括数字技术与隐私、数字不平等、数字权力和算法伦理等方面；悉尼大学的"数字伦理研究组"，该研究组致力于研究数字科技的伦理和社会影响，关注人工智能伦理、大数据伦理、数字平台伦理等问题，并积极参与公众教育和政策辩论，推动数字科技伦理的认识和实践；澳大利亚国立大学的"数字政策设计中心"，该中心致力于研究数字政策、数字伦理和数字治理的问题，其研究项目包括人工智能伦理、数据隐私和数字权力等方面，为政策制定者和实践者提供支持和咨询；作为一个跨行业合作的研究机构，澳大利亚数字健康研究所致力于解决数字健康领域的伦理、隐私和安全等问题，并通过合作研究、政策倡导和教育培训来推动数字健康的伦理监管。

值得一提的是，为了配合《人工智能行动指南》，打造先进数字经济体且提升从业人员的数字技术伦理意识，澳大利亚政府呼吁各高校开展职业实践课程，要求学生研究具体的数字科技伦理案例，加深计算机专业学

# 第四章
## 澳大利亚数字科技伦理监管的趋势与启示

生对数字技术伦理的理解。目前，澳大利亚大部分高校将其作为计算机专业硕士必修课程之一。

### 4. 媒体和公众

澳大利亚媒体和公众在数字科技伦理监管方面发挥着舆论主导者的作用。媒体通过舆论引导和监督等方式发挥作用，而社会公众则往往通过媒体参与政府或其他机构的活动，共同促进数字科技的负责任和可持续发展。

媒体推进数字科技伦理监管的具体实践和作用包括如下几个方面：一是公众提高。媒体通过报道、文章、讨论和宣传活动等方式，提高公众对数字科技伦理问题的认识和理解，并向公众传播相关信息，引发讨论和思考。二是引导舆论。媒体在数字科技伦理监管方面发挥着引导舆论的作用，通过报道、评论和辩论等方式，推动社会对数字科技伦理问题的关注和讨论。媒体的观点和声音能够引起公众的关注，并对政府、行业和相关利益方的行动施加影响。三是监督。媒体在数字科技伦理监管方面扮演着监督者的角色，通过跟踪和报道政府、行业和科技公司的实践和政策，揭示潜在的伦理问题和风险，并通过媒体监督推动数字科技伦理监管不断改善。四是促进公共对话。媒体为数字科技伦理问题提供了一个公共对话和辩论的平台。媒体通过组织研讨会、座谈会、公众论坛等活动，邀请各方参与讨论，并倡导多元的观点和利益的平衡，推动社会共识的形成。五是触发政策变革。社会大众和媒体的发声和关注能够引发政策变革和立法行动，通过舆论压力和公众呼声，促使政府和相关机构加强数字科技伦理监管的政策制定和实施，确保数字科技的应用符合公众利益和伦理原则。例如，在制定《人工智能伦理框架》时，澳大利亚政府开启了广泛的意见征集活动，在这一过程中，许多机构或者个体通过社会媒体表达了自身对于制定《人工智能伦理框架》的诉求，推动了澳大利亚《人工智能伦理框架》向更加符合大众需求的方向发展。

澳大利亚媒体机构主要通过新闻报道、专题文章、深度调查和在线平台等方式，推动公众对数字科技伦理问题的关注和讨论。例如，作为澳大利亚的公共广播机构，澳大利亚广播公司致力于提供多样化的新闻、信息和文化内容；悉尼晨锋报关注社会、政治、科技和文化等方面的新闻报道，经常报道数字科技伦理的问题和新闻事件，并通过深度报道、调查和专题文章等方式，引起公众对数字科技伦理的关注和讨论；墨尔本时报是维多利亚州最大的报纸，也是澳大利亚较重要的媒体之一，致力于报道重要的新闻和社会问题，包括数字科技伦理方面的挑战，其报道和专栏文章经常涉及数据隐私、人工智能伦理、社交媒体影响等问题，并引发公众对这些问题的思考和讨论；作为一个独立的在线新闻和评论平台，数字时代旨在为学术界和专业领域的专家提供发表意见和观点的平台，通过发布关于数字科技伦理的文章和专题，涵盖各个领域的观点和研究成果，促进公众对数字科技伦理的了解和讨论。

同时，媒体还承担着澳大利亚社会公众意愿载体的作用。澳大利亚社会公众在数字科技伦理监管方面主要是通过教育、倡导、参与和个人行动，加强对数字科技伦理问题的认识，促进相关政策和实践的改善。一是通过参与各类组织举办研讨会、讲座、培训课程等，提升公众对数字科技及其伦理的认识，以更好地应对数字科技伦理问题；二是通过组织抗议活动、请愿书、公开信等集体或个人行动，呼吁政府和企业采取更加负责任和透明的数字科技实践；三是通过社交媒体平台、博客和在线论坛等方式，分享观点、经验和故事，提出问题和建议，并与其他公众成员交流互动，这种在线参与促进了广泛的意见交流和社会共识的形成；四是积极参与政府的政策制定过程，参与公开磋商、提供意见和建议，参加政府组织的咨询会议和问卷调查等，特别是参与数字科技伦理监管方面的政策制定。公众的参与确保了政策的代表性和公正性，而媒体在自身活动中通过对公共事件的报道，在一定程度上反映了澳大利亚的公众意愿。

#  第四章
澳大利亚数字科技伦理监管的趋势与启示

5. 企业

澳大利亚企业是数字科技伦理的自律者和践行者。在推动数字科技更加负责地应用和可持续的过程中，澳大利亚企业通过参与起草和制定行业标准和准则，规范数字科技的应用和行为，确保数字科技在符合伦理和道德要求的同时发挥其最大潜力；通过开发和提供技术解决方案和工具，以帮助其他企业和组织实现数字科技的负责任应用，如数据隐私保护工具、透明度和可追溯性的技术解决方案，以及用于伦理评估和决策支持的算法模型等；通过组织研讨会、培训课程和社区活动，促进讨论和知识共享，推动数字科技伦理的理念和最佳实践；通过与政府机构、行业协会和研究机构等合作，共同制定数字科技伦理监管的框架和政策；通过参与公共咨询和政策制定过程，提供专业意见和建议，以确保监管措施的合理性和可行性。此外，许多企业通过制定内部政策和准则，定期进行伦理合规性审查，并积极接受第三方的独立评估和认证，以确保其行为符合道德和法律要求。

在实践中，企业主要通过以下机制进行监管自律与实践：一是采取安全加密措施、访问控制和数据匿名化等技术，以保护用户的个人信息；二是公开数据使用和共享政策，并提供用户选择和控制的机制；三是公开披露数据使用和算法决策的原则，致力于避免偏见和歧视；四是积极参与行业标准和指导文件的制定，以确保数字科技的道德实践；五是通过提供用户教育材料和资源，解释数字科技的使用和影响，确保用户知悉其数据是如何被收集、使用和共享的；六是加强用户同意机制，确保用户能够明确选择是否分享其个人信息。

澳大利亚企业还通过与政府部门合作以及在政府制定数字科技伦理监管制度过程中表达自身诉求与观点，以影响数字科技伦理监管。其中，影响较为深远的有德勤会计师事务所通过"揭秘数据"这一研究项目，与澳大利亚政府合作长达五年，聚焦于澳大利亚数字科技领域人力资源存在的问题，为澳大利亚政府制定数字技术战略伦理监管提供了一定的依据。此外，一些较为大型或者特色企业会被澳大利亚政府邀请，分享数字技术最佳伦理实践。例如，澳大利亚电信、澳大利亚国民银行都曾受到澳大利亚工业、科学与资源部的邀请，与众多企业分享如何配合政府进行数字技术伦理监管的实践。

（二）数字科技伦理监管的制度安排

制度安排是指为实现特定目标或解决特定问题而建立的一系列组织、机构、规则和法律的结构。它可以提供一种有组织的、有序的方式来解决问题、管理事务，并确保各方在参与中遵守规则。在数字科技领域，澳大利亚通过制定战略目标、完善法律和法规、加强资源和能力建设、构建多方合作机制，形成了一个综合伦理监管的制度安排，共同确保数字科技的负责任应用、个人隐私的保护、在线安全、人工智能伦理等问题得到适当管理和监管。

1. 制定战略目标：确定监管大方向

澳大利亚在数字科技伦理监管方面采取了一系列战略性政策，引导数字科技的负责任应用和可持续发展。例如，2015年12月，澳大利亚政府发布了国家第一份《国家创新和科学议程》，它标志着澳大利亚的创新政策进入一个持续资助科学发展的新时代。政府在提出创新和科学总体计划时，一方面，提出将资助更多的女性参与科研领域、STEM产业、创业和创新型企业，建立支持性别平等的项目和网络，通过让女性为国家作更大的贡献来激发国家的全部潜能；另一方面，特别关注数字科技议题，提出政府将通过数字转型办公室改进其服务并参与数据革命，为促进创新和最大程度地利用公共数据，澳大利亚将破除政府机构掌握的多个不同数据库之间的障碍。2018年，澳大利亚政府针对数字经济方面发表《澳大利亚技术未来——实现强大、安全和包容的数字经济》战略报告，该报告提出要

# 第四章
## 澳大利亚数字科技伦理监管的趋势与启示

在人力资本、服务、数字资产和有利环境四个领域采取措施，最大程度地推动数字经济发展。2019年，CSIRO针对数字经济发布《人工智能线路图》，其中也涉及在数字经济下如何保护用户隐私等议题。同年，Data61在《人工智能行动方案》中提出负责任的人工智能的观点，这对伦理监管体系产生了极为重要的影响。澳大利亚政府于2018年发布了《澳大利亚数字经济战略》，旨在推动数字化转型，包括数字科技伦理监管的重要组成部分。该战略强调了数据隐私保护、透明度和责任、数据安全等方面的重要性，并提出了加强监管和推动创新的目标。此外，澳大利亚议会在2021年推出的《数字经济战略》中，为女性参与数字科技行业设立了专项拨款，帮助女性从业者融入数字科技行业，旨在消除数字技术行业中现存的性别歧视。这一系列的发展布局反映了澳大利亚数字科技伦理监管的重点，也反映了在监管的不断深入过程中澳大利亚监管的新关注点。

2. 完善法律法规：确定具体监管准则

目前，澳大利亚政府部门尚未出台专门的数字技术伦理监管的具体法律法规，其对于数字科技伦理的法律监管主要通过对原有的法律法规进行修改，从而使其适应数字科技时代的伦理体系。换言之，澳大利亚主要通过隐私及数据安全、公司治理及风险责任管理、金融服务法规、知识产权法规、反歧视法规等间接影响数字科技伦理监管。尽管没有专门的数字科技伦理法规，但澳大利亚的一部分数字科技法律法规在经修改后都添加了一定的数字科技伦理监管条例，成为了数字科技伦理监管的主要依据。首先，澳大利亚政府通过《隐私法》建立了澳大利亚隐私原则，规范了应该如何收集、存储、使用和披露个人信息；其次，通过《信息自由法》确定政府信息是一种公开的可用资源，以减少数据使用行业的信息获取成本；最后，通过《竞争与消费者法案》中消费者数据权利部分来保证个人信息不会在不知情的情况下被厂商使用。这三项法规共同构成了数字科技中数据集获取的总体性监管体系，对所有数字技术领域都起到了伦理监管作用。此外，澳大利亚政府还通过以下法律和政策对数据科技的特定相关伦理议题加以规范。《电子交易法》确立了在数字环境中进行电子交易的法律地位和规则，它规定了数字签名的有效性、电子合同的法律效力以及电子文件的保存和认证等事项；《垃圾邮件法》旨在打击垃圾邮件和不良电子信息，它规定了发送商业电子邮件的要求，包括获得事先同意和提供取消订阅选项等；《通信法》规定了执法机构对通信数据进行拦截和访问的规则和程序，它平衡了个人隐私和国家安全之间的权衡，并确保合法的调查和监控活动；《竞争与消费法案》旨在保护消费者权益，防止不正当竞争行为；《出版物、电影和电子游戏分级法案》规定了电子游戏的分类制度和评级准则，以保护未成年人免受不适宜内容的影响。

3. 为加强能力建设提供指南：优化监管实施环境

除了相关政策法规在制度层面的推进以外，澳大利亚政府还善于运用各种手段以加强资源和相关能力建设来推动数字科技伦理监管实施环境，确保监管顺利进行，其中最为常见的措施是以下两项：

一是提供伦理监管的资源。澳大利亚在数字伦理监管方面致力于提供丰富的资源，以帮助各方了解和应对伦理挑战。政府部门、学术机构和专业组织发布了众多的指南、报告和框架，涵盖了数据保护、隐私权、人工智能伦理等领域的准则和最佳实践建议。这些资源为相关从业人员和机构提供了指导和参考，帮助他们更好地处理数字伦理问题。

二是推动培训和教育计划。澳大利亚在数字伦理监管方面开展了培训和教育计划，以提升从业人员的伦理意识和能力。培训和教育计划的开展有助于提升整个行业的伦理水平和责任意识。例如，澳大利亚计算机协会提供的关于人工智能伦理和数字伦理的培训课程，该课程旨在帮助从业人员了解和应对相关伦理问题。学术界和研究机构在数字伦理培训方面也发挥着重要作用，澳大利亚的多所大学都开设了关于人工智能伦理和法律方面的课程职业实践，旨在培养学生对伦理挑战的认识和应对能力。

第四章
澳大利亚数字科技伦理监管的趋势与启示

4. 推动多方共同参与：形成协同监管机制

澳大利亚在数字伦理监管方面注重推动多方共同参与，形成协同监管机制，主要涉及政府部门、学术界、行业组织和民间社会组织之间的合作，这些合作关系可以促进知识交流、共享资源和合作研究，以提高整体的监管能力。

其中，作为数字技术监管直接单位的澳大利亚信息专员办公室与澳大利亚数据保护委员会、澳大利亚人工智能数据伦理委员会等其他政府机构合作，共同推动数字伦理监管发展。这些机构在政策制定、法规制定和指导原则等方面合作，并共享资源和信息。作为数字技术伦理监管准则研究机构 Data61 与学术界、产业界和政府部门合作开展研究和创新项目，通过与各方合作，探讨数字伦理挑战，并提出解决方案和最佳实践，他们的研究成果和报告也为政府和行业组织提供了重要的参考和指导。在电信行业方面，澳大利亚电信工业协会与政府机构合作，制定了关于个人信息保护和隐私权的行业指南。澳大利亚政府与民间社会组织合作，以确保公众利益和社会价值在数字伦理监管中得到充分考虑。在最新的数字科技与人权议题中，澳大利亚人权委员会作为政府部门与会计师事务所合作，发布了关于人权和技术的报告和指南，强调了伦理原则和权益保护的重要性。澳大利亚的大学和研究机构通常与政府部门和行业组织开展研究项目并提供专业知识和建议。这些机构在合作过程中主要通过参与政策制定、知识共享和培训活动，为数字伦理监管提供学术支持和思路。

## 五、澳大利亚数字科技伦理监管的特点

通过上述对澳大利亚数字科技发展状况、数字科技伦理监管发展历程以及数字科技伦理监管框架的梳理，可以从中总结出澳大利亚数字科技伦理监管的特点，以期为中国数字科技的伦理监管提供一定的借鉴。

## （一）较为完善的数据和隐私保护监管体系

澳大利亚数字科技伦理监管的主要成效之一就是建立了一套较为完善的数据和隐私保护体系，主要由 1988 年的《隐私法》、1982 年的《信息公开法》与《竞争与消费者规则》在 2019 年补充修订的消费者数据权利构成。其中《隐私法》保护了澳大利亚公民自身数据安全以及数据泄露发生时的知情权，《信息公开法》保证了公民获取政府及部分企业信息的权利。这两部法律相辅相成，共同明确了澳大利亚公民信息的"进"与"出"的权利范围。《竞争与消费者规则》所界定的消费者数据权利，则明确了数据的使用方法，向公民明确企业以及政府将如何使用收集到的数据，回答了"怎么做"的问题。如表 4-1 所示，最终，这三项主要法律法规相互结合，在澳大利亚构建了较为完善且明确的数据和隐私保护体系。

表 4-1 澳大利亚数据和隐私保护的监管体系

| 法律法规 | 执行机构 | 界定内容 |
| --- | --- | --- |
| 《隐私法》 | 信息专员办公室 | 消费者数据隐私权及数据泄露的知情权 |
| 《信息公开法》 | 信息专员办公室 | 公民在公示网站上的信息获取自由 |
| 《竞争与消费者规则》 | 信息专员办公室和竞争与消费者委员会 | 公民消费者数据权利，界定能够使用消费者私人数据的情况，确定消费者的数据只能在被允许的情况下使用 |

资料来源：笔者根据资料整理而成。

## （二）较为全面的伦理框架和准则

在上述具有强制约束力的法律法规的基础上，澳大利亚各部门和机构分别制定了相关的伦理框架或倡议，基于自愿性原则，引导数字科技产业的行为。这些伦理框架可能针对的是数字科技的特定领域，或由特定政府主管部门、行业协会或者企业制定和实施。

# 第四章
## 澳大利亚数字科技伦理监管的趋势与启示

从 2019 年开始制定到 2021 年完成，在制定人工智能伦理基本准则的两年中，澳大利亚 Data61 项目组展开了多场研讨会，要求许多大型企业及学校发布相关讨论文件，并通过媒体及政府网站发布意见咨询，广泛收集群众意见，在一定程度上实现了民众参与，最终形成了一套被大众广泛认可的、包含八个原则的《人工智能伦理框架》（见表 4-2）。这个伦理框架奠定了澳大利亚发展人工智能的道德基准。

表 4-2 澳大利亚《人工智能伦理框架》的八个原则

| 准则名称 | 具体内容 |
| --- | --- |
| 人类、社会和环境福祉 | 人工智能系统应该造福个人、社会和环保 |
| 以人为中心的价值观 | 人工智能系统应该尊重人权、多样性和个人的自主权 |
| 公平性 | 人工智能系统应具有包容性和可访问性，不应涉及或导致对个人、社区或群体的不公平歧视 |
| 隐私保护和安全性 | 人工智能系统应尊重和维护隐私权和数据保护，并确保数据的安全性 |
| 可靠性和安全性 | 人工智能系统应可靠地按照其预期目标而运行 |
| 透明度和可解释性 | 人工智能系统应该有透明度和负责任的披露，以便人们能够理解何时受到人工智能系统的重大影响，并了解人工智能系统何时与他们进行交互 |
| 可讨论性 | 当人工智能系统对个人、社区、群体或环境产生重大影响时，应该有及时的过程让人们对人工智能系统的使用或结果提出质疑 |
| 问责制 | 负责人工智能系统生命周期不同阶段的人应该是可识别的，并对人工智能系统的结果负责，同时应该允许对人工智能系统进行人工监督 |

资料来源：笔者根据资料整理而成。

除此之外，一些与数字科技密切相关的部门、行业组织和协会也制定了相应的伦理框架或准则，推动行业自律和最佳实践。例如，澳大利亚信息与隐私专员办公室（OAIC）发布了澳大利亚《隐私原则》，该《隐私原则》涵盖了许多与数字科技伦理有关的方面，如数据收集与使用原则、信息安全、个人信息的保护和数据泄露通知义务等。

澳大利亚国家档案管理局也制定了一套《信息管理标准》，以帮助公共部门和各类机构合规地管理信息和记录，确保其价值、可访问性和合规性。其中有两个重要的信息管理标准：一是战略信息管理方面的标准，该标准旨在确保公共部门和机构在信息管理方面具备一致性和高标准。它要求组织制定和实施信息管理策略和计划，包括信息资产管理、信息管理体系、信息安全和信息共享等方面的要求。二是记录管理标准，该标准关注记录管理，旨在确保记录的安全、完整性和可用性。它要求组织建立记录管理政策和程序，包括记录的创建、分类、存储、检索、保存和销毁等方面的要求。

作为非政府组织，一些研究机构和大学同样设立了伦理审查委员会并制定了相应的伦理准则，负责审查涉及人类受试者的研究项目，包括涉及数字科技的研究。这些委员会主要是确保研究遵守伦理原则，研究人员必须经过伦理审查批准后才能进行相关研究，并遵守伦理审查委员会的指导原则。此外，如前文所述，澳大利亚许多企业制定了自己的伦理准则和行为规范，以确保数字科技的负责任应用和可持续发展。

（三）专门的监管机构和组织

设立专门机构与对应法律法规，确保法律法规能够有效执行，这是澳大利亚政府数字科技伦理监管的一大特色。通过上文梳理，我们可以了解到，负责澳大利亚数字科技伦理监管的政府部门包括多个专门机构，这些机构在不同方面负有监管职责。需要注意的是，数字科技伦理问题的监管和倡议在澳大利亚的分工比较复杂，涉及多个机构和部门的合作和协调。以下是涉及数字科技伦理监管的一些重要机构：

澳大利亚信息与隐私专员办公室负责监督和推动澳大利亚的隐私和信息管理事务。它提供指导和建议，监督《个人信息保护法》和《隐私法》的施行，以及处理隐私投诉和调查数据泄露等问题。

澳大利亚数字转型局负责推动澳大利亚联邦政府的数字转型和数字服

## 第四章
## 澳大利亚数字科技伦理监管的趋势与启示

务。它提供关于数字服务交付和数字身份认证的政策和指导，以确保数字服务的安全性、可靠性和用户体验。

澳大利亚竞争与消费者委员会负责监督和推动澳大利亚的竞争和消费者保护事务。它在数字科技领域扮演着监管者的角色，监督和调查与数字科技相关的竞争问题和消费者权益问题。

澳大利亚标准协会负责制定和推广相关的标准，如数据隐私标准、人工智能伦理标准等，以引导和规范数字科技伦理行为。

此外，其他部门和机构如澳大利亚通信与媒体管理局、澳大利亚网络安全办公室、澳大利亚人权委员会等也在各自的领域内涉及数字科技伦理问题的监管和倡议。

为了顺应数字化政府战略，澳大利亚绝大多数专门机构都建立起了自己的网站，这些专门机构的网站在促进全民参与方面发挥了极大的作用，专门机构网站公开了相关负责人的联系方式和问题反映渠道，使得民众有机会直接与专业人员交流，加深民众对规章制度的了解并提高了民众的参与热情。同时，这些网站还依据《信息公开法》披露有关数据，方便民众数据获取，其在普法、提高群众信任度、提高政府透明度及运营效率方面都具有积极意义（见表4-3）。

表4-3 澳大利亚机构及其法规

| 相关机构 | 主要执行法规 | 数字科技伦理监管中的权利范围 |
| --- | --- | --- |
| 信息专员办公室 | 《隐私法》《信息公开法》和《竞争与消费者规则》中的消费者数据权利部分 | 保护公民隐私、数据泄露知情权，保护公民信息获取自由，协助竞争与消费者委员会维护消费者数据权利 |
| 竞争与消费者委员会 | 《竞争与消费者规则》 | 在多数情况下确保消费者数据在被允许的情况下使用 |
| 澳大利亚数字健康局 | 《我的健康记录法案》 | 推动澳大利亚数字健康战略的实施和协调数字健康服务的交付 |
| 通信和媒体管理局 | 《电信法》 | 确保电信行业运行过程中尊重用户隐私，合法使用用户数据 |

续表

| 相关机构 | 主要执行法规 | 数字科技伦理监管中的权利范围 |
|---|---|---|
| 数字化转型办公室 | 《数字转型战略》（政策方针） | 推动政府机构数字化转型，加强政府部门透明度，减少公民信息获取成本 |
| 人权委员会 | 《人权与技术最终报告》（倡议书） | 监督澳大利亚境内的隐私和数据保护问题，包括监督政府机构<br>确保数字化和科技的发展不会削弱澳大利亚公民的基本人权和自由；不会削弱澳大利亚公民平等享受数字科技的权利和机会 |

资料来源：笔者根据资料整理而成。

### （四）多元化、多层次的监管体系

通过上文梳理，我们可以得知，澳大利亚的数字科技伦理监管体系是一个多元化、多层次的体系。在这个体系中，不同的机构和组织在数字科技伦理监管方面扮演着不同的角色，通过制定和出台法律法规、政策指引、行业准则、标准和认证等，整合多方资源和能力，通过多种手段，确保数字科技在合规、伦理和用户权益保护方面达到最佳水平。

一是监管主体的多元化。一方面，澳大利亚联邦政府负责制定和监管整体的数字科技伦理政策和法规，相关的联邦政府部门包括澳大利亚信息与隐私委员会、电子通信与媒体管理局和澳大利亚竞争与消费者委员会等；另一方面，各州和地方政府在自己的管辖范围内也可能制定适用于数字科技伦理的政策和法规，各州和地方政府可能设立相应的机构或部门来管理数字科技伦理事务。行业组织和企业在数字科技伦理监管中发挥着重要作用，负责制定行业准则、自律机制和最佳实践，确保数字科技在行业内得到负责任和符合伦理的应用。学术界在数字科技伦理研究和知识产出方面发挥着关键作用，通过研究项目、专家意见和学术出版物等方式，提供对数字伦理问题的深入理解和分析。而公众和民间社会组织是数字科技伦理监管的重要参与者，通过参与公共咨询、社会对话和倡导活动，代表

# 第四章
## 澳大利亚数字科技伦理监管的趋势与启示

公众利益，提供广泛的观点和意见。

二是多层次的监管手段。澳大利亚在数字科技伦理监管中，采用不同层次和不同类型的措施和手段来实施。首先，制定和实施法律法规是数字科技伦理监管的基础，澳大利亚政府制定了一系列法律法规，包括《澳大利亚隐私法》《信息公开法》等。通过法律法规，国家可以规范数字科技使用的范围、条件和限制，确保公民的权益和数据的安全。其次，澳大利亚政府通过制定政策框架，明确了数字科技伦理的原则和指导方针，为各级监管机构和行业组织提供了指导和规范。澳大利亚政府发布了数字科技伦理方面的相关政策和指南，如《人工智能伦理原则》和《数据伦理框架》等。再次，行业组织可以建立自律机制，制定行业准则、行为规范和标准，对行业从业者进行监督和约束，确保行业的合规和道德规范。最后，澳大利亚通过制定和推广技术标准和认证机制，促进了数字科技产品和服务的安全性、隐私保护和伦理合规。

## 六、澳大利亚数字科技伦理监管实践对我国构建数字科技伦理监管体系的启示

通过对澳大利亚数字科技伦理监管制度安排的研究，笔者认为澳大利亚数字科技伦理监管实践对我国数字科技伦理的监管模式设计、监管制度设计、监管重点领域制定与民众知识普及都具有启示意义。

（一）监管模式设计：强制性与自愿性相结合

澳大利亚数字科技伦理监管体系中值得借鉴的一点是"以强制性约束为主，以自愿性自律为辅"的政策模式，即一方面通过"硬法"约束，维护法律底线；另一方面通过"软法"自律，满足道德要求和伦理期望。我国在数字技术伦理监管的制度安排中，应该重视强制性约束和自愿性自律

的结合。比如，在需要保住底线如隐私保护等方面应通过立法进行。但由于数字技术是一项较为前沿的技术，新的伦理议题不断出现，对于诸如研发道德抑或是其引发的人权问题这些新兴伦理议题，也许可以用道德倡议等方式进行规范；必要时，自愿性的自我规范也可能上升为强制性的法规。这样有助于我们在规范数字科技行为准则的同时保持数字科技创新的活力，让数字科技在合理的伦理监管框架下有序创新，在科技创新中进一步完善监管框架。

目前，我国已经通过立法制定相应的法律法规，如《网络安全法》《个人信息保护法》等，明确了数字科技伦理监管的基本原则和要求。这些法律法规具有明确的法律效力，对违反伦理规范的行为给予处罚和制裁。同时，监管机构通过执法和监督，确保这些法律法规的有效执行，为数字科技伦理监管提供了强制力和约束力。除"硬法"外，中国还制定了一系列软性规范和指导文件，如行业标准、指导意见等，以引导和规范数字科技伦理行为。这些"软法"文件具有灵活性和可调性，可以根据行业发展和伦理挑战的变化进行及时调整和修订。为进一步强化以法律制度为基础的"硬法"和以行业倡议、政府意见与指南等为基础的"软法"的内在衔接，我国相关监管机构可以将"硬法"中的基本原则和要求进一步细化和明确，并将其体现在"软法"文件中。例如，"硬法"可能规定个人信息保护的基本原则，而"软法"则具体规定个人信息保护的具体措施和要求。通过这种衔接，"软法"可以更具体地指导实际操作，同时与"硬法"形成一体化的监管框架。此外，在数字科技快速发展的环境下，监管内容需要及时调整和修订，以适应新技术和伦理挑战的出现。我国相关监管机构也应通过密切关注行业动态和技术进展，与相关利益相关方进行沟通和合作，及时调整和修订"软硬法"规则，这种灵活性和及时性的调整可以更好地适应数字科技的发展和伦理要求。

此外，法律法规的可拓展性在数字科技这样迅速发展的领域也显得极

## 第四章
### 澳大利亚数字科技伦理监管的趋势与启示

其重要。随着新的道德风险的出现和数字技术的不断发展，监管机构和政策制定者必须准备好修订和更新法规，通过不断对相关法规进行合理的调整，使其适应科技与经济发展需要。在必要时也可以进行监管对象以及监管方向的调整，以保证数字科技伦理监管拥有足够且合理的覆盖面，提高其影响力，减小监管产生漏洞的可能性。

（二）监管制度设计：构建多层次的治理框架

澳大利亚在数字科技伦理监管的经验表明，数字科技伦理监管的治理框架是一个综合的体系。从中国实践出发，既要包括政府、行业组织、教育和研究机构、社会组织与公众等多元主体，设立专门的监管机构，还要通过法律法规、行业准则、标准等多层次的手段加以监管。

一是加强立法工作，制定和修订相关法律法规，以适应数字科技快速发展的需求。法律法规是数字科技伦理治理的基础，它们规定了数字科技应用的界限和规范。法律法规可以包括个人隐私保护法、数据保护法、网络安全法、消费者保护法等，以确保数字科技的发展和应用不违反法律原则和道德准则。例如，我国于 2021 年颁布了《个人信息保护法》，对个人信息的收集、处理和使用做出了更为具体的规定，进一步加强了个人信息保护。

二是鼓励相关行业组织和企业建立自律机制，制定行业准则和规范，自主规范行为。自律机制是数字科技行业自发建立的规范和准则，可以填补法律法规的空白，并为行业参与者提供指导。这些准则可以由行业协会、专业组织或企业制定，包括数据隐私保护准则、人工智能伦理准则、算法透明度准则等。例如，中国互联网行业协会、中国人工智能产业联盟协会、中国电子商务行业协会都分别制定一系列行业伦理准则和规范，以促进行业自律和良性发展。

三是继续制定和修订与数字科技伦理相关的标准，这些标准应该具备科学性、可操作性和适应性，以指导和规范相关行业的实践。事实上，目前，中国已经发布了一系列与个人信息安全相关的标准，如《个人信息安全规范》《信息安全技术个人信息安全规范》等。这些标准规定了个人信息的收集、存储、使用、传输和销毁的要求，以保护用户个人信息的安全和隐私，于是提升标准的科学性、可操作性便成为了政策改进重点。此外，中国应该积极制定和修订在人工智能、大数据、数据共享与开放等方面的标准，这些标准的制定和修订过程应该由相关部门、行业协会和专业机构牵头，广泛征求各方的意见和建议，经过专家评审和公开讨论后发布。同样重要的是，由于数字科技伦理问题往往具有跨国性和全球影响力，因此，中国应积极参与国际组织和多边合作机制，共同制定跨国数字科技伦理标准和准则，这有助于促进全球数字科技伦理治理的一致性和合作性，减少不同国家之间的分歧和冲突。

四是加强技术评估和风险管理。加强技术评估和风险管理是数字科技伦理治理的重要方面，数字科技伦理监管应考虑技术的潜在风险和影响，技术评估可以帮助识别和评估数字科技应用的伦理问题，并制定相应的管理措施。在中国，除了制定和出台法律法规、政策文件和指导意见来加强技术评估和风险管理外，一方面，需要建立专门的技术评估机构或专家团队，负责对新兴数字科技的应用进行评估和监测，确保数字科技应用符合伦理要求和社会价值；另一方面，应该加强对数字科技应用的风险管理，包括风险评估、风险防范和风险应对，相关部门和企业应识别和评估数字科技应用可能带来的风险，并采取相应的管理和控制措施，确保应用合规且在伦理范围内进行。

借鉴澳大利亚数字科技伦理监管经验，在中国建立多层次、全方位的监管模式，有助于扩大监管受益范围，提升监管规则的科学性、可操作性与适应性，加强风险管理机制，促进全体社会部门自律。

# 第四章
## 澳大利亚数字科技伦理监管的趋势与启示

（三）监管重点领域：紧跟技术发展、聚焦公众关切

总体上，澳大利亚数字科技伦理监管的重点随着移动通信、互联网、人工智能兴起等数字科技变革所衍生的伦理议题而变化。与澳大利亚相似，目前我国数字科技伦理的监管应该关注数据隐私和保护，聚焦人工智能伦理和责任，鼓励组织提供透明和可解释的数字科技系统和算法，强调数字科技市场的公平竞争和反垄断监管，关注数字权益和数字包容性。此外，从中国实际出发，我国数字科技发展非常迅速，覆盖面广，行业规模大，所衍生的伦理议题更加复杂和多样，因此，在调整和明确伦理监管内容和重点时应考虑以下几个方面：

一是明确数字科技伦理监管的基本原则和价值观，如隐私保护、公平公正、透明度、负责任等，重点监管违反这些原则和价值观的行为和应用。

二是聚焦关键技术领域。中国数字科技行业涵盖了广泛的领域，如人工智能、大数据、云计算、物联网等，重点关注这些关键技术领域中的伦理问题和潜在风险，评估可能对用户权益、隐私保护、社会公正等方面可能产生的重大影响。

三是了解公众关切和期望。目前公众对数字科技伦理问题的关注度不断增加，社会对隐私保护、数据安全、算法公正等问题提出了更高的期望。监管内容的及时调整应充分考虑公众关切，并主动开展社会参与。通过听取公众意见、举办公开研讨会和征求意见等方式获取社会反馈，及时调整监管重点和内容。

四是重视前瞻性研究和评估。数字科技伦理监管需要具备前瞻性的视野和研究能力，及时了解新兴技术的伦理挑战和风险，对这些风险进行科学评估，并基于科学研究和评估结果进行监管内容的调整。同时，监管机构还应主动参与国际合作和知识共享，了解国际领先的监管实践和经验，

为我国监管内容的及时调整提供参考。

综上所述，从中国实践出发，在对中国数字科技伦理建设内容进行及时调整时应考虑技术创新、公众关切、前瞻性研究等因素，并采取灵活的监管措施，这有助于监管政策适应数字科技行业快速变化的环境和伦理挑战。此外，中国数字科技伦理监管应该通过"硬法"和"软法"相结合，实现监管的全面性和灵活性，以适应数字科技的快速发展和伦理挑战的变化。同时，法律法规的可拓展性也很重要。随着新的道德风险的出现和数字技术的不断发展，监管机构和政策制定者必须修订和更新法规，通过不断对相关法规进行合理的调整，使其适应科技与经济发展的需要。

（四）民众知识普及：重视数字科技伦理教育

在推广普及数字科技伦理时，澳大利亚注重在高等教育中推进数字科技伦理的教育，其中，最具代表性的做法是将职业实践这一包含了许多数字科技伦理教育的课程强制加入了计算机专业的修读计划。

除了在高等院校在校学生进行数字科技伦理教育外，相关机构还为从业人员、企业和组织提供数字科技伦理培训和研讨会，帮助他们了解伦理问题、法律规定和最佳实践，引导他们在工作中遵循伦理原则。国家和各级政府通过科研资助、组织学术会议和交流活动等方式，鼓励学者和研究机构在数字科技伦理领域进行深入研究，促进学术界对于伦理问题的讨论和思考。此外，澳大利亚通过媒体、网络和社会活动等渠道，提高公众对数字科技伦理问题的认识和关注度，引发社会讨论和舆论引导，推动伦理意识的普及和强化。

通过借鉴澳大利亚数字科技伦理教育经验可以得出，在中国以适当的方式推动数字科技伦理教育，有助于提高人们对数字科技伦理问题的认知和理解，引导人们在数字科技领域遵循伦理原则，促进数字科技与社会的和谐发展。

# 第五章　日本数字科技伦理监管的趋势与启示

进入21世纪以来，以互联网、大数据、人工智能为代表的数字科技在日本快速发展，社交网络、电子商务、共享经济已成为不可缺少的社会基础设施。截至2020年，日本已实现超高速宽带全覆盖，8成以上家庭连接了互联网；光纤占固定宽带比例超过八成，处于世界领先水平；手机签约数达到1.9亿个，是人口数的151%。同时，数字科技在企业加速应用，2021年的调查显示，24%的日本企业引进了人工智能，28%的企业引进了物联网，42%的企业引进了数据分析，54%的企业引进了云技术。

然而，数字科技在提高社会生产力、推动技术创新和产业升级的同时，也带来了隐私泄露、算法偏见、信息造假等伦理问题。为了减少数字科技带来的负面影响，日本在21世纪初便开始研究和建立数字科技伦理监管制度，通过发布伦理原则、制定行动指针、实行激励政策等举措，逐渐形成了较完整的数字科技伦理问题的监管体制。从历史上看，日本通过对欧美技术和伦理观念的吸收，形成了自己的技术伦理体系。在当今数字科技发展的潮流中，日本也参照欧美经验制定出了具有自身特点的监管体制。然而，我国现在对日本的状况缺少研究。鉴于此，本章通过解析原文资料，对日本数字科技伦理监管现状进行了全面梳理和分析，归纳了日本数字科技伦理监管体制的特点，并提出对我国数字科技伦理监管的建议。

# 一、日本数字科技产业的发展现状

所谓的数字科技产业，意为与数字科技的制造、利用有关的所有产业，主要有信息通信技术的设备和终端装置制造、网络开发与服务提供、云和数据中心开发与服务提供、内容服务等产业。20世纪90年代中期以来，日本的数字科技快速发展，广泛应用到社会经济活动的各个领域，成为不可缺少的基础设施。

（一）数字科技发展阶段

依据总务省2022年《信息通信白皮书》，日本的数字科技发展起步于20世纪90年代中期，至今经历了三个阶段：第一阶段为1995~2005年，其间数字科技显著发展；第二阶段为2005~2015年，其间数字科技在社会经济领域快速应用；第三阶段为2015年至今，数字科技成为不可缺少的社会经济基础设施。

1. 第一阶段：数字科技显著发展（1995~2005年）

这体现在两个方面：第一，宽带和移动通信显著发展。随着互联网的迅速普及，手机在语音服务和互联网连接服务中的地位越来越重要。日本2000年开始提供非对称数字用户线路（Asymmetric Digital Subscriber Line，ADSL）上网服务，这个技术可以使通话与网络冲浪同时进行。2001年，雅虎公司率先降低网络服务价格。同时，技术进步带来了上网速度的急剧提高，使得用户数量迅速增加，2003年便突破了千万。同时，利用数字科技的服务内容得到了极大的充实。如电子商务平台"乐天市场"1997年开始运营，雅虎检索服务1996年开始运营。在手机方面，日本1994年一改原来的电话机出借制度，允许用户购买、拥有自己的终端，1996年又取消了收费许可制度，终端客户的通信费用不断降低。这些政策措施刺激了手

## 第五章
### 日本数字科技伦理监管的趋势与启示

机制造业、电信业的市场竞争，带来了数字科技产业的大发展。据总务省统计，1996~2002年，日本年均增加1000万个移动电话用户，2000年移动电话用户数超过了固定电话用户数。

第二，电波媒体开始数字化。传统的地面波媒体、卫星媒体及有线电视等都是采用模拟式技术，其间这些媒体开始向数字化转型。1996年，日本开始提供使用通信卫星传播的CS数字广播服务，1998年开始提供有线电视数字广播，2000年开始提供使用广播卫星传播的BS数字广播服务。到2003年，地面数字广播就已经在关东、近畿、中京三大地区广泛普及。

2. 第二阶段：数字科技在各领域的应用快速展开（2005~2015年）

固定宽带服务进一步普及，服务区域不断扩大，截至2007年3月，83.5%的家庭使用固定超高速宽带，到2015年3月该比率进一步提高到99%。移动通信网络也日趋精细化和广域化，日本2010年开始提供LTE（3.9至4代移动电话）服务，到2015年末用户数已达到8739万户。2008年，苹果手机在日本销售。智能手机的操作系统提供了前所未有的开放性，它可以兼容众多的应用程序，这极大地扩展了移动终端的使用范围。随着宽带网络和传感器小型化、低成本化、高性能化的进展，不仅是个人电脑、智能手机等传统通信设备，汽车、电视、空调、冰箱等家电、建筑物和工厂等这些原本不具有通信功能的设备、商品等物体都可以连接网络，从而推动了物联网的普及。

3. 第三阶段：数字科技成为不可缺少的社会经济基础设施（2015年至今）

首先，这一时期，日本进一步升级了通信基础设施，2021年将公共交换电话网络全部转变为IP网络（网际互联协议网络），2020年3月开始提供5G服务，新建了"本地5G"系统。在电波媒体方面，日本于2018年开始提供面向家庭的新4K/8K卫星广播，截至2022年4月可收看台数已达到1264万台。其次，使用数字科技的新服务不断涌现，数字科技的应用扩展到了社会和经济活动的各个领域。如共享"事物"的日本煤炉（Mercari）、共享"空间/地点"的爱彼迎（Airbnb）、共享"交通"的优步（Uber）、众筹服务的瑞德福（READY FOR）、共享"技能和人力资源"的阿姿妈妈（AsMama）。人工智能也被融入到各种产品和服务中，如互联网搜索引擎、智能手机的语音响应程序、语音搜索和语音输入功能，以及众多品牌的扫地机器人。软银机器人公司的"Pepper"等搭载人工智能的人形机器人开始投放市场。此外，远程办公、在线学习、在线医疗等非接触、非面对面形式的工作方式、生活方式不断发展。据总务省2022年《信息通信白皮书》，日本民营企业2022年引进远程办公的比率比2019年增长了20.2%。2020年4月至5月，接受在线教育的中小学生的全国平均比例达到了45.1%，东京都23个区的平均比例达到了69.2%。截至2021年6月，15.0%的医疗机构具备了在线问诊能力。总而言之，数字科技开始作为不可缺少的基础设施在劳动、教育、医疗等所有社会经济活动中发挥着重要作用。

（二）数字科技产业规模

依据总务省2022年《信息通信白皮书》，包括通信业、广播业、信息服务业、互联网服务业、视频/音频/文字信息制作业、信息通信相关制造业、信息通信相关服务业、信息通信相关建筑业和研究9个部门2020年的实际国内总产值是51.7兆日元，占主要产业的10%。按2015年价格计算，实际国内总产值在2000年至2020年增长了52.3%。按2015年价格计算，日本企业2020年的信息通信投资（电子计算机及其附属设备、电气通信设备、软件等投资）为15.2兆日元，其中，软件为8.9兆日元，约占总额的60%。信息通信技术商品和服务2020年的出口额是10.6兆日元（占出口总额的13.7%），进口额是16.8兆日元（占进口总额的18.4%）。其中，

# 第五章
## 日本数字科技伦理监管的趋势与启示

信息通信技术商品的净进口额是 3.5 兆日元，信息通信技术服务净进口额是 2.7 兆日元。

从电气通信产业来看，2020 年的销售额为 15.3 兆日元，比 2016 年增长了 7.4%。2021 年电气通信企业约为 2.3 万家，比 2016 年增长了 38.2%。在基础建设方面，2020 年的光纤覆盖率（家庭覆盖率）为 99.3%，5G 基站覆盖率（10 千米周边地区的母基站建设比率）为 16.5%。2021 年底固定宽带签约数达到 4383 万件，固定宽带占光纤比率在 OECD 成员中居领先地位。固定宽带服务签约数在 2000~2020 年每年增长 22%。其间携带电话签约数的年均增长率也达到了 6%。截至 2020 年底，人均携带电话签约率达到 154.2%，比 2000 年提高了 57.4 个百分点。

日本还在努力开发新技术。以 NTT 公司为中心，日本正在把光学技术引入网络、计算和半导体等领域，以期在不久的将来成为范式转变和游戏规则改变者。另外，2021 年 11 月，乐天移动公司与东京大学开始就"利用低轨卫星的物联网超覆盖研究"展开联合研发。通过卫星通信将区域覆盖范围扩大到国土面积的 100%，并使用现有的窄带物联网（一种促进窄带和低功耗的物联网设备的通信标准）和物联网终端实现远距离通信的物联网。

从内容服务产业来看，2020 年的市场规模是 11.8 兆日元。其中，视频软件占 57.4%，文本软件占 35.9%，音频软件占 6.8%。在内容服务中，通过网络向个人电脑及手机提供的通信内容服务的市场规模在 2016~2020 年由 3.3 兆日元增加到 4.8 兆日元，其中，视频软件从 1.9 兆日元增加到 2.9 兆日元，文本软件从 1.0 兆日元增加到 1.5 兆日元，音频软件维持在 0.4 兆日元。

从通信设备、机械产业来看，信息终端产品的生产额在 2005~2017 年有所下降，但在 2018 年后转为增加，2021 年达到 1.4 兆日元。其中，台式个人电脑、笔记本电脑、信息终端产品占主要部分。网络设备生产额

2005年后一直减少，但在2018年后转为增加，2021年达到7743亿日元。半导体市场生产额2018年后减少，但在2021年转为增加，当年为7412亿日元。信息通信设备2020年的出口额是6.1兆日元，进口额是9.6兆日元。

从服务应用产业来看，市场交易额较小，增长幅度也较小。电子商务平台2021年的交易额是28兆日元。电子决算交易额远低于中国、美国，和欧洲各国处于相同水平。动画、音乐、电子书2021年的交易额是1.02兆日元。其中，动画交易额4614亿日元（同期增长19%，下同）、音乐895亿日元（14.3%）、电子书4662亿日元（18.6%）。2021年数据中心服务的交易额是1.7兆日元，同期增长11.6%。公共云服务2021年的交易额是1.6兆日元，同期增长28.5%。人工智能涉及机械学习平台、时序数据分析、检索及探索、翻译、文本抓取及知识活用、音声合成、音声识别、画像识别8个市场。这8个市场2020年的销售总额是513.3亿日元，比2019年增长了19.9%，预计2025年将达到1200亿日元。其中，机械学习是最具发展可能性的市场。

## 二、日本数字科技伦理监管的发展历程

日本的数字科技伦理监管兴起于21世纪初，迄今已有20余年的历史，其间经历了伦理观念探讨、伦理规则制定、企业行动实践三个阶段（见图5-1）。第一阶段为2000~2017年。其间，日本对数字科技利用所带来的伦理问题进行了广泛讨论并形成了社会共识。第二阶段为2017~2021年。日本出台了一系列数字科技伦理原则和指针，并新增了部分法律条款和行政制度。第三阶段为2021年至今。其间建立数字科技伦理监管制度的企业陆续出现，不断增加。

# 第五章
## 日本数字科技伦理监管的趋势与启示

**图 5-1　日本数字技术伦理监管的发展阶段**

阶段1：伦理观念探讨阶段（2000~2017年）
阶段2：伦理规则制定阶段（2017~2021年）
阶段3：企业行动实践阶段（2021年至今）

注：图中的阶段时间仅是对社会事件的大致划分，并不意味着"伦理规则制定阶段"中就绝对没有"伦理规则探讨阶段"或"企业行动实践阶段"的事件存在，其余类同。

资料来源：笔者绘制而成。

### （一）伦理观念探讨阶段

日本的伦理观念探讨阶段为2000~2017年。其间，日本开始出现探讨机器人及人工智能利用所引起的伦理问题的研究，但最初只是学术团体或国家行政部门的个别行为，后来开始有组织的、规模性的探讨，逐渐形成了伦理监管的社会共识，为制度建设奠定了基础。

21世纪初期，机器人利用所导致的伦理问题引起了日本社会的关注。政府、学术界开始探讨如何规避数字科技利用所带来的伦理风险及事故。经济产业省2004年制定了"2025年人与机器人共存社会计划"，提出机器人的开发应保障人的安全和促进社会高质量发展，2013年又发布了《看护机器人开发伦理指针》，决定对机器人开发补贴项目进行伦理审查，以确保机器人不损害人的隐私和尊严。学术界方面，据冈本慎平（2013）介绍，柴田正良探讨了机器人作为责任主体的可能性，久木田永生研究了机器人的心智问题，高桥透分析了人体的机械化、电子化问题。他们认为机器人尚不具备"意图和目的"能力，难以成为责任主体，在利用过程中可能会损害人的尊严等伦理观念。日本人类工学学会2009年发表《人类工学研究伦理准则》，制定了机器人研究伦理基准。日本机器人学会2014年制定《伦理纲领》，提出了社会责任、公正行动、遵规守法、确保公平、钻研与进步、尊重与合作、保护研究对象、完善研究环境、教育与培训 9 项原则。总体来看，这一阶段的探讨比较零散，没有形成较大的社会影响和政策影响，然而在 2016 年之后这种局面开始得到改变。

大约从 2016 年起，日本政府开始牵头组建若干研究会，对以人工智能为首的数字科技伦理问题进行大范围的讨论。

总务省 2016 年成立了"人工智能网络化研究会"，该会同年 6 月发表了《人工智能网络化的影响与风险——实现智连社会（WINS）要解决的课题》的研究报告，指出人工智能在促进社会经济发展的同时，也可能引起伦理问题，如侵害人的尊严和自由意志，挑战人的存在意义，操纵人的感情，用于制造"自律性杀伤武器"，造成个人隐私和信息的泄露。因此有必要制定伦理规范，预防人工智能的开发利用伤害到人的尊严和自由意志，并且保证人的主动地位、对决策结果的可解释性，以及消费者的安全性。

内阁府 2016 年设立了"人工智能与人类社会恳谈会"。该会 2017 年 3 月 24 日在报告中指出，人工智能可以部分地替代和增强人的智力和体力，有望成为可持续发展社会的驱动力，但它也可能引起伦理问题，必须把握好人工智能决策和人类判断之间的平衡，避免对传统伦理观念的冲击；应当防止人工智能服务对人的感情、信念、行动进行操控、排序和分类；应当持续关注人性观念随着人工智能进步而出现的变化；应当包容对人工智能的不同认知；应当加强法律监管，防止大数据利用造成个人信息与隐私的泄露；在人工智能利用过程中应尊重人的自主选择和自由意志，避免造成利用者与不利用者之间的社会对立。该报告强调研究开发者要保持高度的伦理规范，遵照所属学会、机构的伦理准则，承担说明责任，保证信息透明，并且努力开发技术，确保服务器的安全性，防止算法被篡改、隐私被泄露，保证技术由人控制，以及推理、逻辑、计算过程的透明可释。

## 第五章
### 日本数字科技伦理监管的趋势与启示

在学术界，人工智能学者松尾豊等于 2016 年发表了论文《人工智能与伦理》。该文指出，应尽早重视人工智能利用中的两类风险：一是人工智能被用于军事的风险。2016 年 7 月，美国得克萨斯州警方派出机器人将躲在房间内的罪犯炸死，引发了社会争议。虽然机器人是遥控的，还称不上是高水平的人工智能，但它提醒人们，人工智能跟其他技术一样，都可以军民两用。二是人工智能操纵人类心智的风险。人会对交流对象倾注感情。随着聊天软件、聊天机器人的能力增强，则可能会出现问题。比如，当这些软件、机器人掌握了抓住人心的"技能"，就可以让人购买商品，让人做坏事，让人陷入情网。在人工智能广泛使用的当代，这涉及如何尊重人的自由意志（自主选择权）的严重问题。

机器人应用哲学研究会的久木田水生 2017 年 11 月 6 日在总务省"人工智能网络社会促进会"上提交了《人工智能的伦理：什么是问题？》的发言稿。其指出，伦理问题的实质是"价值"。但这个价值与经济学、工学的价值不同，是那些不太容易看到但又不能无视的具有普遍性的观念或感受，如幸福、快乐、痛苦、公平、正义、善良、诚实、尊敬、自律性（自由意志）、权利、平等、共同体、传统等。因此，人工智能的伦理问题之所以受到关注，是因为这些价值面临受侵害的危险。其还指出，人工智能的伦理问题与其开发、利用的模式有关。第一，数据的偏差化。人工智能从互联网和现实社会中收集人的数据，这可以帮助人进行个性化选择，但人工智能的数据是由开发者的标注、算法等控制的。如果开发者的主观意识与法律、规则以及社会认可观念有出入，就会产生所谓技术上的偏差。此类人工智能的偏差就有威胁个人自由意志的可能性。如果人的心智被此类偏差所操控，现代文明社会所重视的价值就会被冲击，会出现新的社会混沌。第二，行为、决策的责任归属问题。利用有偏差的人工智能技术，人可能会做出不道德的行为和决定，而这时的责任不能单单归咎于人工智能，开发者及运营者应该负主要责任。

此间，人与信息生态系统研究会、机器人法研究会、人工智能社会影响研究会、人工智能社会论研究会也对机器人、人工智能等数字科技所引发的伦理问题展开了讨论。经过政府、学术界的广泛讨论，日本社会对以人工智能为代表的数字科技的伦理问题形成了基本共识，即应当对数字科技的开发利用活动进行伦理监管，制定伦理规范或采取必要的法律措施，避免对现代社会价值体系造成冲击。

（二）伦理规则制定阶段

日本数字科技伦理监管发展的第二阶段为2017~2021年。这一时期，日本政府牵头制定了一系列针对人工智能、大数据、平台伦理问题的监管原则、指针，还修订了部分法律制度，制定了激励政策，逐渐形成了数字科技伦理监管体制。

1. 出台伦理监管原则和指针

总务省2017年7月28日制定了《人工智能开发指针（草案）》（以下简称《开发指针》）。据称这是国际上第一个由政府制定的人工智能开发指针。该《开发指针》提出了人工智能开发者应遵守的9项原则：协同原则、透明原则、可控原则、安全原则、安全保障原则、隐私原则、伦理原则、利用者支援原则、责任说明原则。其中，伦理原则要求尊重人的尊严和自由意志；隐私原则要求保护利用者的隐私；安全原则要求避免对利用者生命、身体、财产造成危害；可控原则要求避免系统超越人的控制。为了强化对人工智能利用活动的伦理监管，总务省2018年7月31日又制定了《人工智能利用指针（草案）》（以下简称《利用指针》）。该《利用指针》提出了正确利用、正确学习、协同、安全、网络安全、隐私、尊严·自律、公平、透明、责任说明10项原则，指出利用人工智能要注意方法、适应范围、数据质量，避免对开发运营者和利用者造成生命、身体、财产、隐私方面的损害，尊重人的尊严和自主意志，注重公平性，防止歧

# 第五章
## 日本数字科技伦理监管的趋势与启示

视，承担说明责任。

内阁府 2019 年 3 月 29 日通过《以人为中心的人工智能社会原则》（以下简称《原则》），确立了日本人工智能伦理监管的最高准绳。该《原则》阐述了人工智能开发利用的 7 项原则，特别指出人工智能开发利用不得侵犯基本人权或损害人的尊严、隐私、自由和平等，应确保决策结果的透明可释、公平，以及开发运营企业的责任说明，还应提高社会大众的知识素养水平，创造公平竞争、促进创新的制度环境。

日本人工智能学会 2017 年制定了《人工智能学会伦理指针》（以下简称《伦理指针》），要求人工智能研究者致力开发利于人类社会的人工智能，遵循良心与良知，按照伦理规范行动。该《伦理指针》提出了 9 项原则，即致力人类社会发展、遵守法律、尊重他人隐私、公正、安全、诚实、社会责任、保持社会沟通和自我钻研、开发遵守伦理的人工智能。该《伦理指针》既是研究者的职业规范，也是对社会的承诺，因而有利于提升社会对人工智能的接受程度、促进人工智能的健全发展。

日本还陆续制定了一批旨在指导企业行动的指针文件。总务省 2019 年 8 月 9 日制定了《人工智能利用指针》，对原草案提出的 10 项原则做了更详细的说明，并且附上了行为规范方面的案例。比如，尊严·自律原则指出，人工智能服务运营者及商务利用者应尊重人的尊严和自由意志，认识到人工智能和人的性质不同，它是来支援人类活动的；应采取必要措施，防止人工智能操纵消费者的决定和情感，降低消费者对人工智能的过分依赖。

经济产业省 2018 年 6 月制定了《人工智能·数据利用合同指针 1.0 版》（以下简称《指针 1.0 版》）。该《指针 1.0 版》梳理了数据、人工智能软件开发与利用合同中的主要问题、观点、合同案例、制定合同的注意事项，这些内容可以作为数据利用、人工智能开发合同制作的指南，也可以用来指导商务和研究开发活动。经济产业省 2021 年 3 月 15 日还制定了《我国人工智能治理模式1.0版》，7月9日制定了《实现人工智能原则的监管指针1.0版》。这些文件旨在指导企业建立人工智能伦理监管制度，对企业行动的每个步骤都进行了解说，并附上案例和建议。如《实现人工智能原则的监管指针1.0版》建议企业利用情报处理推进机构的《人工智能白皮书》、消费者厅的《人工智能利用指针——为了更聪明地利用人工智能》和日本深层学习协会的G检定伦理事项以及事故事件数据库等资料来分析和判断人工智能系统是否存在伦理问题。

日本2021年6月出台了综合数据战略。该战略提出了现实空间与虚拟空间高度融合、兼顾经济发展和社会问题解决、以人为中心的数据技术发展目标。它的核心思想是通过数据联动来创造新价值，因此，构建"数据联动"和"提供利用数据联动服务"的平台非常重要。同时，平台数据存在着社会伦理风险。一是平台各主体的权益摩擦，如数据在未经数据提供者、被观测者许可的情况下被使用；数据衍生知识流向了竞争对手等。二是个人隐私泄露问题，如个人数据在未经本人许可的情况下被收集和使用或被用于非本人预期的目的；个人因为隐私暴露而受到歧视、不公正待遇等。根据该战略，日本开始对数字平台的伦理规范进行部署。

消费者厅2020年7月的报告指出人工智能利用存在安全、自由决策、隐私三类消费问题。安全问题，指人工智能系统危害了消费者的财产、利益；自由决策问题，指人工智能系统诱导了消费者决策；隐私问题，指人工智能系统非伦理地收集、使用甚至散播了消费者的隐私。为了防止这些问题出现，不仅要从法律、制度上对人工智能开发、运营企业的行为进行规范，也要提高消费者的数字科技素养，使他们掌握正确的知识。为了对消费者进行宣传启蒙，消费者厅还制定了《人工智能利用指针——为了更聪明地利用人工智能》（以下简称《指针》）。该《指针》的摘要版、全文版在政府官网和服务窗口公开，用图文并茂的形式向消费者普及人工智能的知识、人工智能与人的差异性，以及利用人工智能服务时的注意事项

## 第五章
### 日本数字科技伦理监管的趋势与启示

和求助方法。

2. 新增法律条款和行政规定

除了制定新的伦理原则和指针，日本还针对数字科技伦理问题修订了部分法律制度，涉及隐私保护、技术可控性等领域。

为了构建安心提供数据、安心利用数据的良好环境，日本政府于 2018 年 5 月 30 日对《反不正当竞争法》做了修订，新设了对非法获取和使用"受保护数据"的条款，将非法获取、使用和提供有 ID、密码的受保护数据的行为界定为"不正当竞争行为"，违反者须承担民事救济义务。这对规范数据处理行为、保护知识产权、保护个人信息具有重要意义。经济产业省随后出台了《受保护数据指针》来指导企业。

总务省和经济产业省 2018 年 6 月公布了《信息信托功能认定指针》，并在 2022 年 6 月升级到 2.2 版。信息银行是代客管理数据的企业。为了防止信息银行泄露个人信息、被网络攻击和保护个人隐私，日本制定了信息银行认证制度。该制度对服务能力达到标准的信息银行进行认证和授予标识。认证标准依据总务省和经济产业省的《信息信托功能认定指针》制定，审查、认定和运营工作由日本 IT 团体联盟（行业组织）来承担。审查内容包括数据伦理委员会、数据安全、个人隐私保护措施等多个方面。

为了保护个人隐私，日本早在 2003 年就制定了《个人信息保护法》。2017 年，日本对该法进行修订，明确将个人识别符号纳入个人信息范畴。个人识别符号有两类：一类与生物特征有关，如人脸识别数据、指纹识别数据；另一类与个人证件有关，如护照号码、身份证号码等。该法不仅新设了"要保护信息"条款，规定未经本人同意原则上不能获取"要保护信息"。"要保护信息"包括人种、信仰、社会地位、病史、前科等犯罪史、被害史，以及其他的可能造成歧视、不平等待遇的信息；还新设了匿名加工信息条款。匿名加工信息，是指以无法识别特定个人的方式对个人信息进行处理，并且无法恢复。2020 年，日本又做出法律修订，规定当信息泄露严重损害个人权益的事态发生时，企业必须向信息保护委员会报告并通知本人；当向国外的第三方提供个人信息时，要向本人提供第三方充分的信息；本人可以指定个人信息的出示方式；当个人权利或正当利益可能受到侵害时，有权要求停止使用和消除；企业有义务公布安全管理措施；违法或者助长违法行为者不得利用个人信息。2022年，日本又修订法律，进一步扩大了本人的请求权，当信息被不恰当利用时也有权要求停止使用和消除，还规定在发生个人信息泄露等情况时，企业有义务报告和通知本人，并且加重了对违反处置命令、违反报告义务、非法使用个人信息数据的处罚。

2018年12月19日，厚生劳动省对利用人工智能诊断、治疗支援计划与医师法第17条的关系做了修改。原来的规定是，利用人工智能诊断、治疗支援计划进行诊疗时，人工智能在诊疗过程中，只是医生主体判断的后续阶段提高效率和提供信息的支援型工具。修改后的规定是，在利用人工智能诊断、治疗支援计划进行诊疗时，实施诊断、治疗等的主体是医生；医生对最终判断负有责任；该诊疗作为医师法第17条的医疗行为来实施。由于人工智能技术的进步，如今诊断、治疗的全过程都可能有人工智能的参与，人机协作的情况越来越多，新规定强调了医生的主体地位和义务，体现了以人为中心的原则。

综上所述，以人工智能为代表的数字科技的广泛使用，既对原有法规提出了挑战，也出现了原有法规无法涵盖的新伦理问题。日本原有的《反不正当竞争法》《个人信息保护法》和《医师法》长年以来起到了维护社会伦理的作用，现在又做了与时俱进的修改，传承了社会认可的伦理价值观。而对于新的伦理问题，日本制定了新规则，如《信息信托功能认定指针》《受保护数据指针》来规范企业行为，以达到维护伦理秩序的目的。

（三）企业行动实践阶段

企业行动实践阶段为2021年至今。这一阶段，日本政府倡导的效果有

# 第五章
## 日本数字科技伦理监管的趋势与启示

所显现，建立人工智能伦理监管制度的企业不断增加。当然，这个阶段中政府的制度建设也在持续展开，比如，知识产权战略推进事务局2022年3月4日发表了《平台数据规则运营指针1.0版》，明确了参与平台数据处理各方主体的行为规范以及风险应对措施。同年，总务省和经济产业省制定了《数字化转型中的企业隐私监管手册》，以指导企业加强隐私保护体制，防止个人隐私受到侵害，减少数字科技利用造成社会隔断等负面影响。

根据电子信息技术产业协会2022年对会员企业的调查，建伍公司、索尼集团、东芝集团、日本微软公司、松下集团、日立公司、富士通集团、三菱电机公司和理光集团等都已制定了人工智能伦理原则。这些企业还将监管融入公司业务，开展教育宣讲，促进伦理文化的形成。比如，富士通集团制定了《富士通集团人工智能承诺》，通过设立"人工智能伦理监管室"来负责全集团伦理监管工作，还把伦理监管与公司治理相结合，设立"富士通集团人工智能伦理外部委员会"，聘请外部专家进行伦理评估，并将结果汇报给董事会，推动全集团伦理监管工作。该公司的"以人为中心人工智能研究会"是具体的业务执行部门，负责研究人工智能伦理监管方案，与客户合作开发了伦理风险的评估系统以及风险应对预案手册。

普华永道指出，由于人工智能快速融入企业核心业务、政府发布伦理监管规则，日本企业的人工智能伦理监管近年来发展较快。根据该公司2022年对日本企业人工智能伦理监管状况的抽样调查，23%的企业"采取了全面措施"，24%的企业"采取了部分措施"，31%的企业"研究并准备采取措施"，14%的企业"尚未采取措施"，3%的企业"未辨识到风险"，6%的企业表示"不清楚"。由此可见，近半数的日本企业在伦理监管上采取了措施，加上"研究并准备采取措施"的已达到了78%。但是藤川琢哉和深澤桃子（2021）指出，对于多数日本企业来讲，虽然已经有了伦理监管意识，但采取全面措施的还比较少。如采取人工智能系统或过程监管措施的企业比例，美国为43%，日本为34%；采取透明可释措施的企业比例，美国为46%，日本为27%；采取多样性、公平性和包容性措施的企业比例，美国为37%，日本为27%。总体来看，人工智能伦理监管在日本企业中仍然处于发展阶段，但是已经进入大多企业的决策视野。

## 三、日本数字科技伦理监管的架构

日本现阶段的数字科技伦理监管架构分为四个层次：第一层是原则[①]，第二层是规则，第三层是监督，第四层是执法（见图5-2）。这四层自上而下组成了数字科技伦理监管的全过程。在日本，人工智能被认为是数字科技的典型代表，所谓的伦理监管，也主要是围绕着人工智能展开的。鉴于此，本节将主要就人工智能伦理监管架构展开分析，对日本数字科技伦理监管架构的本质特征做出归纳。

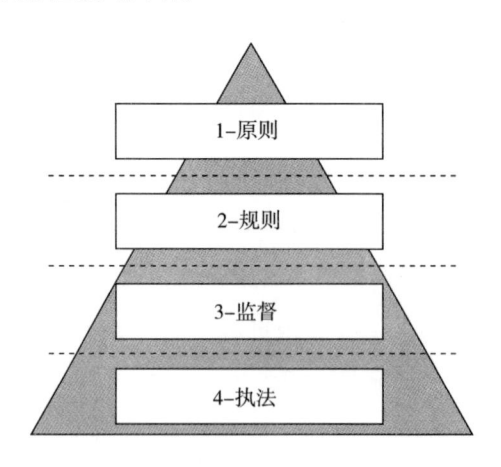

**图5-2　日本的数字技术伦理监管架构**

资料来源：笔者绘制而成。

---

① 本章主要参照了经济产业省《我国人工智能治理模式1.1版》的观点，但对两个地方的表述做了改动。一个是经济产业省《我国人工智能治理模式1.1版》使用"目标"来表示监管架构的第一层（实际是指《以人为中心的人工智能社会原则》），而本章直接使用"原则"的说法；另一个是经济产业省《我国人工智能治理模式1.1版》将通用暂行规则和特殊规则视为不同层次的规则，而本章从执行角度认为它们是同一层次的规则，因此没有分层。

# 第五章
## 日本数字科技伦理监管的趋势与启示

### （一）原则层

内阁府2019年发布《以人为中心的人工智能社会原则》，确立了人工智能伦理监管的目标。该文件指出人工智能时代需要尊重人的尊严、多元包容、可持续发展三个基本理念，人工智能能够解决日本的社会经济问题，但也可能带来负面影响，必须从人、社会体系、产业结构、创新系统、治理方面推动变革，塑造安全且有效使用的人工智能社会。该文件提出的人工智能社会原则包括以下七项，即以人为中心，教育与素养，确保隐私，确保安全，确保公平竞争，公平、责任说明及透明，创新。

以人为中心原则指在人工智能的开发利用中不能违背宪法及国际规范的基本人权，人工智能应扩展人的能力，有利于每个人追求各种各样的幸福，应保持人在人工智能利用过程中的自主决策，防止人对人工智能的过度依赖，更要避免人工智能操纵人的自由意志。

教育与素养原则要求人工智能的开发利用要避免产生社会落差、隔阂，必须向全体大众平等提供接受教育与素养培养的机会，在学习人工智能、数理、数据科学等知识的同时，也学习跨越文理范围的知识，同时了解人工智能技术的局限性，诸如因为数据资料的偏差所引起的公平性、公正性、隐私保护等问题。

确保隐私原则要求在使用人工智能系统或应用软件收集个人信息过程中，包括政府在内的所有参与者都不应侵害个人的自由、尊严、平等。对政治信仰、病史、犯罪史等个人信息要慎之又慎地保管和妥善使用。如果出现人工智能在利用上危及个人风险增高的情况，应从技术和管理两方面采取对应机制。

确保安全原则指出人工智能系统利用广泛，涵盖了金融及商品交易、通信、电力供应、交通、行政服务等领域，如果出现网络攻击等安全问题，就会给社会造成巨大损失。因此，要求相关开发运营企业进行人工智能利用的风险评估与危机降低研究，发展涵盖网络安全的危机管理机制，应注意避免对单一或少数特定人工智能的依赖。

确保公平竞争原则强调要防止特定国家垄断人工智能资源或利用支配性地位进行不当的数据收集，以及进行主权的侵害；防止特定企业垄断人工智能资源，或利用支配性地位进行不当的数据收集，以及进行不公正竞争。在人工智能利用上，不得出现利用财富与社会影响力而偏袒部分社会成员的情况。

公平、责任说明及透明原则要求确保人工智能决策的公平与透明性，以及对结果的正确说明义务和对技术的信赖性。具体而言，在人工智能的开发利用中，个人不应因人种、性别、国籍、年龄、政治信仰、宗教等背景的不同而遭受歧视。人工智能开发运营企业应对人工智能使用数据的事实、数据的取得方法与使用方法，以及确保人工智能正确运作结果的机制进行正确说明。人工智能开发运营企业应就人工智能的使用、采用、运营，与利益相关者展开正确对话，应构建确保人工智能以及支撑其数据、算法的信赖机制，保证人工智能决策逻辑与结果的透明性。

创新原则要求人工智能发展要以社会创新为驱动力，在人工智能的使用方向、投放市场方面创造新的、更多的机会。为促进人工智能的持续发展，应跨越国境、产学官民、人种、性别、国籍、年龄等界限，促进人才、研究双向流动，推动国际化、多样化和产官学合作。推进人工智能品质与信赖性、数据有效收集与整理方法、人工智能开发、测试运用方法理论等方面的研究。以确保隐私与安全性为前提，构建能加速人工智能发展的计算机资源以及共享高速网络的研究开发环境。推进制度改革，清除阻碍人工智能发展的障碍。

（二）规则层

为落实《以人为中心的人工智能社会原则》，总务省、经济产业省等

# 第五章
## 日本数字科技伦理监管的趋势与启示

国家职能机关制定了一系列指针。这些指针的功能体现在两方面：一是帮助企业理解《以人为中心的人工智能社会原则》，强化人工智能伦理观念；二是支持企业进行人工智能伦理监管，提高人工智能伦理监管水平。此外，各国家职能机关还新增加了部分法律条款和行政规定，来满足人工智能伦理监管的社会需要。这些指南、法律条款、行政规定涉及人工智能的开发、利用、合同签订、数据监管领域的伦理规范，它们构成了日本人工智能伦理监管规则的主要内容。按规则适用范围又可分为适用所有领域的通用规则和适用特殊领域的特殊规则（见图5-3）。

|  | 通用规则 | 特殊规则 |  |  |
|---|---|---|---|---|
|  |  | 交通 | 医疗 | 农业 |
| 开发 | 《人工智能开发指针（草案）》（总务省，2017）／《机器学习质量管理指南》（经济产业省，2017） |  | 《医疗图像诊断支援系统（包含利用人工智能技术的系统）开发指针2019》（经济产业省、日本医疗研究开发机构，2019） |  |
| 利用 | 《人工智能利用指针》（总务省，2018）／《实现人工智能原则的治理指针1.1版》（经济产业省，2022）／《人工智能利用指针——为了更聪明地利用人工智能》（消费者厅，2020） | 无人驾驶第三等级自动驾驶系统安全标准条款（《道路交通法》修订，2021）／特定自动驾驶和远程操作小型车许可条款（《道路交通法》修订，2022） | 《关于利用人工智能技术用图像诊断支援系统的评价指标》（厚生劳动省，2019）／利用人工智能诊断治疗支援系统与医生法第17条规定的关系（厚生劳动省，2018） | 引进医疗设备特性为依据的许可制度（《药机法》修订，2019） |
| 合同 | 《人工智能·数据利用合同指针1.1版》（经济产业省，2022） |  |  | 《农业领域人工智能合同指针》（农林水产省，2020） |
| 数据 | 个人识别符号、保护信息等条款（《个人信息保护法》修订，2017）／信息泄露报告、个人请求权等条款（《个人信息保护法》修订，2020）／个人请求权扩大、企业报告义务等条款（《个人信息保护法》修订，2022）／《受保护数据指针》（经济产业省，2018）／《信息信托功能认定指针》（经济产业省，2018）／《数字化转型中的企业隐私监管指针》（总务省、经济产业省，2022）／《平台数据规则运营指针1.0版》（数字厅、内阁府，2022） |  |  |  |

图5-3 日本的人工智能伦理监管规则

资料来源：笔者根据相关资料绘制而成。

## 1. 通用规则

通用规则大多数是不具有法律约束力的指针。依据经济产业省,选择不具有法律约束力的指针有三方面理由:一是它们不如法律严格,便于及时修改内容,更容易满足形势变化的需要;二是它们不如法律详细,允许企业有多种履行责任的方式,因此不会阻碍企业的技术创新;三是它们不像法律具有强制性,因此不会增加企业开发利用技术的成本。这些指针从形式上又可以分为两类:一类是原则解说形式的指针;另一类是务实指导形式的指针。

总务省的《人工智能利用指针》是原则解说形式的指针。它依据《以人为中心的人工智能社会原则》梳理出 10 项原则并进行逐项解说。这 10 项原则包括正确利用、正确学习、合作、确保安全、网络安全、确保隐私、尊严与自律、公平、透明和责任说明。比如,确保安全原则要求人工智能开发运营企业注意人工智能系统及其服务的安全,避免损害利用者的生命、身体和财产,应制定安全措施,编制事故处理方案,建立事故信息共享、隐患报告机制。确保隐私原则要求人工智能开发运营企业和数据提供企业遵守《个人信息保护法》,尊重最终利用者及第三者的个人隐私,在收集、处理以及转手个人数据时注意保护隐私和防止数据流失,在没有得到当事人同意的情况下不向第三者提供个人数据。尊严与自律原则要求人工智能利用者应认识到人与人工智能的本质差异,尊重人的尊严和自主意志,避免在人工智能的操纵下进行决策、产生感情以及过度依赖人工智能。利用者在使用人工智能服务的过程中应进行自主判断。在进行人工智能与脑、身体连接尤其是进行人体功能增强时,要遵循生命伦理规范,避免人的尊严和自主意识受到侵害。公平原则要求注意人工智能的结论中会含有偏差,不要因此而使个人或群体受到歧视。具体而言,应注意数据的代表性及数据中含有的社会偏差,注意机械学习过程中少数派被忽视的可能性,以及由人来做最终判断,以确保公平。透明原则要求人工智能开发

# 第五章
## 日本数字科技伦理监管的趋势与启示

运营企业和数据提供企业确保人工智能系统输出输入的可检查性和决策的可解释性，应保留登录、退出、数据输入、数据输出等记录，并根据用途、保留目的及频度等采取相应的保存措施。在可能对个人权益产生重大影响的领域使用人工智能时，应事先做好准备，确保对决策的可解释性。行政机关在使用人工智能时，要依法操作，确保行政服务透明、过程公正，以及人工智能决策的透明可释。责任说明原则要求人工智能开发运营企业努力履行对利益相关者的说明责任，提供人工智能系统信息，公布人工智能利用方针、人工智能伦理监管方针，并且及时响应利益相关者的咨询和建议。

经济产业省的《实现人工智能原则的监管指针 1.1 版》（以下简称《指针》）是务实指导形式的指针。该《指针》的重点在于指导企业构建人工智能监管系统。它提出的人工智能监管模型由环境风险评估、目标设定、监管系统构建、运行、成果评价、环境风险再评估六部分组成。它倡导在分析和评估当前系统实现目标状况的过程中快速解决问题。企业首先应进行环境风险评估，分析人工智能利用过程中可能出现的伦理问题、频率和环境因素，评估伦理问题可能引发的负面影响。企业应参考行业等标准进行环境风险评估。其次应设定监管目标。应以《以人为中心的人工智能社会原则》提出的七项原则为最终目标，根据环境风险评估的结果决定自己的监管目标。再次应构建一个问题预防、监控、纠偏、应对机制。经过比较当前系统运行与监管目标的差距以确定需要改进的地方，在考虑差距程度、影响范围、发生频率等因素的情况下决定负面影响是否可以接受。在比较差距时应与行业、政府制定的标准保持一致。加强监管人员的伦理教育培训，减少人为因素造成的伦理问题。在确保业务保密的前提下推进企业、部门间的信息共享、意见交流，以利于共同解决问题。预先制定事故、纠纷应对预案，减少利用者的事故损失。另外，企业在监管实施过程中应切实做好责任说明工作。持续记录人工智能监管系统的运行状况，为随时进行说明做好准备，主动公布监管目标、监管措施以及监管系统运行情况等信息。企业应对人工智能监管系统的运行成果进行评价。评价者应由监管系统设计、运营以外的部门和利益相关者担任。最后企业应进行环境风险评估，确定监管系统需要改进的地方。

2. 特殊规则

针对道路交通、医疗等领域的人工智能伦理问题，日本新增加了法律条款和行政规定，并且也在探讨对政府行政利用和大众监控领域的伦理监管。

在道路交通领域，2020年4月日本对《道路交通法》《道路运输车辆法》进行修订，增加了无人驾驶第三等级的自动驾驶系统安全标准的条款：一是规定了使用自动驾驶系统的驾驶员的义务。在自动驾驶过程中，如果系统偏离每种车型规定的条件而发出警报，驾驶员必须立即恢复正常驾驶，因此，在行车期间不允许饮酒和睡眠。当自动驾驶过程中发生事故或违章，驾驶员也不一定能免除责任。二是规定驾驶员有记录和保存自动驾驶系统运行状况的义务。当发生事故或违章时，警察可以通过该记录调查自动驾驶系统的运行状况，以查明原因和预防交通事故。2022年11月日本又增加了特定自动驾驶和远程操作小型车的许可条款（2023年4月1日生效）。特定自动驾驶、远程操作小型车属于无人驾驶第四等级，指的是没有司机的自动驾驶，需要安装远程监视设备和安排远程监控人员，如特定条件下的无人驾驶、配送机器人。该条款规定，拟实施特定自动驾驶的人，有义务指定特定自动驾驶主管人，遵守驾驶计划，对特定自动驾驶人进行教育，向都道府县公安委员会提交特定自动驾驶计划。公安委员会审查特定自动驾驶计划，对符合许可标准的颁发许可证。特定自动驾驶主管有义务检查远程监控装置的运行状况，在发生事故时向抢救部门报告，派遣现场事故应对人员，向警察报警。如有违反行为，都道府县公安委员

## 第五章
### 日本数字科技伦理监管的趋势与启示

会可以进行责令整改或撤销许可的行政处罚；当发生事故时，警察署长有权暂停特定自动驾驶许可。

在医疗领域，2018 年日本在《医生法》第 17 条中增加了"使用人工智能进行诊疗时，医师要对最终判断负全部责任"的条款。2019 年厚生劳动省下达了《关于利用人工智能技术医用图像诊断支援系统的评价指标》，要求各级卫生主管部门加强审查利用人工智能技术医用图像诊断支援系统的有效性和安全性。在数据可信性方面，要求在审查时申报数据的取得方法，以及分析系统售后的性能变化及给患者带来的正面和负面影响。如果系统售后性能与申报时的性能发生了较大偏差，就说明制造企业没有采取足够的技术措施。此外，还要求具备自行管理性能变化的功能，要求分析系统售后的性能变化及给患者带来的正面和负面影响，要记录和保存性能变化数据以便需要时验证，还强调诊断的最终责任人是医生。

与此同时，日本还在考虑对政府行政服务中使用人工智能进行伦理监管。目前，欧盟的《AI 白皮书》已将在政治避难、移民、国境管制中使用人工智能判定为高伦理风险事项。英国制定了政府机关使用的《数据伦理框架》。日本还没有对政府使用人工智能制定规则，但政府主管信息的官员们已经在讨论当政府信息系统或行政服务中使用人工智能时，应该根据风险的程度，确保学习数据的透明性、排除偏差、保存数据加工的历史记录等，这表示日本已经把此项课题列上了日程。

此外，日本也在讨论大众监控领域的规则。欧美国家从保护基本人权的角度，把人脸识别等远程身份认证技术界定为高伦理风险。欧盟 2021 年公布了《AI 管理条例（草案）》，要求对此类技术制定统一的规格和标准，并且对特定领域进行有针对性的监管。美国国会已经提出了商用人脸识别必须经本人同意、停止使用包括人脸识别在内的人体认证技术等法案。日本目前还没有这方面的具体监管规则，但日本的个人信息保护委员会已在讨论强化监管措施。按照现在的《个人信息保护法》，人脸识别数据和个人姓名、出生日期一样，在获取时是不需要征得本人同意的。在获取人脸识别数据时，虽然规定要公开使用目的，但只是指出必须说明人脸识别数据的利用目的、联系方式以及监视器安装位置。2021年7月JR东日本公司决定安装监视器以监控刑满出狱者，最后因为社会反对而不得不取消。从这个事件中可以看出，个人信息保护委员会看到了民意，认为必须强化对人脸识别数据的监管，明确规定获取数据的保留期限，要求公开数据的销毁方法、简明易懂地标明获取目的等。2023年1月个人信息保护委员会发表了《将相机图像用于预防犯罪和安全问题专家小组报告（草案）》，明确了利用人脸识别技术时应注意的个人信息安全保护事项。这将成为车站、机场、购物中心等公共场所利用人脸识别技术的规则。

（三）监督层

监督是实现伦理监管目标的制度保障。日本现在没有硬性检查规定，主要靠企业自我监督来落实伦理规范。之所以没有硬性检查规定，据经济产业省称，是因为考虑到这种规定的可操作性不大。由于政府不占有信息优势、伦理问题与数字程序之间关系复杂、企业数量多等原因，政府很难判断企业是否遵守了规定。虽然有要求企业公开系统源代码、算法、数据等信息的观点，但这样的做法可能会引起基本人权、商业秘密方面的问题。

然而，日本还是采取了责任要求和激励政策相结合的方式来引导企业遵守伦理规范。在责任要求方面，日本制定了透明可释、责任说明原则，要求企业记录、保存、公开信息，确保人工智能系统运行过程、决策结果的透明性和可解释性，避免黑箱操作；还要求上市公司在非财务信息栏目中公开人工智能系统开发、运营风险、监控方法和排除方法等信息；要求

# 第五章
## 日本数字科技伦理监管的趋势与启示

企业与社会各方面积极互动，鼓励利益相关者依据企业公开信息参与监督。日本还在酝酿引进与上市公司财务报告外部审查制度相似的制度，但同时也非常谨慎，保留了企业的选择余地。

在激励政策方面，日本制定了公共采购优先制度，在政府采购、公共物资采购中优先伦理记录良好的企业。日本还制定了伦理审查和认证制度，在医疗设备引进、数据托管、云服务等环节中由政府、行业或第三方机构对企业进行伦理审查和认证，将企业的伦理记录和其经济利益挂钩。日本还每年调查企业的伦理监管情况，总结经验，表彰在伦理监管上做得好的企业。

此外，日本还在酝酿建立实时数据监管平台。所谓实时数据，指用大量且高精度的感应器和监视器、物联网等设施收集到的企业信息。这些信息不是碎片型、特定时点型的，而是无时差、持续型的数据。日本设想在企业及社会建立收集信息的大型网络，对企业活动进行实时监管，其中也包括人工智能伦理的监管。企业自身利用这个实时监管系统，可以掌握经营活动的所有信息，更有效地生产价值。政府则可以通过这个系统了解企业遵守法规的状况，甚至社区、个人也可以利用这个系统来监督企业活动。

日本还计划设立利益相关者评估机制。由来自经营、技术、法律、政策各方面的专家组成评估小组，对企业伦理实施情况进行评估，评估报告向社会公开，以督促企业改进自身的伦理监管制度，促进政府修改法规和指针、标准，帮助消费者了解企业伦理监管制度对自身消费行动的影响，以此增强企业、消费者、政府之间的信赖关系。

（四）执法层

执法层的重点是对违背伦理原则的行为进行追责和加以惩罚。这是伦理监管的配套手段。但就目前而言，日本的执法层还比较薄弱，体现为缺乏系统的制度设计，新的法律规定和政策尚未出台，因此在一定程度上影响了监管效果。事实表明，现有的法律已不能在判定事故责任和救济受害者方面适应人工智能的发展。比如，在人工智能利用所导致的伦理事故中，不能依照过失责任为原则的《民法》追究违法行为责任。这意味着不能对被害者实施救济。虽然按照《制造物责任法》可以减轻被害者的举证责任的负担，但其适用范围有局限性。又如，现行法律对于人工智能运营商的资本金额等财力没有规定，可能会使被害者得不到正当程度的救济。鉴于此情况，经济产业省已提出尽快修改法律，以期能根据违背伦理原则的行为所带来的社会影响、风险程度，实施带来充分激励效应的制裁。

同时，日本也在考虑一些法律之外的激励机制。如建立事故调查机制，成立事故调查委员会调查伦理事故；建立延期诉讼制度，鼓励当事企业公开信息；建立违规企业曝光制度，公开违规企业名称；建立违规企业黑名单制度，将违规企业排除在政府采购名单之外。

## 四、日本数字科技伦理监管的特点

日本的数字科技伦理监管制度，从酝酿、讨论到形成当下的格局，经历了较长时间。日本的数字科技伦理监管制度之所以能运行，是因为有5个重要因素，即技术发展优先的政策导向、基于原则的监管模式、多元主体参与的决策与实施方式、确保隐私和公平的价值体系、注重奖优惩劣的激励机制。

(一) 技术发展优先的政策导向

日本在数字科技伦理监管中强调技术发展优先。日本清醒地认识到以人工智能为代表的数字技术是新工业革命的巨大推动力，必须抓住时机、加快技术开发，才能保证社会经济的稳定发展。但由于人工智能等已经能

# 第五章
## 日本数字科技伦理监管的趋势与启示

替代交易决策、政策决策中的人类的判断功能，已经可以获取人类经济、生活以及社会行为的所有数据，并随之带来了对隐私、人权、平等伦理观念在一定程度上的威胁，并且国际国内都出现了要强化伦理监管的舆情，所以日本决定构建伦理监管制度，但这是为了避免因伦理问题带来的社会不安，目的是为数字科技的发展铺平道路。

从日本的相关资料中可以明确地看到这个政策导向。内阁府的《以人为中心的人工智能社会原则》强调，人工智能伦理监管的目的是要确保人工智能技术创新的稳定发展。它指出要通过有效利用人工智能来促进社会经济变革和推进可持续社会发展，要推进产官学的研究合作，促进包括技术及社会制度在内的大范围的研究开发，构建有利于人工智能发展的制度环境。经济产业省的《实现人工智能原则的治理指南1.1版》指出，在进行人工智能伦理监管时要注意避免阻碍人工智能的发展。与以往产业革命中出现的蒸汽机技术、计算机技术等一样，人工智能技术本身是中性的，不具有任何社会伦理的性质，之所以出现伦理问题，是因为人将自身的反社会观念通过数据收集、标签添加、算法设定等手段赋予了人工智能。因此，要监管的是人在技术开发应用过程中的行为方式，而不是人工智能技术本身。

日本还进一步就保证人工智能顺利发展做了全面的规划。经济产业省在《治理创新：社会5.0时代的法与制度再设计》中明确提出，为了持续发展经济和解决社会问题，必须促进人工智能技术创新的稳定发展，但同时也要维护安全、隐私、人权、公平竞争等社会价值，该报告认为，以往的监管制度基本上由政府立法和执法、以自上而下的形式展开。而在以人工智能为代表的新技术情势中，这种监管模式也必须变革。以往政府对市场的监管，主要集中在维护公平竞争、保护消费者利益方面。而现如今的监管还要加上如何促进技术创新这一新课题。企业是创新的主体，新的监管制度必须要能够促进企业的创新意愿。因此，人工智能伦理监管机制中必须将企业作为主体之一，协同政府、学术界以及消费者团体等共同制定和实施规则。

事实上，在日本人工智能伦理监管制度形成的过程中，企业界除了在处理人工智能开发利用过程中实际或可能发生的伦理事故方面发挥不可或缺的作用之外，对于如何管控事故风险也提出了明确的意见。经济团体联合会等产业团体曾表示"清单式"检查会造成企业的制度成本增加，从而不利于集中资源进行研究开发，这表明企业界不赞同以往的监管方式。日本政府对企业界的意见也做出了积极回应，从而形成了技术发展优先的监管制度。

(二) 基于原则的监管模式

日本对数字科技所导致的伦理问题采取基于原则的监管模式。所谓基于原则的监管模式，是与基于法规的监管模式相对而言的。基于法规的监管，就是政府制定法规，界定企业的义务及责任，并据此对企业行为进行检查，对违规行为进行处分。以往的监管都是采取这种模式。而基于原则的监管，则是政府协同企业、学术界以及消费者团体等制定原则（行为规范），企业自觉行动，消费者团体等多元主体参与监督，通过这种模式来确保原则的实施。基于原则的监管模式也被称作"软法"式监管，因为作为依据的原则没有配套的罚则，故不能对企业构成很强的法律约束。日本的监管主要依据没有法律约束力的原则、指针，因此带有明显的"软法"式色彩。这种模式的益处在于监管所依据的原则不是由政府单方面、自上而下决定的，而是包括企业在内的社会各方面共同讨论、自下而上形成的产物，因此能够一定程度地契合企业诉求和得到企业的认同，如能够减少企业的制度成本，给企业技术创新留下更多空间。基于原则的监管模式也有利于制度的及时更新。日本称伦理监管原则、指针为"活的文件"，意思是要对它们不断补充和修改。而这些补充和修改在各主管部门层次上就

# 第五章
## 日本数字科技伦理监管的趋势与启示

可以完成，不像法规那样需要经过旷日费时的国会审议。

日本采取基于原则的监管模式，其背后可能有着技术、社会、文化方面的原因。从技术原因看，日本学术界、企业界的主流观点认为，数字科技正在快速发展途中，不宜设定过细的监管法规。并且，数字科技伦理问题的因果关系较为复杂，难以设定义务、责任性质的监管法规。再者，数字科技是未来经济发展的新动力，如果过多、过细地设定监管法规，将会限制数字科技的研究开发和商业利用，阻碍数字科技创新。经济团体联合会2019年的《人工智能活用战略》指出，"政府出于确保人工智能可信性的目的，而不考虑人工智能利用领域、社会影响等各种背景情况，'一刀切'地要求人工智能利用主体承担责任说明等义务的做法将会阻碍人工智能的利用，是不妥当的"。它还指出，"即使是不具有法律约束力的指针，也会对经营活动产生制约"。以上观点对日本选择基于原则的监管模式起到了重要作用。

从社会因素来看，日本社会长期以来对新技术的态度是比较肯定的，这是宽松监管的思想基础。日本认为新技术是国强民富的利器，应积极引进和消化，而不是抵制。

从文化因素来看，受日本特有的"机器人文化"的熏陶，日本形成了与机器人共存的社会共识，也是宽松监管的一个原因。日本在20世纪60年代就有了以漫画、动画为主要形式的"机器人文化"，如机器猫、奥特曼、机动战士等作品。这些作品中的机器人有着人类没有的力量与智慧，并且能与人类友好共处，因此受到幼儿及成人的喜爱。在这种艺术的影响下，日本社会基本上对机器人持有接受的态度。

（三）多元主体参与的决策与实施方式

日本数字科技伦理监管的运行体制具有多元主体参与的特点，具体有以下两方面的表现（见表5-1）：

表 5-1  日本数字科技伦理监管主体及作用

| 环节 \ 主体 | 政府 | 行业 | 企业 | 社会 |
|---|---|---|---|---|
| | 内阁府、总务省、经济产业省、数字厅、厚生劳动省等 | 日本经济团体联合会、日本电子信息技术产业协会、日本云产业协会等 | 数字科技开发、运营企业，如富士通、索尼、日立、松下等大企业 | 哲学界、经济学界及人工智能学界、法律界、会计界、消费者团体、媒体等 |
| 规则制定 | ·牵头制定伦理规则<br>·制定激励措施 | ·参加制定伦理规则<br>·制定本行业伦理规则 | ·参加制定伦理规则<br>·制定本企业伦理规则 | ·参加制定伦理规则 |
| 监督 | ·推动规则的社会认知<br>·公共采购优先<br>·伦理审查和认证<br>·数据实时监管<br>·伦理监督调查 | ·实施伦理审查和认证<br>·本行业伦理监督调查 | ·自我监督<br>·履行说明责任<br>·内部与外部监察 | ·参加伦理监督调查 |
| 执法 | ·酝酿伦理违规企业曝光制度<br>·酝酿政府采购黑名单<br>·酝酿事故调查制度<br>·酝酿延期诉讼制度 | ·参加事故调查 | ·自主改进<br>·自主纠错<br>·事故报告<br>·调查配合 | ·媒体监督<br>·直接投诉<br>·参加事故调查 |

资料来源：笔者整理而成。

第一，政府、行业、企业和社会力量共同参与监管过程。政府具有管理国家的职能，是监管架构中具有行政权力的组织，但面临数字科技伦理问题，它没有过分依赖行政强制手段，而是采取了引导的方式，通过民主讨论、凝聚共识、形成合力来寻找解决问题的最佳方案。行业团体，如日本经济团体联合会、日本电子信息技术产业协会、日本云产业协会参与了监管，它们既提供了技术规律的信息，也表达了促进技术发展的要求。企业是数字科技的开发者和服务事业运营者，了解各领域的不同情况和具体要求，它们不仅是监管框架形成的参与者，更是实施自主规范、自我监管

# 第五章
## 日本数字科技伦理监管的趋势与启示

的主力军。社会团体可以说是监管框架中的第四方力量,虽然不像其他主体那样与数字科技有着紧密的关联,但它们也是利害相关者。学界人士从价值观、经济规律、法律等角度提供知识,或提供解决伦理问题的技术方法。消费者团体从消费者视角提出伦理问题点和监管需求。媒体则及时、敏锐地发现伦理问题并提醒社会关注。

第二,各主体在监管的各个环节发挥着不同作用,相得益彰。在原则、指针以及伦理措施的制定层面,由政府牵头、聘请各方人士,采取会议或研究会形式,经过若干次讨论,形成文字文件,由政府发布。参加讨论者以企业、行业团体人士居多,还包括哲学界、经济学界、人工智能学界、法律界、会计界人士及消费者团体等。在监督层面,政府的作用体现为推动原则、指针的社会认知和实施各种激励措施,如在公共采购中优先伦理记录好的企业、对医疗设备引进实施伦理审查和认证、开展企业伦理监管调查等。而企业的作用则是自主规范、自我监督,包括责任说明、风险管控等。此外,行业团体帮助政府实施伦理审查和认证,对本行业企业执行伦理规则的情况进行调查和提出建议。消费者团体、媒体等社会力量通过参与政府实施的伦理监管调查和第三方实施的伦理监管调查发挥监督作用。在执法层面,政府除了采取行政处置和依据现行法规处置外,还在酝酿设置伦理监管的特定法规。行业、企业虽是被监管、被执法的对象,但因为"软法"的缘故,行业团体在参加事故调查、企业在遏制问题发生、公布事故信息等方面也发挥着自律作用。同时,消费者团体和媒体等的影响也在增大,如由于媒体报道的影响,政府开始制定人脸识别技术的监管法规。

### (四) 确保隐私和公平的价值体系

日本的数字科技伦理监管重视社会价值,构成了内容丰富的价值体系。考察这个体系可以发现这些价值之间是有序列和特定关联的,从排序来看,它以确保隐私和公平为首,从结构来看,它以保护基本人权为出发点，强调企业的伦理责任，同时重视社会环境治理。人工智能网络社会促进会于 2022 年对日本和国际上的人工智能伦理原则、指针文件做了统计，发现这些文件使用的价值理念有 22 个（见表 5-2），其中日本文件中较重视的是以下 9 个理念：并列第一位的是确保隐私、公平，95.5% 的文件使用了该理念；第二位是透明可释、责任说明，使用率为 90.1%；随后依次是安全保障，使用率为 86.4%；人的尊严、正确利用，使用率为 77.3%；教育与素养、安全，使用率为 63.6%。其他理念的使用率都没有超过半数。这显示日本把确保隐私和公平放在价值体系的首要位置。

表 5-2　日本与其他国家对人工智能伦理议题的关注程度

| 编号 | 议题 | 日本 | 其他国家 | 编号 | 议题 | 日本 | 其他国家 |
|---|---|---|---|---|---|---|---|
| 1 | 人为中心 | 22.7 | 7.5 | 12 | 安全保障 | 86.4 | 35.0 |
| 2 | 人的尊严 | 77.3 | 62.5 | 13 | 隐私保护 | 95.5 | 50.0 |
| 3 | 多样性与包容性 | 22.7 | 32.5 | 14 | 公平 | 95.5 | 77.5 |
| 4 | 可持续社会 | 40.9 | 27.5 | 15 | 透明可释 | 90.1 | 87.5 |
| 5 | 国际合作 | 4.6 | 15.0 | 16 | 说明责任 | 90.1 | 62.5 |
| 6 | 正确利用 | 77.3 | 32.5 | 17 | 牢固性 | 13.6 | 30.0 |
| 7 | 教育与素养 | 63.6 | 15.0 | 18 | 责任 | 13.6 | 32.5 |
| 8 | 人的判断介入、可控性 | 27.3 | 30.0 | 19 | 可追踪性 | 19.2 | 27.5 |
| 9 | 正确学习（数据质量） | 31.8 | 22.5 | 20 | 监督与监察 | 13.6 | 40.0 |
| 10 | 人工智能间的协同 | 18.2 | 2.5 | 21 | 治理 | 9.1 | 7.5 |
| 11 | 安全 | 63.6 | 47.5 | 22 | 其他（成本、效果评估） | 4.6 | 5.0 |

注：①本表数据根据下方资料来源所示报告 45 页、51 页的 22 份日本文件（《人工智能伦理原则及指针》，下同）和 40 份国外文件统计。22 份日本文件包括 18 份企业文件和 4 份行业组织文件，40 份国外文件为 38 份政府文件和 2 份国际组织文件，覆盖 17 个国家和地区。②表内数字表示使用该议题的文件份数占全部文件份数的比重。

资料来源：AIネットワーク化検討会議．報告書 2022～「安心・安全で信頼性のある AI の社会実装」の更なる推進～［R/OL］．（2023-03-15）．https://www.soumu.go.jp/main_content/000826564.pdf．

# 第五章
## 日本数字科技伦理监管的趋势与启示

市川类（2020）指出，国际主要的人工智能伦理原则体系包括社会规范、技术监管和社会环境三部分内容，社会规范是社会应该追求的价值目标，技术监管是实现社会规范的手段，社会环境是配套措施。确保隐私、公平、人的尊严、安全是基本人权，属于社会规范。透明可释、责任说明、安全保障是伦理责任，属于技术监管。正确利用、教育与素养是宏观政策，属于社会环境。由此可见，日本的价值体系以保护基本人权为出发点，不仅强调企业的伦理责任，也重视社会环境治理。与其他国家相比，可以更明显地看到日本的这一特点。因为其他国家较为关注的价值排序依次是透明可释（87.5%）、公平性（77.5%）、人的尊严（62.5%）和责任说明（62.5%）。其余的都没有超过半数。但需要注意的是，尽管日本与其他国家在对伦理价值的认知上有一定程度的差异，但在伦理价值上的大方向是一致的。

### （五）注重奖优惩劣的激励机制

日本数字科技伦理监管的基本依据是"软法"，是没有法律强制性的规则。但这并不等于说这套规则就仅是形式上的，没有任何约束意义。实际上，日本"软法"中也包含着自身奖优惩劣的激励机制。奖优，就是对企业的优良行为，即对有利于伦理监管的行为进行各种形式的奖励；惩劣，就是对有碍于伦理监管的行为进行惩罚。

首先，日本以表彰优良企业的方式鼓励企业主动实施伦理监管。政府在制定规则时，会邀请很多企业代表参加。这些企业都是在数字科技上的领先者，他们的意见、观点大都得到了重视，反映到了规则里。被邀请参加政府的咨询会议，就是社会地位上的表彰。自己的意见被载入了规则，自己就有了履行的责任心。政府每年还会进行伦理监管调查，在调查报告中列举优秀的企业事迹。被认定为优秀的企业，就会继续落实规则，发挥标兵作用。其次，一些行业团体还制定了认证制度，对符合条件的优秀企业颁发合格证书。这些认证制度实际上是对优秀企业的奖励。比如，日本有"人工智能云服务的安全、信赖信息公开认证制度",专门对云服务运营商的安全、信赖信息公开现状进行认证。企业可以按照规定将安全、信赖措施的具体内容、公开方法等资料上交给日本云产业协会,该协会组织专家进行审查。对审查合格的企业,颁发合格证书和徽章,有效期2年。目前来看,这个认证具有提高客户认知度等效果,将来也有可能成为市场进入的资格条件。

既然有优秀企业行为受到了奖励,就一定有相对差的行为存在。日本的"软法"监管方式中也含有"惩劣"的意味,如没有通过认证就可以被看作间接的惩罚。日本政府于2022年9月制定了"在负责任的供应链中尊重人权的行动指导方针",要求企业对投标说明文件、合同以及供应商是否存在侵犯人权行为进行盘查,严格履行人权责任。2023年4月,政府又正式出台了一个关于政府采购资格的文件,将"严格遵守人权原则"纳入公共事业、物资采购投标的必要条件,人权记录良好的企业才能进入采购投标。从这个角度来看,奖惩机制就与经济利益有了关联。并且,政府和学术界也存在着逐渐将"软法"变硬的观点,如日本已在考虑对严重违规行为制定责任追究机制,包括行政处罚、公开曝光、剥夺资格、禁止参与公共采购等。

## 五、日本数字科技伦理监管对我国构建数字科技伦理监管体系的启示

日本在数字科技伦理监管方面走了与欧美国家稍有不同的道路,即在不增加企业制度成本的前提下,通过"软法"的原则、行动指针等来引导企业预防伦理事故的发生,达到既维护伦理价值及社会文明,又促进新兴技术发展的目的。以下根据日本的做法和我国国情,提出五点启示与政策建议。

(一)兼顾数字科技伦理监管与促进技术创新

从日本数字科技伦理监管理论和实践中,可以观察到一个不变的前

# 第五章
## 日本数字科技伦理监管的趋势与启示

提：以促进技术创新为导向。数字科技是新工业革命的牵引者，蕴藏着提高社会生产力、改变经济构造的极大能量，之所以如此，是因为它不仅可以替代人的体力劳动，还可以替代人的脑力劳动，将来可能会形成独立于人的、有思维能力的存在。然而，为了防止数字科技脱离人类的伦理规范，监管也是不可缺少的。况且，以人工智能为代表的数字科技已经朝着独立自主决策的方向发展，因此，监管必须从现在就开始着手。

但必须注意的是，数字科技监管会给企业带来制度成本，在一定程度上削减技术开发投资。因此，数字科技伦理监管要注意不过分增加企业负担，不应采取行政执法式的调查，如实行企业责任对照检查清单执法。这一监管应根据不同领域的数字科技伦理风险程度，制定不同的监管规则，选择不同的软硬规则相结合的政策做法，密切研究技术、社会以及国际动向，从规则制度上保持伦理监管与支持创新之间的动态平衡。

（二）"软法"为主、"硬法"配合

日本的伦理监管可以用"软法为主、硬法配合"来概括其性质。所谓"软法"，是指政府出台的伦理原则、贯彻原则的指针等文件。日本政府提出了以人为中心、隐私保护等数字科技伦理原则，要求从研发制造企业、运营服务企业到消费者都应该了解、遵守原则，并编制了贯彻这些原则的企业行动指南，要求企业建立相应的监管体制，确保自己制造、运营服务的人工智能、机器人等技术装备不给社会带来伦理危机。这些原则、指南等文件，没有规定企业或个人的义务责任、没有罚则，因此被称为"软法"。这些"软法"构成了日本伦理监管的主要成分。日本在讨论制定这些"软法"时，邀请了大量企业人士参与，采纳了企业的合理意见，这成为企业落实这些原则、指针的内在动力。所谓"硬法"，指规定行为人的义务责任、有罚则的法律。日本在伦理监管中，也有《个人信息保护法》《医疗医师法》《道路交通法》等在发挥作用。对于违反法律规定的伦理行为，日本适用这些法律来进行处置。并且，日本还酝酿针对恶性伦理事故概率大的领域，制定法律进行监管。总体来看，日本伦理监管的多数领域是"软法"在发挥作用，"硬法"只在特定领域使用。"软法"具有预防、避免伦理风险的作用，而"硬法"通过事后惩罚，起到以儆效尤的作用，两者相辅相成。

从操作性来考虑，我国也应采取自上而下与自下而上相结合的方式，建立"软法为主、硬法配合"的数字科技伦理规则体系。由政府牵头，邀请产业界、学术界、消费者团体人士制定涵盖全社会的伦理原则和行动指南。由行业、大企业牵头，总结伦理风险的发生案例、制定本行业及企业的伦理问题对策。由于数字科技发展速度快、伦理问题形态及重点也在不断变化，因此应适用"敏捷管理"准则，适时地召开研讨会和开展企业调查，更新原则和行为指南。

（三）构建统一的国家数字科技伦理监管体制

在数字科技快速发展、社会广泛应用的当下，应重视数字科技伦理问题，加快构建我国数字科技伦理监管体制。建设该体制的意义在于以下三个方面：第一，有利于社会稳定发展。现在以人工智能为代表的技术产品已经可以佩戴等方式深入生活的大部分场景。人们从数字产品中得到了便利，但国外已有隐私、财产等被侵害的事件发生。为了预防此类事件给人民、社会带来负面影响，国家应该采取必要的措施。第二，有利于数字科技的顺利发展。以人工智能为代表的数字科技有着极大的发展可能性，会在提高生产效率及生活质量方面带来巨大的影响。这些技术尚处于发展阶段，虽然随之而来会出现一些伦理问题，但不能因此就因噎废食，对技术本身进行限制。技术是中立性的。例如，18世纪纺织机的出现，引发了手工纺织业者的生存危机问题，但问题的实质不是纺织机技术本身，而是管理社会的政府失职所致。历史无法更改，但可以从历史中吸取教训，防患

# 第五章
## 日本数字科技伦理监管的趋势与启示

于未然，展示新世纪社会运营管理的智慧与能力。第三，有利于国际贸易往来。像 ISO 工业标准成为国际贸易的条件一样，现在国外已有将人工智能伦理原则推向标准化、国际化的倾向。因此，如果不能尽快着手研究国际局势、构建相应的体制机制，贸易尤其是出口会受到制约。

在国家数字科技伦理监管体制建设中，建议由国务院制定适用全社会的伦理原则，工业和信息化部、农业农村部等制定适用其领域的行动规范。规范内容应涵盖数字科技利用的重要环节，包括数字科技的开发制造、运营利用、收集加工、交易合同等。规范对象应包括企业经营者和高管、业务实施者、数据服务利用者、消费者等。规范领域可从电子商务平台、自动驾驶、远程手术、云服务、社交媒体、在线教育等入手，逐步积累经验。

（四）发挥多元主体在规则制定中的作用

数字科技伦理管理规则的制定，应该采取政府牵头、多元主体参与的形式，以数字科技开发、运营和利用企业为中心，包括学术界、法律界、消费者等社会各方人士，共同来决定规则。尤其应该发挥企业的作用。规则是实践的纲领，实践是规则的体现。原则如果超越实践者的认知、行动能力，原则就无法实现。而原则如果低于实践者的认知、行动能力，那就是落后于现实的教条。因此，制定规则时，要充分考虑规则的可行性。一般来说，监管规则是由政府发出的，而企业是实践者，原则与实践之间存在矛盾的可能性，构建监管机制必须要解决这个矛盾。而企业的角色转换是解决这个矛盾的关键。在传统模式中，企业是监管的对象，只有被动地适应监管。数字科技中出现的伦理问题，与数据、学习模型、算法等技术问题缠绕在一起，不像产品质量不佳、剽窃知识产权等那样容易识别，对政府人员来说是棘手的新课题。当然，随着时间的推移，政府人员的数字科技知识水平会提高，但在当下人工智能这样新兴技术的伦理监管中，应该使企业转换角色，由被动主体变主动主体，从原则制定开始就参与进去，这样规则就成为了承诺，实践贯彻原则就顺理成章了。

（五）建立企业主动规范行为的激励机制

日本数字科技伦理监管的依据是"软法"，除了部分领域之外，基本上没有法律强制力。为了让企业具有落实伦理规则、实践行动指针的积极性，日本首先是让企业参与规则、指针的制定，以减少抵触情绪，把落实规则、实践指针看作顺利经营的必须行为，作为对社会的承诺，就像上市公司公开财务信息一样，是社会责任的一部分。其次是建立适当的激励机制，如将企业伦理行为的表现与政府公共采购挂钩的经济激励；政府或第三方机构对伦理行为表现优秀的企业进行表彰和颁发证书的社会激励。最后是必要的法律激励，制定事故追责制度，对造成重大伦理事故的企业进行诉讼和追究法律责任。

我国的数字科技已经应用于社会经济的各个领域，牵涉的企业数量众多。为了预防伦理风险，必须采取措施激励企业主动规范自身的行为。激励措施从实施主体来看有三类：一是政府措施。对遵守伦理原则的企业，政府可以通报表扬，在公共采购时优先采用。对违背伦理原则的企业，政府可以通报批评，这实际上也会影响企业经营，属于反向激励。政府还可以设立认证制度，鼓励企业完善伦理监管机制。并且对性质恶劣的伦理违反行为，依据法律给予公开、公正的处置。二是行业及企业的措施。行业及企业是伦理监管的第一线。行规不正最终会给该行业的所有企业带来恶果。因此，应该营造社会氛围，鼓励行业及企业公开数字科技利用的伦理理念和行动方案，消除"暗箱操作"的不良行为。三是消费者及媒体的监督措施。应该利用《消费者权益保护法》，采集伦理问题案例反馈给企业，要求其认真整改。此外，还应发挥媒体的监督作用，在伦理问题上扬善贬恶，激励企业依法经营。

# 参考文献

［1］クラウドサービス情報開示認定機関 一般社団法人日本クラウド産業協会（ASPIC）．AIクラウドサービスの情報開示認定制度を新設~令和4年4月1日（金）運用開始~［EB/OL］．（2023-03-15）［2022-04-01］．https：//www.atpress.ne.jp/news/304211.

［2］デジタル庁、内閣府知的財産戦略推進事務局．プラットフォームにおけるデータ取扱いルールの実装ガイダンスver1.0［EB/OL］．（2023-02-11）［2022-03-04］．https：//cio.go.jp/sites/default/files/uploads/documents/digital/20220304_policies_data_strategy_outline_01.pdf.

［3］安増拓見.情報銀行ってどんなもの？［J］．国民生活，2020（1）：11-14.

［4］巴曙松，余艺舟，朱元倩.加拿大监管科技的发展现状及趋势展望［J］．湖北经济学院学报，2020，18（5）：23-32.

［5］蔡跃洲.数字经济的增加值及贡献度测算：历史沿革、理论基础与方法框架［J］．求是学刊，2018，45（5）：65-71.

［6］赤田康和.顔認識カメラの規制強化へ 個人情報保護委、データ扱い方など具体化［N/OL］．（2021-12-22）［2023-02-15］．https：//www.asahi.com/articles/ASPDP71WJPDNUTIL055.html.

［7］崔冬，万晨.数字货币国际监管的发展动向及对我国的启示［J］．征信，2016，34（10）：62-64.

［8］董军，程昊.大数据技术的伦理风险及其控制——基于国内大数据伦理问题研究的分析［J］．自然辩证法研究，2017（11）：80-85.

［9］段伟文.机器人伦理的进路及其内涵［J］.科学与社会，2015，5（2）：35-45.

［10］樞塲勇太.公共事業・調達に参加する企業へ人権配慮を求める政府が方針決定［N/OL］.（2023-04-03）［2023-04-04］.https：//www.asahi.com/articles/ASR436CYSR43ULFA02B.html.

［11］岡本慎平.日本におけるロボット倫理学［J］.社会と倫理，2013（28）：5-19.

［12］高晓巍，王达，乔新歌，胡金璐.欧盟发布2016—2017年"地平线2020"计划［J］.今日科苑，2017（11）：79-83.

［13］個人情報保護委員会.改正個人情報保護法対応チェックポイント［EB/OL］.［2023-04-01］.https：//www.ppc.go.jp/files/pdf/privacy_protection_check_point.pdf.

［14］個人情報保護委員会.令和2年改正個人情報保護法特集［EB/OL］.（2023-02-15）.https：//www.ppc.go.jp/news/kaiseihou_feature/#rouei.

［15］個人情報保護委員会事務局.改正個人情報保護法について［EB/OL］.（2016-11-28）［2023-02-15］.https：//www.meti.go.jp/committee/kenkyukai/sansei/daiyoji_sangyo_chizai/pdf/003_02_00.pdf.

［16］郭家堂，骆品亮.互联网对中国全要素生产率有促进作用吗？［J］.管理世界，2016（10）：34-49.

［17］厚生労働省.次世代医療機器評価指標の公表について［EB/OL］.（2019-05-23）［2023-02-15］.https：//www.mhlw.go.jp/content/10601000/000515843.pdf.

［18］厚生労働省.人工知能（AI）を用いた診断、治療等の支援を行うプログラムの利用と医師法第17条の規定との関係について［EB/OL］.（2018-12-19）［2023-01-15］.https：//www.mhlw.go.jp/content/

10601000/000468150.pdf.

[19] 黄群慧，余泳泽，张松林.互联网发展与制造业生产率提升：内在机制与中国经验［J］.中国工业经济，2019（8）：5-23.

[20] 金星晔，伏霖，李涛.数字经济规模核算的框架、方法与特点［J］.经济社会体制比较，2020（4）：69-78.

[21] 荆文君，孙宝文.数字经济促进经济高质量发展：一个理论分析框架［J］.经济学家，2019（2）：66-73.

[22] 経済産業省.AI・データの利用に関する契約ガイドライン1.1版［EB/OL］.（2019-12-09）［2023-02-15］.https：//www.meti.go.jp/press/2019/12/20191209001/20191209001-1.pdf.

[23] 経済産業省.Society5.0時代における法とアーキテクチャのリ・デザイン［R/OL］.［2023-01-15］.https：//www.meti.go.jp/shingikai/mono_info_service/dgs5/pdf/001_s06_00.pdf.

[24] 経済産業省.限定提供データに関する指針［EB/OL］.（2011-01-23）［2023-02-11］.https：//www.meti.go.jp/policy/economy/chizai/chiteki/guideline/h31pd.pdf.

[25] 経済産業省知的財産政策室.不正競争防止法平成30年改正の概要（限定提供データ、技術的制限手段等）［EB/OL］.［2023-02-11］.https：//www.meti.go.jp/policy/economy/chizai/chiteki/H30nen_fukyohoshosai.pdf.

[26] 久木田水生.人工知能の倫理：何が問題なのか［EB/OL］.（2017-11-06）［2023-01-15］.https：//www.soumu.go.jp/main_content/000520384.pdf.

[27] 林落.国外科研伦理面面观［J］.科学新闻，2018（12）：28-31.

[28] 林美玉，王琦.欧盟5G安全监管模式研究［J］.信息通信技术

与政策，2021，47（5）：60-66.

［29］刘晨，康秀云.加拿大高校科研伦理规范的监管机制、政策体系及实践启思［J］.黑龙江高教研究，2018，36（4）：78-82.

［30］刘蔚.基于国际经验的数字货币监管研究［J］.西部金融，2017（11）：26-31.

［31］莫宏伟.强人工智能与弱人工智能的伦理问题思考［J］.科学与社会，2018（1）：14-24.

［32］内閣府.人間中心のAI社会原則［EB/OL］.（2019-03-29）［2023-01-15］.https：//www8.cao.go.jp/cstp/aigensoku.pdf.

［33］内閣府政策統括官（科学技術・イノベーション担当）.関係府省庁におけるAI関連指針・原則・ガイドライン等の策定状況［EB/OL］.（2023-02-15）.https：//www8.cao.go.jp/cstp/ai/ningen/r21kai/siryol.pdf.

［34］企業法務ナビ.改正道交法が春から施行、自動運転レベル4について［EB/OL］.（2023-01-12）［2023-02-15］.https：//www.corporate-legal.jp/news/5121.

［35］情報信託機能の認定スキームの在り方に関する検討会.情報信託機能の認定に係る指針［EB/OL］.（2022-06-20）［2023-02-11］.https：//www.meti.go.jp/press/2022/06/20220630006/20220630006-b.pdf.

［36］人工知能と人間社会に関する懇談会.「人工知能と人間社会に関する懇談会」報告書［R/OL］.（2017-03-24）［2023-01-15］.https：//www8.cao.go.jp/cstp/tyousakai/ai/summary/aisociety_jp.pdf.

［37］人工知能学会.人工知能学会倫理指針［EB/OL］.（2017-02-28）［2023-02-13］.https：//www.ai-gakkai.or.jp/ai-elsi/wp-content/uploads/sites/19/2017/02/人工知能学会倫理指針.pdf.

［38］日本ロボット学会.倫理綱領［EB/OL］.（2014-10-07）［2023-03-13］.https：//www.rsj.or.jp/info/compliance/ethics.html.

## 参考文献

[39] 市川類.AI原則の体系化と今後のガバナンスの方向~デジタル? AIにおけるイノベーションと社会制度の共進化 [R].2020.

[40] 松尾豊,西田豊明,堀浩一,等.人工知能と倫理 [J].人工知能,2016,31 (9): 635-641.

[41] 宋晓凡.法定数字货币的中心化监管模式与制度构建 [D].济南：山东大学,2021.

[42] 藤川琢哉,深澤桃子.AI活用における日本企業の現状とAIガバナンスについて [EB/OL]. (2022-11-08) [2023-02-15]. https://www.pwc.com/jp/ja/knowledge/journal/rdl2211.html.

[43] 藤井信英.令和3年版情報通信白書~デジタルで支える暮らしと経済~ [EB/OL]. (2021-09-07) [2023-02-15]. https://www.glocom.ac.jp/wp-content/uploads/2021/08/shiryo20210907_Fujii.pdf.

[44] 田丸健三,満塩尚史,柳原尚史,等.AIシステムにおけるデータ利用の特性と取扱い上の留意点 [J].政府CIO補佐官等ディスカッションペーパー,2020 (6): 1-14.

[45] 王江璐,刘明兴.我国政府引导基金的现状分析与政策建议 [J].福建师范大学学报（哲学社会科学版）,2019 (6): 78-86+170.

[46] 吴优,陈茜茜,葛红玲.央行数字货币的国际实践比较 [J].科技智囊,2022 (6): 22-30.

[47] 夏杰长,刘诚.数字经济赋能共同富裕：作用路径与政策设计 [J].经济与管理研究,2021,42 (9): 3-13.

[48] 消費者のデジタル化への対応に関する検討会AIワーキンググループ.消費者のデジタル化への対応に関する検討会AIワーキンググループ報告書 [R/OL]. (2020-07-06) [2023-02-11]. https://www.caa.go.jp/policies/policy/consumer_policy/meeting_materials/review_meeting_004/assets/ai_handbook_200728_0003.pdf.

[49] 消費者庁.AI利活用ハンドブック～AIをかしこく使いこなすために～[EB/OL].[2023-02-11].https：//www.caa.go.jp/policies/policy/consumer_policy/meeting_materials/review_meeting_004/assets/ai_handbook_200728_0002.pdf.

[50] 肖红军,李平.平台型企业社会责任的生态化治理[J].管理世界,2019(4)：120-144+196.

[51] 肖红军,阳镇,商慧辰.平台监管的多重困境与范式转型[J].中国人民大学学报,2022(4)：24-39.

[52] 肖红军,阳镇.平台企业社会责任：逻辑起点与实践范式[J].经济管理,2020(4)：37-53.

[53] 许宪春,张美慧.中国数字经济规模测算研究——基于国际比较的视角[J].中国工业经济,2020(5)：23-41.

[54] 玄忠雄.AIの暴走に備えよ、総務省が開発ガイドライン案[EB/OL].(2017-09-04)[2023-02-13].https：//xtech.nikkei.com/it/atcl/column/14/346926/082801104/.

[55] 阳镇,陈劲,李纪珍.数字经济时代下的全球价值链：趋势、风险与应对[J].经济学家,2022(2)：64-73.

[56] 阳镇,陈劲.数智化时代下的算法治理——基于企业社会责任治理的重新审视[J].经济社会体制比较,2021(2)：12-21.

[57] 阳镇,陈劲.数智化时代下企业社会责任的创新与治理[J].上海财经大学学报,2020(6)：33-51.

[58] 阳镇,凌鸿程,季与点,等.数智化时代传统文化的特殊力量：儒家文化会驱动人工智能企业创新绩效吗？[J].创新科技,2021,21(7)：19-33.

[59] 一般社団法人電子情報技術産業協会.会員企業によるAI倫理に関する取組～AIの倫理的な開発、利活用の促進に向けて～[EB/OL].

（2022-10-07）［2023-02-15］. https：//www. jeita. or. jp/japanese/pickup/category/2022/pdf/ai-ethics. pdf.

［60］一般社団法人日本経済団体連合会. AI 活用戦略~AI-Readyな社会の実現に向けて~［EB/OL］.（2019-02-19）［2023-03-13］. https：//www. keidanren. or. jp/policy/2019/013_gaiyo. pdf.

［61］一般社団法人日本人間工学会. 人間工学研究のための倫理指針［EB/OL］.（2009-11-13）［2023-03-15］. https：//www. ergonomics. jp/official/page-docs/product/report/JES_Rinri_Guideline_20091113. pdf.

［62］医師法第 17 条の規定との関係について［EB/OL］.（2018-12-19）［2023-01-15］. https：//www. mhlw. go. jp/content/10601000/000468150. pdf.

［63］于雪，段伟文. 人工智能的伦理建构［J］. 理论探索，2019（6）：43-49.

［64］张文婷，赵大伟，丁明发. 人工智能在金融领域的应用及监管［J］. 金融纵横，2020（6）：12-17.

［65］张勋，万广华，张佳佳，等. 数字经济、普惠金融与包容性增长［J］. 经济研究，2019，54（8）：71-86.

［66］赵涛，张智，梁上坤. 数字经济、创业活跃度与高质量发展——来自中国城市的经验证据［J］. 管理世界，2020，36（10）：65-76.

［67］郑联盛，曲涛，武传德. 加拿大数字货币的发展实践与启示［J］. 征信，2021，39（2）：72-78.

［68］政府オンライン. ついに日本で走り出す！自動運転"レベル3"の車が走行可能に［EB/OL］.（2022-05-07）［2023-02-15］. https：//www. gov-online. go. jp/useful/article/202004/1. html.

［69］诸竹君，袁逸铭，焦嘉嘉. 工业自动化与制造业创新行为［J］. 中国工业经济，2022（7）：84-102.

［70］総務省，経済産業省.DX 時代における企業のプライバシーガバナンスガイドブック ver1.2［EB/OL］.（2022-02-18）［2023-01-15］.https：//www.meti.go.jp/policy/it_policy/privacy/guidebook12.pdf.

［71］総務省.情報通信白書（2021）［R/OL］.［2023-03-15］.https：//www.soumu.go.jp/johotsusintokei/whitepaper/ja/r03/pdf/01honpen.pdf.

［72］総務省情報通信政策研究所.AI 利活用原則案［EB/OL］.（2018-07-31）［2023-01-15］.https：//www8.cao.go.jp/cstp/tyousakai/humanai/4kai/siryo1.pdf.

［73］A Guide to Good Practice for Digital and Data-driven Health Technologies［EB/OL］.（2023-03-12）.https：//www.gov.uk/government/publications/code-of-conduct-for-data-driven-health-and-care-technology/initial-code-of-conduct-for-data-driven-health-and-care-technology.

［74］Achievements under the AI Sector Deal［EB/OL］.（2023-02-21）.https：//www.gov.uk/government/publications/achievements-under-the-ai-sector-deal/achievements-under-the-ai-sector-deal.

［75］AI in the UK 2021［EB/OL］.（2023-02-22）.https：//www.innovationeye.com/ai-in-the-uk-2021.

［76］AI Sector Deal［EB/OL］.（2023-02-22）.https：//www.gov.uk/government/publications/artificial-intelligence-sector-deal/ai-sector-deal.

［77］AIネットワーク化検討会議.報告書2016AIネットワーク化の影響とリスク—智連社会（WINSウインズ）の実現に向けた課題［R/OL］.（2016-06-20）［2023-01-15］.https：//www.soumu.go.jp/main_content/000425289.pdf.

［78］AIネットワーク化検討会議.報告書2022～「安心・安全で信頼性のある AI の社会実装」の更なる推進～［R/OL］.（2022-07-25）［2023-03-15］.https：//www.soumu.go.jp/main_content/000826564.pdf.

## 参考文献

［79］AIネットワーク化検討会議.国際的な議論のためのAI開発ガイドライン案［EB/OL］.（2017-07-28）［2023-01-15］.https：//www.soumu.go.jp/main_content/000499625.pdf.

［80］AIネットワーク社会推進会議.AI利活用ガイドライン~AI利活用のためのプラクティカルリファレンス~［EB/OL］.（2019-08-09）［2023-01-15］.https：//www.soumu.go.jp/main_content/000637097.pdf.

［81］AI原則の実践の在り方に関する検討会.AI原則実践のためのガバナンス・ガイドラインVer.1.1［EB/OL］.（2022-01-28）［2023-01-15］.https：//www.meti.go.jp/shingikai/mono_info_service/ai_shakai_jisso/pdf/20220128_1.pdf.

［82］AI原則の実践の在り方に関する検討会.我が国のAIガバナンスの在り方 Ver.1.1［EB/OL］.（2021-07-09）［2023-01-15］.https：//www.meti.go.jp/shingikai/mono_info_service/ai_shakai_jisso/pdf/20210709_1.pdf.

［83］Allum N，Allansdottir A，Gaskell G，et al.Religion and the Public Ethics of Stem-Cell Research：Attitudes in Europe，Canada and the United States［J/OL］.PLoS ONE，2017，12（4）：e0176274.

［84］AMEDロボット介護機器開発・導入促進事業基準策定評価コンソーシアム.倫理審査申請ガイドライン［EB/OL］.［2023-03-15］.https：//robotcare.jp/data/outcomes/2018/04.pdf.

［85］Australian Bureau of Statistics.Household Use of Information Technology［EB/OL］.（2018-03-28）.https：//www.abs.gov.au/statistics/industry/technology-and-innovation/household-use-information-technology/latest-release，2018.

［86］Australian Competition and Consumer Commission.Digital Platform Services Inquiry-September 2023 Report on the Expanding Ecosystems of Digital

Platform Service Providers [R/OL]. https：//www. accc. gov. au/system/files/Digital%20platform%20services%20inquiry%20-%20September%202023%20report%20-%20Issues%20paper_0. pdf，2023.

[87] Australian Government. Telecommunications Act 1997 [EB/OL]. (2019-09-17). https：//www. legislation. gov. au/Details/C2019C00273.

[88] Australian Human Rights Commission, Actuaries Institute. Guidance Resource：Artificial Intelligence and Discrimination in Insurance Pricing and Underwriting (2022) [R/OL]. https：//humanrights. gov. au/our-work/rights-and-freedoms/publications/guidance-resource-artificial-intelligence，2022.

[89] Australian Human Rights Commission. Artificial intelligence an anti-discrimination：Major new publicatiom [EB/OL]. (2022-12-01). https：//humanrights. gov. au/about/news/guidance-ai-and-discrimination-insurance，2022.

[90] Australian Human Rights Commission. Technology and Human Rights [R/OL]. https：//tech. humanrights. gov. au/sites/default/files/2021-05/AHRC_RightsTech_2019_AI_whitepaper. pdf，2019.

[91] Australian Human Rights Commission. Human Rights and Technology [R/OL]. https：//humanrights. gov. au/our-work/rights-and-freedoms/publications/human-rights-and-technology-issues-paper-2018，2018.

[92] Australian Human Rights Commission. Human Rights and Technology [R/OL]. https：//humanrights. gov. au/our-work/rights-and-freedoms/publications/human-rights-and-technology-discussion-paper-2019，2019.

[93] Australian Human Rights Commission. Human Rights and Technology：Final Report [R/OL]. https：//humanrights. gov. au/our-work/rights-and-freedoms/publications/human-rights-and-technology-final-report-2021，2021.

[94] Australian Human Rights Commission. Using Artificial Intelligence

to Make Decisions: Addressing the Problem of Algorithmic Bias [EB/OL]. https://humanrights. gov. au/sites/default/files/document/publication/ahrc_ technical_ paper_ algorithmic_ bias_2020. pdf .

[95] Baiano A. Edible Insects: An Overview on Nutritional Characteristics, Safety, Farming, Production Technologies, Regulatory Framework, and Socio-economic and Ethical Implications [J]. Trends in Food Science and Technology, 2020, 100: 35-50.

[96] Big Innovation Centre. Blockchain Industry in the UK Landscape Overview: Companies, Investors, Influencers and Trends [EB/OL]. (2021-11-17) [2023-03-12]. https://www. biginnovationcentre. com/showcase/blockchain-industry-in-the-uk-landscape-overview-companies-investors-influencers-and-trends/.

[97] Bourassa C, Billan J, Starblanket D, et al. Ethical Research Engagement with Indigenous Communities [J/OL]. Journal of Rehabilitation and Assistive Technologies Engineering, 2020, 7: https://doi. org/10. 1177/2055668320922706.

[98] British Security Industry Association. Automated Facial Recognition:Ethical and Legal Use [EB/OL]. [2023-03-01]. https://www. gov. uk/government/publications/automated-facial-recognition-ethical-and-legal-use.

[99] Burrel J. How the Machine 'Thinks': Understanding Opacity in Machine Learning Algorithms [J]. Big Data and Society, 2016, 3 (1): 1-12.

[100] Canadian Association of Radiologists (CAR) Artificial Intelligence Working Group. Canadian Association of Radiologists White Paper on Ethical and Legal Issues Related to Artificial Intelligence in Radiology [J]. Canadian Association of Radiologists Journal, 2019, 70 (2): 107-118.

[101] Christian E, Sebastian K, Louise Van S. The Ever-Changing Union: An Introduction to the History, Institutions and Decision-making Processes of the European Union [M]. Brussels: Centre for European Policy Studies (CEPS), 2009.

[102] CSIRO. Artificial Intelligence Roadmap [R/OL]. https://www.csiro.au/en/research/technology-space/ai/artificial-intelligence-roadmap, 2019.

[103] Data Advisory Board and Data Leaders Network [EB/OL]. [2023-04-21]. https://www.gov.uk/government/groups/data-advisory-board-and-data-leaders-network.

[104] Data Ethics Framework: Legislation and Codes of Practice for Use of Data [EB/OL]. (2020-09-16) [2023-03-12]. https://www.gov.uk/government/publications/data-ethics-framework/data-ethics-framework-legislation-and-codes-of-practice-for-use-of-data.

[105] Data Ethics Framework [EB/OL]. (2020-09-16) [2023-02-27]. https://www.gov.uk/government/publications/data-ethics-framework/data-ethics-framework-2020.

[106] Data Storage and Processing Infrastructure Security and Resilience-Call for Views [EB/OL]. (2022-07-20) [2023-03-11]. https://www.gov.uk/government/publications/data-storage-and-processing-infrastructure-security-and-resilience-call-for-views/data-storage-and-processing-infrastructure-security-and-resilience-call-for-views.

[107] Data: A New Direction-Government Response to Consultation [EB/OL]. (2022-06-23) [2023-03-10]. https://www.gov.uk/government/consultations/data-a-new-direction/outcome/data-a-new-direction-government-response-to-consultation.

## 参考文献

［108］ Deloitte Access Economics. Australia's Digital Pulse: Driving Australia's Digital Workforce in the COVID-19 Era ［EB/OL］. https://www.deloitte.com/content/dam/assets-zone1/au/en/docs/services/economics/deloitte-au-economics-australias-digital-pulse-2021-160621.pdf?icid=learn_more_content_click?icid=learn_more_content_click.

［109］ Deloitte. ACS Australia's Digital Pulse 2023 ［R/OL］. https://www2.deloitte.com/au/en/pages/economics/articles/australias-digital-pulse.html, 2023.

［110］ Deloitte. Mobile Nation 2022 ［R/OL］. https://www2.deloitte.com/au/en/pages/economics/articles/mobile-nation.html, 2022.

［111］ Department of Finance. Declaration of Open Government ［EB/OL］. https://parlinfo.aph.gov.au/parlInfo/search/display/display.w3p;query=Id:%22media/pressrel/AKCX6%22.

［112］ Department of Industry, Innovation and Science. Australia's Ethics Framework ［EB/OL］. (2019-11-07). https://www.industry.gov.au/data-and-publications/australian-ai-ethics-framework.

［113］ Department of Industry, Innovation and Science. List of Critical Technologies in the National Interest: 2022 Update ［EB/OL］. (2022-08-22). https://consult.industry.gov.au/critical-technologies-2022.

［114］ Department of Industry, Innovation and Science. Australia's Tech Future: Delivering a Strong, Safe and Inclusive Digital Economy ［EB/OL］. https://apo.org.au/sites/default/files/resource-files/2018-12/apo-nid212086.pdf, 2018.

［115］ Department of Industry, Innovation and Science. National Innovation and Science Agenda Report ［R/OL］. (2015-11-01). https://www.industry.gov.au/publications/national-innovation-and-science-agenda-report.

[116] Department of Industry, Innovation and Science. Positioning Australia as a Leader in Digital Economy Regulation (Automated Decision Making and AI Regulation): Issues Paper [R/OL]. (2022-03-18). https://consult.industry.gov.au/automated-decision-making-ai-regulation-issues-paper.

[117] Department of Industry, Science, Energy and Resources. Digital economy strategy 2030 [EB/OL]. https://apo.org.au/sites/default/files/resource-files/2021-05/apo-nid312247.pdf, 2021.

[118] Digital Economy Council [EB/OL]. [2023-04-21]. https://www.gov.uk/government/groups/digital-economy-council.

[119] EDPS. Shaping a Safer Digital Future-The EDPS Strategy 2020-2024 [EB/OL]. [2020-06-30]. https://edps.europa.eu/edps-strategy-2020-2024/.

[120] Eight Great Technologies: Big data [EB/OL]. (2014-06-30) [2023-03-10]. https://www.gov.uk/government/publications/eight-great-technologies-big-data.

[121] Einsiedel E F, Jelsøe E, Breck T. Publics at the Technology Table: The Consensus Conference in Denmark, Canada, and Australia [J]. Public Understanding of Science, 2001, 10 (1): 83-98.

[122] Establishing a Pro-Innovation Approach to Regulating AI [EB/OL]. (2022-07-20) [2023-02-21]. https://www.gov.uk/government/publications/establishing-a-pro-innovation-approach-to-regulating-ai/establishing-a-pro-innovation-approach-to-regulating-ai-policy-statement.

[123] European Economic and Social Committee. The Ethics of Big Data: Balancing Economic Benefits and Ethical Questions of Big Data in the EU Policy Context [R], 2017.

[124] Federal Data Strategy. Data Ethics Framework [EB/OL]. (2021-

## 参考文献

09-03)［2023-03-02］. https：//resources. data. gov/assets/documents/fds-data-ethics-framework. pdf.

［125］Findexable. The 2021 Global Fintech Rankings［DB/OL］. https：//findexable. com/2021-fintech-rankings/, 2021.

［126］Gavin S, Madeleine H, Lewis G, et al. ChatGPT in Law：Unlocking New Opportunities While Managing the Risks［EB/OL］. (2023-02-15) https：//www. allens. com. au/insights-news/insights/2023/02/ChatGPT-in-law/.

［127］GCHQ. Pioneering a New National Security：The Ethics of Artificial Intelligence［EB/OL］.［2023-02-27］. https：//www. gchq. gov. uk/artificial-intelligence/index. html.

［128］Australia Government. Vivino-Digitech, Food and Beverage［EB/OL］. (2022-08-01). https：//www. globalaustralia. gov. au/success-stories/vivino-digitech-food-and-beverage.

［129］Australia Government. Why Australia-Digital Technology［R/OL］. https：//www. globalaustralia. gov. au/sites/default/files/2023-03/Why_Australia_Digital_Technology_2023. pdf, 2023.

［130］Government of Canada Making Spectrum Available for New Ultra-Fast Networks［EB/OL］. (2019-06-05). https：//www. canada. ca/en/innovation-science-economic-development/news/2019/06/government-of-canada-making-spectrum-available-for-new-ultra-fast-networks. html.

［131］Government Response to the House of Lords Select Committee on Artificial Intelligence［EB/OL］. (2021-02-22)［2023-03-13］. https：//www. gov. uk/government/publications/government-response-to-the-house-of-lords-select-committee-on-artificial-intelligence/government-response-to-the-house-of-lords-select-committee-on-arti-cial-intelligence.

[132] Haggerty K D. Ethics Creep: Governing Social Science Research in the Name of Ethics [J]. Qualitative Sociology, 2004, 27: 391-414.

[133] Home Office Biometrics Strategy [EB/OL]. (2018-06-28) [2023-03-09]. https://www.gov.uk/government/publications/home-office-biometrics-strategy.

[134] House of Lords-AI in the UK: Ready, Willing and Able? -Artificial Intelligence Committee [EB/OL]. [2023-02-28]. https://publications.parliament.uk/pa/ld201719/ldselect/ldai/100/10002.htm.

[135] Industrial Strategy: Building a Britain Fit for the Future [EB/OL]. (2018-06-28) [2023-02-22]. https://www.gov.uk/government/publications/industrial-strategy-building-a-britain-fit-for-the-future.

[136] Information Commissioner's Office. What We Do [EB/OL]. [2023-04-21]. https://ico.org.uk/about-the-ico/what-we-do/.

[137] KPMG Australia. Trust in Artifical Intelligence: Australia Insights 2020 [R/OL]. https://home.kpmg/au/en/home/insights/2020/10/artificial-intelligence-trust-ai.html, 2020.

[138] Lenk H, Maring M. Advances and Problems in the Philosophy of Technology [M]. Munster: LIT, 2001.

[139] Leslie D. Understanding Artificial Intelligence Ethics and Safety: A Guide for the Responsible Design and Implementation of AI Systems in the Public Sector [R/OL]. [2023-03-14]. https://zenodo.org/record/3240529. DOI: 10.5281/ZENODO.3240529.

[140] Mitchell J. Devolution in the UK [J]. Publius: The Journal of Federalism, 2011 (3): 558-560.

[141] Mittelstadt B D, Allo P, Taddeo M, et al. The Ethics of Algorithms: Mapping the Debate [J]. Big Data and Society, 2016, 3 (2): 1-21.

[142] Murray A. 30 years since Australia First Connected to the Internet, We've Come a Long Way [N/OL]. [2019-10-30]. https://theconversation.com/30-years-since-australia-first-connected-to-the-internet-weve-come-a-long-way-118998.

[143] National AI Strategy-HTML Version [EB/OL]. (2022-09-18) [2023-02-21]. https://www.gov.uk/government/publications/national-ai-strategy/national-ai-strategy-html-version.

[144] National AI Strategy [EB/OL]. (2022-12-18) [2023-02-21]. https://www.gov.uk/government/publications/national-ai-strategy.

[145] National Data Strategy [EB/OL]. (2020-12-09) [2023-03-09]. https://www.gov.uk/government/publications/uk-national-data-strategy/national-data-strategy.

[146] New UK Initiative to Shape Global Standards for Artificial Intelligence [EB/OL]. (2022-01-12) [2023-02-22]. https://www.gov.uk/government/news/new-uk-initiative-to-shape-global-standards-for-artificial-intelligence.

[147] Office for National Statistics. Modes of Supply, UK Experimental Estimates: 2018 [EB/OL]. (2019-07-31) [2023-03-11]. https://www.ons.gov.uk/releases/modesofsupplyexploratoryestimatesfortheuk.

[148] Office for National Statistics. Data Ethics Policy [EB/OL]. (2021-02-02) [2023-03-13]. https://www.ons.gov.uk/aboutus/transparencyandgovernance/datastrategy/datapolicies/dataethicspolicy.

[149] Open Government Playbook-HTML Version [EB/OL]. (2020-07-13) [2023-03-13]. https://www.gov.uk/government/publications/open-government-playbook/open-government-playbook-html-version.

[150] Open Mapping: Data in the UK Government [EB/OL]. [2023-

03-14］. https：//docs. google. com/document/d/1YgpiEpE7C6UrJCjLoTtg-UY5lxGVPEuUUvHR9WfFu1E/edit？ usp=embed_facebook.

［151］ Opening Keynote by the Chief Statistician of Canada Infonex：Big Data and Analytics for the Public Sector［EB/OL］.（2019-10-01）. https：//www. statcan. gc. ca/en/about/speech/bigdata.

［152］ PWC. 2022年AI予測（日本）［R/OL］.（2023-02-15）. https：//www. pwc. com/jp/ja/knowledge/thoughtleadership/2022/assets/pdf/2022-ai-predictions. pdf.

［153］ Quantifying the UK Data Skills Gap-Full Report［EB/OL］.（2021-05-18）［2023-03-11］. https：//www. gov. uk/government/publications/quantifying-the-uk-data-skills-gap/quantifying-the-uk-data-skills-gap-full-report.

［154］ Restart, Recover and Reimagine Prosperity for all Canadians：An Ambitious Growth Plan for Building a Digital, Sustainable and Innovative Economy［R/OL］. https：//ised-isde. canada. ca/site/innovation-better-canada/sites/default/files/attachments/00118a_en. pdf, 2020.

［155］ Review into Bias in Algorithmic Decision-Making［EB/OL］.（2020-11-27）［2023-02-27］. https：//www. gov. uk/government/publications/cdei-publishes-review-into-bias-in-algorithmic-decision-making/main-report-cdei-review-into-bias-in-algorithmic-decision-making.

［156］ Roberts H, Babuta A, Morley J, et al. Artificial Intelligence Regulation in the United Kingdom：A Path to Good Governance and Global Leadership？［J］. Internet Policy Review, 2023.（in press）

［157］ Schlesinger P. The Neo-Regulation of Internet Platforms in the United Kingdom［J］. Policy and Internet, 2022, 14（1）：47-62.

［158］ Simon H. Open Letter to the Members and Substitute Members of the

## 参考文献

Constitutional Affairs Committee of the European Parliament, Brussels [Z], 2012.

[159] Statista. Share of Australians Who Hold Cryptocurrency as of February 2022 [DB/OL]. https://www.statista.com/statistics/1280373/australia-share-holders-of-cryptocurrency/, 2022.

[160] Speedtest Global Index [R/OL]. https://www.speedtest.net/global-index, 2022.

[161] Tang Y, Xiong J, Becerril-Arreola R, et al. Ethics of Blockchain: A Framework of Technology, Applications, Impacts, and Research Directions [J]. Information Technology and People, 2019, 33 (2): 602-632.

[162] Accenture. The Economic Contribution of Australia's Tech Sector [EB/OL]. https://www.voced.edu.au/content/ngv%3A94913, 2021.

[163] The AI Public-Private Forum: Final Report [R/OL]. (2022-02-17) [2023-03-14]. https://www.bankofengland.co.uk/research/fintech/ai-public-private-forum.

[164] Tim F. 5G Challenges: Why It Isn't Rolling out Faster [EB/OL]. (2023-04-20). https://www.lifewire.com/5g-challenges-4580354.

[165] Transforming for a Digital Future: 2022 to 2025 Roadmap for Digital and Data-Updated September 2023 [EB/OL]. [2023-03-11]. https://www.gov.uk/government/publications/roadmap-for-digital-and-data-2022-to-2025/transforming-for-a-digital-future-2022-to-2025-roadmap-for-digital-and-data.

[166] UK Data Capability Strategy: Seizing the Data Opportunity [EB/OL]. (2013-10-31) [2023-03-10]. https://www.gov.uk/government/publications/uk-data-capability-strategy.

[167] UK Digital Strategy [EB/OL]. (2022-10-04) [2023-03-11].

https：//www. gov. uk/government/publications/uks-digital-strategy/uk-digital-strategy.

[168] Understanding Artificial Intelligence Ethics and Safety [EB/OL]. (2019-06-10) [2023-02-23]. https：//www. gov. uk/guidance/understanding-artificial-intelligence-ethics-and-safety.

[169] University of South Australia. ChatGPT：The AI Tech That's Revolutionising Teaching [EB/OL]. (2023-02-02). https：//www. unisa. edu. au/media-centre/Releases/2023/chatgpt-the-ai-tech-thats-revolutionising-teaching/.

[170] United Kingdom Data Center Market-Investment Analysis & Growth Opportunities 2023-2028 [EB/OL]. [2023-03-11]. https：//www. arizton. com/market-reports/uk-data-center-market-investment-analysis？details=tableOfContents#.

[171] Van den H, Will C. The "Ethics Rupture," Summit, Fredericton, New Brunswick, Canada, October 25-28, 2012 [J]. Journal of Empirical Research on Human Research Ethics, 2013, 8 (1)：3-7.

[172] Wasilow S, Thorpe J B. Artificial Intelligence, Robotics, Ethics, and the Military：A Canadian Perspective [J]. AI Magazine, 2019, 40 (1)：37-48.

[173] Zhang Y, Wu M, Tian G Y, et al. Ethics and Privacy of Artificial Intelligence：Understandings from Bibliometrics [J]. Knowledge-Based Systems, 2021, 222：106994.

[174] £ 600 Million Investment in the Eight Great Technologies [EB/OL]. (2013-01-24) [2023-03-10]. https：//www. gov. uk/government/news/600-million-investment-in-the-eight-great-technologies.